炎漢崛起

帝國興衰的無情博弈

覃仕勇 著

從秦末群雄到漢朝輝煌，四百年沉浮……

歷史的巨輪再啟

樂律

從烽火崛起到盛世輝煌，揭開炎漢全貌
權謀鬥爭、角逐天下，英雄風雲激蕩千古
穿越千年，見證跌宕起伏的傳奇篇章
一部融史實與熱血，觸碰歷史脈搏的經典！

目錄

前言

第一章　秦末動盪：天下大亂的序章

此人登高振臂一呼，壯哉　　　　　　　　　　　012

被司馬遷視為聖人的平民　　　　　　　　　　　019

本有領袖群倫之機，卻葬送好局　　　　　　　　025

國家稅務官拔劍救國難，無人與其爭鋒　　　　　031

誤打誤撞，章邯竟成帝國守護神　　　　　　　　035

章邯大殺四方，激怒了帶頭大哥　　　　　　　　041

官二代掛帥，章邯黯然退居二線　　　　　　　　045

一念之差，帝國命脈就此斷送　　　　　　　　　054

第二章　楚漢爭雄：劉邦與項羽的博弈

想學卞莊子殺兩虎？卻成全了別人的霸業　　　　060

項羽兵入咸陽，為何不稱帝　　　　　　　　　　064

王不過霸，且看千里迂迴奔襲　　　　　　　　　070

勝利的天平為何最終傾向劉邦？　　　　　　　　073

垓下韓信為項羽鋪下天羅地網　　　　　　　　　076

震撼千古的英雄謝幕　　　　　　　　　　　　　081

目 錄

劉邦買醉，蕭何的行為讓人詫異	088
韓信剖析項羽，眾皆贊同	091
明修棧道，暗渡陳倉	098
裂土封王，項羽玩砸了，劉邦玩成功了	101
「死地求生」被韓信玩出了新意	105
韓信降燕滅齊，左右楚漢相爭時局	113

第三章　功臣末路：權力與忠誠的悲歌

韓信有謀反的意圖嗎	120
劉邦為什麼要殺彭越	125
彭越成大業的祕訣，也是他身敗名裂的緣由	130
彭越被人往鬼門關上踹	134
英布被施以黥刑，不悲反喜	136
項羽坑殺了章邯部二十萬人，執行者就是他	139
薛公獻計制伏英布	142
劉邦征英布，張良挂杖送行	150
樊噲能在鴻門宴中表現出彩，是其後人行賄嗎	153
樊噲人畜無害，也被劉邦下令處死	157

第四章　漢初之局：劉氏王朝的崛起

說說漢高祖的名和字	164
此人以人奶為食，福壽雙全	167

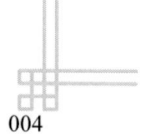

004

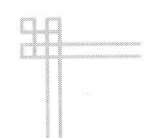

為何漢景帝死後要萬人殉葬	169
不作就不會死的慄姬	172
神相許負為周亞夫占卜	174
皇帝遭悍將怠慢，巧妙化解	178
漢文帝搬石頭砸了自己的腳	181
七國亂起，周亞夫兜了個圈到洛陽	185
周亞夫以無招勝有招，迅速奠定勝局	189
明君一個玩笑，名將絕食吐血而死	194

第五章　強漢之威：四方臣服的盛世

李廣若非做此傻事，早已封侯	202
李廣為何難封	207
一身轉戰三千里，李廣不愧世之名將	212
名將凋謝，傳奇終結	218
從奴隸階層崛起，躋身十大名將之列	223
衛青的成功之路	226
衛青的成功是僥倖嗎	230
衛青緣何能得重用	235
奴隸成功逆襲，娶到了尊貴無比的女主人	241
霍少大出風頭之時，衛青的表現是這樣的	244
漠北之戰，衛青碾壓匈奴	248
衛青甘願被雪藏	255

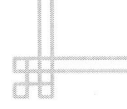

目錄

天生名將霍去病	258
驃騎大將軍的大迂迴策略	262
霍去病寧願把酒肉倒掉也不讓士兵吃	268
霍去病憑什麼年少封侯	274
農耕民族對游牧民族戰爭中最為光輝的勝利	276

第六章　漢室轉折：由鼎盛到隱憂

霍去病之死	286
漢武帝對鼓吹和親的反戰人士做了這樣的安排	292
李陵戰匈奴，因一難於啟齒原因落敗	296
昭君出塞	299
第一代海昏侯因昏庸無道而被廢嗎	302
漢宣帝故劍情深	308
妃子偷當裸模，下場很慘	310
末世天子的風流事	312

第七章　後漢興衰：復興與衰敗的輪迴

雲台二十八將，劉秀最器重誰	318
天下歸心，劉秀聽此人一席話定決心	320
鄧禹經略關中，舉步維艱，劉秀走馬換將	325
屠戮功臣的惡例反覆上演，劉秀卻是例外	328
史上「最會打仗」的皇帝，晚年緘口不提打仗事	333

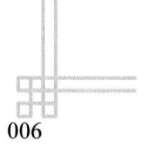

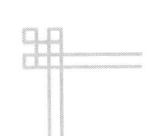

算命先生糊弄班超,班超全信 336
班超出使西域,對鄯善王先下手為強 340
班超克疏勒而制龜茲國 343
班超以一己之力控制住整個西域 348
刁蠻公主遇上了彪悍駙馬 357
蔡文姬歸漢,嫁了個薄情郎 358

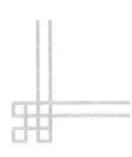

目錄

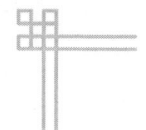

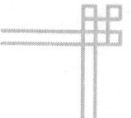

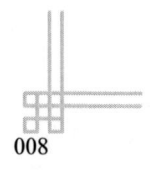

前言

　　漢初崇尚水德，漢武帝時改土德，到了漢光武帝光復漢室之後，正式確立漢朝正朔為火德，則自東漢及以後的史書，如《漢書》、《後漢書》、《三國志》等均沿襲此說，故漢朝被稱為「炎漢」，漢朝皇帝被稱為「炎劉」。

　　在古代歷史上，對中華民族影響最大的，莫過於炎漢一朝。

　　中華民族主體「漢族」的稱謂，就因之而來。

　　即使炎漢王朝覆滅，後世野心家建立政權，仍是以「漢」為國號者為最多。

　　細細數來，有三國時期的劉備；西晉末年的匈奴人劉淵；氐人李雄、李壽兄弟；北魏末年的刑杲；亂梁的侯景；唐朝的朱泚；五代十國時期的劉知遠、劉崇以及劉龑；金朝末年的郝定；以及元末的陳友諒⋯⋯甚至，清朝末年的張樂行、劉疙瘩等等。

　　其他王朝的國號雖然與「漢」無關，但在對外事務上，仍是念念不忘打出「漢」字招牌，以漢家江山、漢家兒郎自居。

　　不過，話說回來，說起大漢王朝，若非著重強調「炎漢」，人們腦海裡所閃現的大概只指西漢。

　　實際上，東漢也是一個完完全全建立在烽煙燎原、黃鐘毀棄的時代廢墟之上，迥乎西漢的全新王朝。

　　所以，最初出版方編輯聯繫我編寫本書時，我的設想是分成西漢史和東漢史兩本。

前言

但西漢史接近完工時,我才收到通知,是要把西漢、東漢合在一起寫的。

我對東漢歷史的熟悉,其實是遠勝於西漢歷史的——早在十年前,我就曾寫有《大東漢》一書,從王莽篡位寫起,到曹丕篡位結束,原原本本、詳詳細細。如果現在再寫,肯定駕輕就熟,得心應手。

但西漢部分已經寫了這麼大的篇幅,且西漢和東漢相加在一起的歷史長達四百年,又不可能在薄薄一本書裡盡述,那麼,本書的「紀事」只能偏重於西漢了。

不過,想想這種結構也合理。

西漢誕生前經歷秦末群雄逐鹿、楚漢相爭的亂世,是中國歷史上最波瀾壯闊、最氣勢磅礴的戰爭創業史;漢文帝、漢景帝推行休養生息國策所開創的「文景之治」又是中國歷史上第一個盛世大治;漢武帝即位後開闢絲路、攘夷拓土成就的「漢武盛世」,更是遠懾四方,垂範萬古……而對於東漢,除了竇憲勒銘燕然、班超出使西域,留給人們的印象大多是外戚、宦官輪番登臺唱戲。

所以,西漢和東漢相加在一起的「大漢史」,精彩部分還是在西漢史,閱讀本書,將使您充分感受西漢一朝的激盪風雲。當然,東漢一朝的歷史,也專門開闢了〈後漢起落〉一章來講述光武中興、班超定西域、文姬歸漢等精彩故事,相信讀過本書,您一定不會失望。

第一章

秦末動盪：天下大亂的序章

第一章　秦末動盪：天下大亂的序章

此人登高振臂一呼，壯哉

　　秦二世元年（西元前 209 年）七月的一個深夜，泗水郡蘄縣大澤鄉（今安徽省宿州市埇橋區）方圓幾百里都沉浸在漫無邊際的暴風雨中。

　　大澤鄉的驛站裡，密密麻麻地擠滿了人。這些都是被大秦帝國徵發往漁陽（今北京市密雲區西南）戍邊的城市平民，人數有九百人之多。他們在奔赴漁陽的途中遇上了這場雨。

　　原以為等雨勢稍緩就可以繼續趕路，沒想到，悽風苦雨一直下個不停，竟是進入了秋後雨季。

　　雨勢一天大過一天，絲毫看不到晴的意思。

　　大夥咬咬牙，只好頂風冒雨，在瓢潑大雨中兼程。

　　可是，在雨中成了落湯雞不說，道路泥濘，又黏又滑，一天下來，也就走十來二十里路。

　　時間推至七月，他們已經誤期了。

　　秦法嚴酷，誤期當斬。

　　怎麼辦？

　　在大澤鄉驛站借宿的這一晚，他們想著慘淡的明天，心如死灰。

　　看著無邊無際的黑夜，聽著瀟瀟不盡的秋風秋雨，沒有人睡得著。

　　大家圍在一堆堆篝火旁烤衣服，誰也不說話。

　　偶有的柴火燃起的劈啪之聲，很快就被風雨聲淹沒了。

　　枯燥而單調的雨聲就這樣沒完沒了，沒完沒了。

　　可是，一陣突如其來的狐狸的啼叫聲將這種單調打破了。

這狐鳴不但突兀，而且尖銳、刺耳，穿透力極強，如同一桿桿標槍，穿越過千年，刺破了雨聲風聲，扎入了人的耳朵，讓人在震驚、毛骨悚然之餘，又有說不出的難受。

「聽，這狐狸啼叫的好像是人話！」不知是誰說了一句。

可不是？眾人豎起耳朵細辨，狐狸啼叫的內容竟然是：「大楚興，陳勝王（ㄨㄤˋ）！」

大楚興，陳勝王！什麼意思？

大家面面相覷，各懷心思。

秦滅六國，楚最無辜。

當年楚懷王被秦人引誘入秦而又被秦人扣留，楚國人一直耿耿於懷，並憐憫至今。

而楚懷王的屍骨未寒，秦將王翦即率六十萬人，風驟雨至，五湖七澤，勢如破竹，荊楚大地，蕩無孑遺。

可以說，楚國於秦所滅六國中，遭受屠戮最重、最深、最殘酷，楚人對秦國的恨意最濃。

夜宿在大澤鄉驛站的九百名戍卒都是楚國故地的貧苦百姓，舊有亡國之痛，新又受暴秦之苦，現在被徵發去漁陽服役，驀然聽到「大楚興」的叫聲，無不心頭一跳，眼前一亮──楚國真的能重新興起嗎？如果楚國能重新興起，那該有多好啊！「陳勝王」……「陳勝王」這三個字更是重重地砸在每一個人的心房上。

這次負責押送大家開赴漁陽的是兩個大秦將尉。

此外，還有兩個屯長：陳勝、吳廣。

陳勝，字涉，陽城（今河南省方城縣東孟窪村）人；吳廣，字叔，陽

第一章　秦末動盪：天下大亂的序章

夏（今河南省太康縣）人。

屯長，是專門協助軍官管理軍隊的基層小吏。

也就是說，陳勝、吳廣和兩個大秦將尉是一路人。

可陳勝、吳廣兩個人跟那兩個大秦將尉並不對盤，反而處處關照一眾苦難兄弟。

「陳勝王」，上天是不是暗示他應該稱王，並取得天下呢？

有人想起了早上發生的一件靈異事件：負責做飯的廚師在殺魚時，從一條鯉魚的魚腹裡掏出了一塊帛布，帛布上赫然用硃砂寫著「陳勝王」三個字。

大家嘴裡不說話，卻都心照不宣，目光來回搜尋著陳勝的身影。

陳勝並沒有出現在人群裡。

其實，魚腹裡的帛布、狐狸的叫聲，全都是陳勝一手炮製的。

當然，協助他做這件事的還有吳廣。

模仿狐狸發出怪叫的，就是吳廣。

早在兩天前，陳勝就私下裡對吳廣說：「我等途遇大雨，失期當斬，如今逃走是死路一條，舉旗做一番大事業也不過一死，同樣都是死，死於國家大事不是更好嗎？」

陳勝所說的「死於國家大事」的「國家」，指的是楚國。

陳勝與吳廣都是楚國遺民，他的意思是舉旗復楚。

陳勝可不是等閒之輩。

年輕時，他曾與別人一起在富人家做傭工，在田中耕種。大家蹲在田埂上吃早飯，他邊嚼飯菜邊喟然長嘆，對夥伴們說：「我們當中將來有人富貴了，彼此間可不要忘記。」

夥伴們笑著應聲說：「你不過一個田間奴隸，哪得富貴的一天？」

陳勝三下兩下扒光了碗中的飯菜，將碗重重地往地上一放，說：「不說了！跟你說了也白說，燕雀豈能理解鴻鵠的志向！」

這會，為了說服吳廣，他又說：「天下困苦於秦皇暴政已久。我聽說二世皇帝不過是始皇帝的幼子，不應該由他繼位，應該繼位的是長公子扶蘇。就因為扶蘇屢次規勸始皇帝，始皇帝煩了，派他領兵駐守外地。

扶蘇並無任何罪過，二世皇帝卻把他殺害了。老百姓都知道扶蘇賢良，卻不知道他已經被害。項燕原是楚國的將軍，屢立戰功，愛護士卒，楚國人都擁戴他。楚亡後有的人認為他死了，有的人認為他逃亡躲起來了。

現在如若我們冒稱公子扶蘇和項燕，向天下人發出起事的號召，必定有很多人響應。」

秦始皇滅六國，「收天下之兵，聚之咸陽，銷鋒鏑，鑄以為金人十二，以弱天下之民」；又拆除各地的城防關隘，將六國宗室遷入三秦；焚書坑儒，禁錮各種思想。

秦始皇以為，他做了這些，大秦政權就成了名正言順的統治者，成了天命所歸，繼承法統上再也挑不出任何問題，又掌控了強大的專政工具，嬴氏一姓江山就可以千秋萬代地傳承下去，由始皇至二世、三世、四世……乃至萬萬世。

可是，陳勝卻輕而易舉地找到了反秦的突破口：二世少子，不當立；當立者，乃公子扶蘇！指出二世胡亥得位不正，秦王朝在政權傳承上缺乏法理支持。

二世胡亥是否是秦始皇最小的兒子，外人不得而知，但陳勝將此作為瓦解秦帝國陣營的手段，可以想像，勢必會造成統治集團的混亂和恐慌。

第一章　秦末動盪：天下大亂的序章

而以楚國名將項燕的名義來號召楚地民眾，也同樣高明無比。

吳廣被陳勝說得動心了，躍躍欲試，但還有些猶豫，悄悄找人卜了一卦。

卜卦者猜出了他的心思，說：「你占卜的事可以成功，放心吧！」

吳廣彷彿得到了神靈的保證，義無反顧配合陳勝，裝神弄鬼地學起了狐狸叫。

「狐狸」叫了一夜，收到效果了。第二天，戍卒們打量陳勝的目光裡都充滿了崇敬。還有人竊竊私語，低聲地說著什麼。陳勝表面不動聲色，暗中卻滿意地笑了。他和吳廣決定實施下一步計畫：除掉押送他們的兩名將尉。這天早上，兩名將尉對著喝了點小酒。吳廣故意拖長了聲音說，下雨天，反正已經誤了戍期，不如大家散了。

兩個將尉聽見吳廣敢這樣明目張膽地說這樣大逆不道的話，暴跳如雷，操起大棍就揍。

吳廣邊躲閃邊發出誇張的慘叫聲，以博取戍卒的同情，激起戍卒的義憤。

醉醺醺的將尉連打了幾棍，都落空了。聽著吳廣發出鬼哭狼嚎的叫聲，他們鼻子都氣歪了，在酒精的刺激下，將大棍一扔，唰地拔出了劍。

戍卒們看將尉滿屋子追著吳廣打，想著吳廣平日又體恤大家，都憤憤不平，這會看將尉拔劍要殺人，再也忍不住了，一齊大呼：「住手！」

吳廣一看人心已經爭取過來了，膽氣大壯，趁將尉恍神的時候，一躍而起，啪的一下，踢飛了一個將尉手中的劍。

陳勝沒有絲毫猶豫，拾起跌落在地的長劍，嗖的一聲，朝那個將尉盡力捅去。血光迸濺中，那將尉被捅了個透心涼，話也說不出，軟綿綿地倒

了下去。

另一將尉酒醒了一半，叫了聲不好，轉身要走。眾戍卒哪肯讓他溜掉，攘臂奮起，將他按倒在地。

殺一個是殺，殺兩個也是殺，陳勝從後面撲上，也一劍把他捅死了。

陳勝拔出劍，將大家召集起來，叫道：「諸位，我等為大雨所阻，行期已誤。按暴秦軍法，都該斬首。即令僥倖得赦，被發往邊疆戍守，死者也是十之六七，該如何是好？」

眾人的牙關咬得咯吱咯吱地響，腦中不約而同地想到了同一個字：反。

陳勝點點頭，揚起手中血淋淋的寶劍，高呼道：「壯士不死即已，死即舉大名耳！王侯將相，寧有種乎！」

王侯將相，寧有種乎！這八個字猶如黃鐘大呂，驟然敲響，振聾發聵，戍卒們的腦袋裡轟轟直響，身上流淌的熱血瞬間沸騰。

是啊，王侯將相難道都是天生注定的嗎？

男子漢大丈夫生於世上，豈可營營役役、螻蟻一生？即便是死，也要**轟轟**烈烈！

大家一齊振臂高呼：「大楚興，陳勝王！大楚興，陳勝王⋯⋯」

驛站外的雨在這一刻下得更大了，雷聲隆隆，電光閃閃。

讓暴風雨來得更猛烈些吧！

陳勝堪稱那個時代最為出色的演講家，寥寥數語，便把眾人反秦的情緒煽動起來了。

埋葬暴秦的鐘聲，就這樣在大澤鄉敲響。

風雨再大，也無法澆滅戍卒們胸中的熊熊烈火！

陳勝自立為將軍，吳廣為都尉，假冒公子扶蘇及項燕名號，要求起事

第一章　秦末動盪：天下大亂的序章

人員一律露出右臂做標記，號稱大楚，斬木為兵，揭竿而起，用將尉的頭做祭品，修築高壇，宣誓起義。

他們以迅雷不及掩耳之勢，一戰而下大澤鄉，次戰下蘄（今安徽省宿州市），再戰則連克蘄以東的（今安徽省濉溪縣）。

其後，又將（今河南省永城市西）、苦（今河南省鹿邑縣東）、柘（今河南省商丘市）、譙（今安徽省亳州市）等悉數囊括。

兵臨陳城（今河南省淮陽縣），大楚軍如滾雪球一般，增至車六七百乘，騎千餘，卒數萬人。

隊伍擴張的速度，快得超出了想像。

可是陳勝一點也不覺得驚奇。

秦滅六國，頒布了各種嚴刑酷法，實施血色統治，以震怖臣民；其大興土木、瘋狂斂財、收取賦稅為前期的二十倍。除修阿房宮、驪山墓、打匈奴、築長城、修馳道等繁重的徭役外，還瘋狂地徵發兵役，擊匈奴、打越族、戍五嶺……使得帝國之內「丁男被甲、丁女轉輸」。

人們生活在水深火熱之中，反秦的情緒早已瀰漫了神州大地。整個帝國，就像一個巨大的火藥桶。所欠的，就是燃爆這個火藥桶的那一顆火星。憑著對形勢發展的準確掌握，陳勝勇敢地跳了出來，充當了那一顆引爆火藥桶的火星。

他還藉一場簡短的演講呼喊出了時代的最強音──「壯士不死即已，死即舉大名耳！王侯將相，寧有種乎！」

這就創造了奇蹟！

六國舊民，心傷故國，尤其是楚國人，對暴秦抱有刻骨的仇恨，看見有人帶頭發難，全都高呼著、咆哮著加入反秦的滾滾洪流中來。

被司馬遷視為聖人的平民

陳勝自大澤鄉一路走來，舉目皆是來投之士，充耳滿是響應之聲。各地郡縣殺掉長吏前來歸附者，真是不可勝數。這就無怪乎後來的漢王朝的建立者劉邦將陳勝視為聖人。

撰寫《史記》的司馬遷則將陳勝推舉為與商湯、周武王、孔夫子等人同一高度的人物。

陳城，曾經是伏羲聖地，春秋時陳國的國都，戰國後期楚國的國都。

因為上應天意，下順民心，陳勝並沒花費多少力氣，就把陳城拿下了。

他在這故楚之地建立起了自己的策略基地，自立為陳王，國號「張楚」，以彰顯「張大楚國」之意。

「張楚」大旗成為時代的標竿。

彷彿在一夜之間，反秦大旗插遍了山東六國之地。

然而，陳勝雖託名「張楚」，但其志並非只在光復舊楚之地，而在兼取天下。

他採用了連續作戰的戰術，以陳城為根據地，分兵四出，不給秦王朝喘息之機，全方位搶奪地盤。

東南西北四路軍分別為：

東路軍以廣陵人（今江蘇省揚州市）召平為將軍，向東攻取吳越之地。

南路軍以楚人鄧宗為將軍，向南攻取九江郡，也就是原來的楚國故都壽春。

西路軍以魏人周市為將軍，向西開往魏地（今河南省東北部接連山西

第一章　秦末動盪：天下大亂的序章

省西南部），攻取長江下游、黃河以南大梁（今河南省開封市）等地區。

北路軍以故友武臣為將軍，邵騷為護軍，張耳、陳餘為左、右校尉，率軍三千，北略趙地（今山西省北部、河北省西南部）。

此外，還集結起兩支主力部隊直撲秦首都咸陽。

第一支以吳廣為假王（代理王），監田臧、李歸等諸將以西擊故韓地滎陽、叩關（函谷關）攻秦。

第二支以楚人宋留為將軍，率偏師略南陽，探武關（關中東南門戶，位於今陝西省丹鳳縣東南），從側翼配合吳廣軍，進而迂迴攻取關中。

這是一種狂風暴雨式的連續作戰戰術，是戰國末年楚將項燕破秦軍時慣用的招數，一開始就收到了奇效。

各路軍進展順利，捷報頻傳。

唯一遺憾的是吳廣軍被滎陽的守將、秦相李斯之子、三川郡郡守李由截阻在滎陽城下，未能入關給予暴秦致命的一擊。

滎陽是通向關中的要道，自古以來就是兵家必爭之地，其附近有秦國囤積大量糧食的敖倉。拿下滎陽，不但可以打開通向關中的門戶，而且可以兼取敖倉，切斷秦軍糧草供應，困厄關中。

陳勝以主力攻取滎陽，策略戰術乃是高瞻遠矚。

而當吳廣受阻於滎陽的消息傳回時，陳勝也並未因之慌亂，而是迅速變招。

他以曾為楚將項燕手下的視日官周文為將，繞過滎陽，直接突入函谷關（今河南省靈寶市東北），直搗咸陽。

這一招殺法凌厲，救無可救。

秦軍的關東主力被吳廣、宋留所牽制，周文劍走偏鋒，如入無人之

境，很快抵達函谷關關外。

函谷關關居谷中，深險如函，扼守崤函咽喉，西接衡嶺，東臨絕澗，南依秦嶺，北瀕黃河，地勢險要，道路狹窄，唐人賦詩稱「天開函谷壯關中，萬古驚塵向北空」，端的是「一夫當關，萬夫莫開」。周慎靚王三年（西元前318年），楚懷王舉六國之師伐秦，可秦國僅憑函谷關天險，便將六國軍隊殺得伏屍百萬，流血漂櫓。秦始皇六年（西元前241年），楚、趙、魏、韓、衛五國犯秦，到了函谷關前，仍是紛紛敗走。

秦國就因為有了函谷關，進可出關逐鹿，退可閉關自保。

可是，這樣一座雄關，現在沒有重兵把守，且民心已失，竟然被名不見經傳的周文輕而易舉地攻破了！

非但破關而入，周文的軍隊還暴增至車千乘、卒數十萬！

壯哉，陳勝！

賈誼在〈過秦論〉中不無感慨地說，當年六國會盟謀秦，不愛珍器重寶及肥饒之地，以致天下之士，合從締交，相與為一。齊有孟嘗，趙有平原，楚有春申，魏有信陵。兼韓、魏、燕、楚、齊、趙、宋、衛、中山之眾。六國之士又有甯越、徐尚、蘇秦、杜赫等人為謀，齊明、周最、陳軫、召滑、樓緩、翟景、蘇厲、樂毅等人為助，更有吳起、孫臏、帶佗、倪良、王廖、田忌、廉頗、趙奢等名將統兵。舉百萬之眾，叩關攻秦。秦人開關延敵，九國之師，逡巡而不敢進。秦人沒有耗費一枝箭矢，天下的諸侯就已狼狽不堪。

而陳勝之位，非尊於齊、楚、燕、趙、韓、魏、宋、衛、中山之君；才能不過中等，非有孔子、墨子之賢，也無陶朱公、猗頓之富，「躡足行伍之間，而倔起阡陌之中，率疲弊之卒，將數百之眾，轉而攻秦，斬木為兵，揭竿為旗，天下雲集響應，贏糧而景從」。可謂壯哉！

第一章　秦末動盪：天下大亂的序章

不過，因為陳勝急於稱王，過早暴露了自己的野心、私心，天下英雄豪傑不免離心。

占領陳城的當日，陳勝就召集陳城的父老豪傑商量自己稱王的事。

陳城的父老豪傑都順著他的毛捋，說：「將軍身披堅執銳，伐無道，誅暴秦，復立楚之社稷，功宜為王。」

只有游士張耳、陳餘勸阻，說：「將軍萬不要稱王，請急引兵西進，遣人立六國後人為王，壯大自己的聲勢，為秦國多製造幾個敵人，為我軍多製造幾路友軍。我們的友軍多了，力量就會強大；秦國的敵人多了，他的力量就會分散。這樣，秦國野無可以交戰之兵，縣無可守之城，我軍則可誅暴秦，據咸陽以令諸侯，如此帝業可成。如若今日稱王，只恐天下軍心瓦解。」

可是陳勝太猴急了，太迫不及待了，覺得自己等待稱王的日子已經太久了，不想再等。他將張耳、陳餘的意見擱置一邊，急吼吼地自立為「張楚王」，大有一番「朝稱王，夕死可矣」的氣勢。

試想陳勝不過一個戍卒，他可以稱王，別人也都不比他差，為什麼不可以稱王？

而且，誠如他所說，王侯將相，寧有種乎？

他這一稱王，很多人也跟著稱王了。

最先學習陳勝這大無畏的稱王精神的，是北路軍統帥武臣。

武臣原先接受了陳勝的命令，領著張耳、陳餘等人，率軍三千，渡過黃河，沿路收拾金甌一片，傳檄定千里，聚積起十幾萬之眾，坐擁燕趙之地四十餘城。

在故趙都城邯鄲，他接受群僚朝拜，自立為趙王，封陳餘為大將軍，

張耳為右丞相，邵騷為左丞相。

穩坐在陳城大後方的陳勝得到這個消息，氣得差點吐血！

一怒之下，他準備將武臣全家殺光，再親自領兵殺向邯鄲，將武臣碎屍萬段！

不過，周文入函谷關不久，就在戲地（今陝西省臨潼區東）遭遇到了秦將章邯的瘋狂反撲。

周文軍一則因為孤軍深入，二則軍隊又缺乏訓練和戰鬥經驗，數番惡戰下來，損失慘重，被迫撤出關外。

顯然，這時並不是向武臣動刀子的時候。

陳勝所封的上柱國（楚官名，相當於秦之國尉，地位略次於令尹）蔡賜勸諫說：「現在暴秦未滅，一旦殺了武臣的家屬，這等於又增加一個與我們對立的秦國，我們不免東西受敵，左支右絀，難成大業。不如順便冊封他，並遣使者向他祝賀，命其速引兵西攻秦以援周文。待滅秦以後，再與他秋後算帳！」

還好，陳勝並未被怒火燒昏頭腦，打碎牙齒和血吞，派人將武臣家人移入宮中軟禁起來，另封張耳的兒子張敖為成都君，由他去邯鄲向武臣稱賀，催促趙軍入關攻秦。

可陳勝這一招並不靈光。

曾遭受過他冷落的張耳、陳餘不肯買帳。

他們對武臣說：「大王據趙自立，本不是出自陳王的意思。陳王現在遣使來賀，不過是要拿我們當槍使，如若我們按照他的命令誅滅了秦國，他必發兵攻我。當下之計，必須拒絕向西進軍，而派兵向北攻取原燕國轄地以擴大我們的地盤。當時，我南面扼守黃河，北面有燕、代廣大土地，

第一章　秦末動盪：天下大亂的序章

楚國即使戰勝了秦國，也不能拿我們怎麼樣。而如若楚國不能戰勝秦國，也必定會借重於我們。我們乘著秦國衰敝的機會，就能得志於天下了。」

武臣聽了，拍掌稱妙。

回頭，分兵三路，派原上谷郡（今河北省張家口市一帶）卒史韓廣將兵北略燕地，李良略常山，張黶略上黨。堅決不援周文一兵一卒。

武臣的部將韓廣有樣學樣，才剛剛領兵平定了燕地，就飛快脫離了武臣，自立為燕王。

原本，韓廣還是有些猶豫的，可燕國舊貴族豪傑卻這樣勸他，說：「楚已立王，趙又已立王。燕地雖然狹小，卻也曾經是萬乘之國，您有什麼可擔心的？」

韓廣連連擺手說：「使不得，使不得，我母親還在趙國呢。」

燕國舊貴族豪傑說：「趙國正西憂秦，南憂楚，哪有力量阻止我們？而且以楚國的強大，尚不敢加害趙王將相的家屬，趙國又怎敢加害於將軍的家屬呢？」

就這樣，在稱王的誘惑下，韓廣置一家老小的性命於不顧，高高興興地自立為燕王。

武臣迫於形勢，不得不像陳勝一樣，接受了既成事實，討好地派人護送韓廣母親及家屬回歸燕地。

看著「張楚王」、趙王、燕王相繼新鮮出爐，其他由陳勝派往各處攻城略地的將軍們再也坐不住了，紛紛效仿武臣，或自立為王，或擁立六國宗室之後為王，或擁兵自重，割據一方，將陳勝的命令置於腦後。

這其中，西路軍的周市平了魏地，擁立了魏公子寧陵君魏咎為魏王。

故齊貴族狄縣人田儋率眾殺死狄縣縣令，自立為齊王。

此後，還有楚王景駒、韓王等一干六國舊貴也紛紛浮出水面，搶奪勝利果實。

戰國七雄，彷彿在一夜之間，全都復活了。

本有領袖群倫之機，卻葬送好局

大家各自為戰，自私自利，每一個人心中的小算盤都敲打得劈里啪啦地響。

既然這樣，那麼，困守在澠池的周文就只有死路一條了。

周文在曹陽苦撐了兩個多月，一退再退，退到了秦趙邊境的澠池。

趙王武臣見死不救，只是嚴令澠池附近各縣堅守城池，聽任周文與章邯作困獸鬥。

秦二世元年（西元前209年）十一月，澠池之戰，周文再度失利，他仰望著漫天飄舞的大雪，長嘆了一口氣，自殺身亡。

周文一死，陳勝的張楚政權就搖搖欲墜了。

可是，很多人竟然渾然不知，自我感覺良好。

這其中就包括陳勝的最佳拍檔──「假王」吳廣。

遙想當日在大澤鄉，吳廣是何等的機靈睿智。

他辦事沉著穩重，與陳勝合計再三，終於定下元謀大計。

魚腹藏帛、雨夜狐叫、智激將尉、勇奪寶劍等表現，精彩絕倫，非奇士勇士不能為。

可是一旦更新為王，就嚴重地脫離了群眾路線，眼睛長到了額頭上，

第一章　秦末動盪：天下大亂的序章

看不到其他人，心中只有自己。

他率領著張楚軍的強大主力，屯兵於滎陽堅城之下，毫無作為不說，眼見周文兵敗，卻不知禍之將至，居然也跟武臣等人一樣，不發一兵一卒救援，坐視章邯撲食周文。

周文被殲，章邯引兵抄了他的後路，他仍然置若罔聞，毫無反應。章邯軍磨刀霍霍，就要與滎陽城內的李由軍來一場裡應外合、內外夾擊，吳廣還沉溺在醉生夢死中。吳廣的部將急得不行。

部將田臧、李歸等私下商議說：「周文的軍隊已經潰敗，秦兵旦夕將至，我軍圍攻滎陽，久攻不下，秦兵一到，內外夾攻，我軍必大敗！不如留下少量兵力，足以困住滎陽就行了，把其餘精兵全調去迎擊秦兵。現在假王吳廣驕橫，又不懂得用兵權謀，無法與他共謀大事，不殺了他，我們的大事恐怕會失敗。」

田臧、李歸二人一個是賊大膽，一個是膽賊大，無法無天，不計後果，當晚就偽造了一份陳勝的諭令，稱：「陳王有諭，假王吳廣，逗留滎陽，暗蓄異謀，應即處死！」將高高在上的吳廣強架下來，往嘴裡塞上一塊抹布，不由分說，就地處決。

吳廣，這個名載史冊的起義英雄就這樣不明不白地死在了自己人的手裡。

耐人尋味的是，陳勝知道了田臧矯詔斬殺吳廣的消息，竟然派使者賜給田臧楚國令尹的大印，任命他為上將軍，代吳廣統軍。

這都什麼事呀！

田臧假冒上級命令，就已經罪不可赦了，又以下犯上，斬殺上司，這就算處死十次也不嫌多。

可是陳勝為了討好田臧，讓他安心替自己抗擊秦軍，不但不怪罪於他，反而加官晉爵，這不就是黑白顛倒、是非不分了嗎！這簡直就是在獎勵起義軍中的下層軍官作亂：誰殺死了自己的上級，誰就接替上級的職位。

可以這樣說，陳勝已經失去了對自己軍隊的控制了。而田臧得任了上將軍，他的表現也未比吳廣高明到哪去，在敖倉與章邯交戰，兵敗，死於亂軍之中。滎陽城下的李歸等人腹背受敵，也很快潰敗，李歸本人戰死。章邯與李由兩支秦軍主力勝利會師，傾全力向起義中心陳城猛撲。本來，陳勝的部將鄧說還在滎陽正南方向郟縣（河南省郟縣）攔截秦軍，無奈秦軍勢大，力弱難支，被打得落花流水，全軍覆沒，鄧說僅以身免，單騎逃回陳城。

對此忠義之士，陳勝卻不分青紅皂白，喝道：「汝喪師辱軍，尚有何顏面見寡人？」將之斬殺。

諸將大感寒心。

其實，陳勝做出這種親者痛、仇者快的事也不是第一次了。

他年輕時和一同耕種的夥伴相約：我們當中將來有人富貴了，彼此間可不要忘記。

可是，他現在富貴了，卻忘記曾經說過的話了。

不但忘記了所說的話，也忘本了。

那些一同受僱種田的舊日夥計聽說他做出了大事業，飛黃騰達了，就來陳城找他。

一開始，陳勝還能和他們聊上幾句，但看著這些鄉下漢子端坐在自己的宮殿裡，搓著臭腳丫子、唾沫四濺地談論往日那些齷齪不堪的卑賤往事，就開始煩了。

第一章　秦末動盪：天下大亂的序章

　　而當這些鄉下漢子一個個色瞇瞇地盯著宮中的侍女看，陳勝就有了拿大棍轟他們的衝動。

　　有一個舊時夥伴，才邁進王宮，看見殿堂高大、帷幕華麗，就流著口水說：「夥頤！陳勝做王，竟然也有模有樣啊！」

　　楚人把「多」叫做「夥」，他這一叫嚷，「夥頤為王」的俗語就在社會上流傳開來。

　　陳勝好不火大。

　　身邊的侍官看穿了陳勝的心事，討好地說：「客人愚昧無知，專門胡言亂語，有損您的威望。」

　　陳勝一聽，覺得有道理，就把那個稱他為「夥頤」的故舊處死了。

　　這麼一來，他所有的故舊知交都不敢再在陳城等死了，一窩蜂散了，陳勝也就再也沒有親近且可以信任和依仗的朋友了。

　　甚至陳勝的岳父來了，陳勝嫌岳父家窮，竟然正眼也不看老岳父一眼，言行舉止極度傲慢無禮，氣得老頭子將手中的柺杖一摔，痛罵道：「怙勢慢長，怎能長久！我不願居此受累！」憤然而去。

　　留在陳勝身邊可供他驅使的，只是朱房、胡武之類的宵小之輩。

　　宵小喜歡弄權，凡不合己意，便行殺死予奪之事，在外帶兵打仗的將領莫不蹙眉齒冷，漸漸地遠離陳勝。

　　陳勝的部將陵縣人秦嘉帶兵圍攻郯城，陳勝派武平君畔為將軍，負責督率秦嘉等人。

　　秦嘉公開抗拒，自立為大司馬，殺了武平君畔。

　　不日，章邯大軍攻至陳城外圍重要軍事據點許縣。

　　許縣（今河南省建安區張潘故城），屬潁川郡，唐堯時，許由部落在

此繁衍生息，稱許地。商朝時，昆吾族遷居於許。周武王滅紂、封太嶽後裔文叔於許，男爵，稱許國。戰國時屬魏。乃中原地區一大縣，地處天下之中，為陳城西北屏藩，是陳城的最後一道防線。

憑藉這道防線，陳勝若設重兵扼守，本來還可以與章邯周旋上一段時間。

可惜，陳勝只安排了伍逢率數千人駐守，而將大部分兵力收縮入陳城。

章邯二十萬大軍，沒費什麼工夫就將伍逢的幾千人擊潰，伍逢生死不明，人間蒸發。

陳城全裸於秦軍眼前，陳勝的張楚政權已經進入滅亡的倒數計時。

不過，陳勝似乎沒有意識到這一點。

他命上柱國蔡賜總御全軍，登城據守，準備絕地反擊，反敗為勝。

秦二世元年（西元前209年）十二月，朔風勁刮，雪花亂舞，一場血腥而激烈的攻防戰在陳城展開。

章邯催動了數不清的秦軍瘋狂攻城。

黑壓壓的秦軍冒著繁密如雨的箭矢不要命地衝了上來，衝車重重地撞擊著城門、城牆，成百上千的雲梯架設在城牆上，秦兵蟻附而上。

蔡賜看見形勢危急，在城上來回奔走，指揮士兵加緊往下丟擲礌石、滾木。可秦軍的人數實在太多了，而且攻勢如潮，根本壓不下去。

很快，秦兵登上了城頭，蔡賜戰死在亂軍之中。

城牆失守，接下來是激烈的巷戰。

陳勝這時才徹底慌了手腳，倉皇失措地帶了一支部隊乘亂逃到陳縣西部一個叫張賀的部將軍中。

章邯哪裡肯讓他輕易溜走，立即引軍殺來。

第一章　秦末動盪：天下大亂的序章

張賀被迫出戰。

毫無意外，張賀戰死，陳勝遁走。

但大勢已去，天下已沒有容得下陳勝的處所。

陳勝帶著親隨一行十幾人狼狽不堪地經由汝陰（今安徽省阜陽市）抵達下城父（今安徽省渦陽縣），他的車伕，一個名叫莊賈的奸猾小人，不願再走了，鑽入馬車，將罪惡的利劍結結實實扎入了陳勝的心臟。

因為陳勝急於稱王，使得隊伍過早走向了分裂；因為陳勝過於偏信、專斷，終於大失民心；因為陳勝輕重不分、濫殺諸將……許多的「因為」，陳勝的起義不可避免地走向了毀滅，他本人也死於內訌之中，但他的首義之功，卻是永遠也抹殺不掉的。

正是他在大澤鄉的揭竿而起，喚起了神州大地風起雲湧的反秦運動；他發兵攻入函谷關，給秦王朝沉重的打擊，為項羽、劉邦等推翻秦朝奠定了基礎。

陳勝雖已死，但其推動歷史的作用和功績卻不容抹殺。

清人郭嵩燾在《史記‧札記》卷四中說：「案陳涉首事僅一攻蘄下陳，而所遣諸將武臣則自立為趙王，韓廣則自立為燕王，周市則立魏咎魏王，葛嬰則立襄彊為楚王，秦嘉又立景駒為楚王，其自立者，齊王田儋而已，餘皆陳涉所遣將也。陳涉起未久，事蹟無可紀者，而楚、漢相爭大局並由陳涉發端，史公敘漢世家，首陳涉以此。」

陳勝從起事到身死的時間只有六個月，他卻也實踐了自己「今亡亦死，舉大計亦死，等死，死國可乎」的誓言，可謂壯烈。

司馬遷在〈太史公自序〉中寫道：「桀紂失道而湯武作，周失其道而《春秋》作。秦失其政而陳涉發跡，諸侯作難，風起雲蒸，卒亡秦族。天下之端，自涉發難。」

對這位反秦的先驅者，建立了大漢王朝的劉邦始終念念不忘，他專門派三十戶人家為陳勝守墓。

司馬遷在《史記》專門為陳勝立傳，並把〈陳涉世家〉列在〈孔子世家〉之後、漢初諸世家之前，以表達他對陳勝歷史功績的充分肯定。

《歷代名家評史記》引劉光〈史記太史公自序注〉中也稱：「以陳涉與湯武、《春秋》並言，此理最精深，以其功同也。湯武有德，力通達於一時之天下，故功在一時，孔子有德，力不能達一時之天下，而能傳於萬世之天下，故功在萬世。陳涉無德，力亦不能為天下之功，而能為天下之有力者發端，故功即在發端也。」

國家稅務官拔劍救國難，無人與其爭鋒

秦二世胡亥是個典型的享樂主義者。他在趙高、李斯的積極密謀下成功除掉了長兄扶蘇，登上了帝位。

龍椅還沒坐熱，就迫不及待地對趙高說：「人生在世，就猶如駕著六匹駿馬飛奔過縫隙一般的短促。我既已君臨天下，富有四海，就應該盡情享受，快活地度過一生，愛卿你看如何？」

趙高先是肯定了他的思想覺悟高，鼓勵他把享樂精神進行到底，說：「你之所想，正是世代賢君窮極一生所求。」之後卻又表示出無比的擔心，說：「我們的奪權之謀，諸公子和大臣都有所懷疑。而各位公子都是您的哥哥，大臣又都是先帝所安置的。如今您剛剛即位，眾公子臣僚正怏怏不服，恐怕會有不測之事發生，老臣我戰戰兢兢，生怕不得好死，陛下又怎麼能夠放心地享樂呢！」

第一章　秦末動盪：天下大亂的序章

胡亥一愣，說：「那如何是好？」

趙高胸脯一挺，振振有詞地說：「陛下應實行嚴厲的法律、殘酷的刑罰，使有罪的人株牽連坐，這樣可將大臣及皇族殺滅乾淨，再收羅提拔遺民，使貧窮的富裕起來、卑賤的高貴起來，並把先帝過去任用的臣僚全都清除出去，改用陛下的親信。這樣一來，他們就會暗中感念您的恩德；禍害被除掉，奸謀遭堵塞，群臣沒有不蒙受您的雨露潤澤、大恩厚德的。如此，陛下就可以高枕無憂，縱情享樂了。」

言之有理！這樣，在趙高的唆使下，胡亥命人修訂法律，大開殺戒，殘忍地處死了自己的兄弟姐妹，血洗朝廷，將許多有威望的大臣處死。屠戮過後所空缺出來的職位全被趙高安排親信填了進去。趙高這樣做，是有不可告人目的的。可胡亥毫無感覺，只知享樂。他下令重修阿房宮，又徵發了七十萬民夫到驪山修陵。

不久，又嫌咸陽的禁衛軍太少，徵調五萬壯丁入京，和宮中的犬馬禽獸一起豢養。

這批人和犬馬禽獸的糧食需求量大，胡亥便下令到郡縣中調撥，轉運輸送豆類、穀物、飼草、禾稈到都城，規定押運民夫都自帶口糧，同時還下令咸陽城三百里之內不准食用這批穀物。

……

胡亥這廂盡情享樂，大澤鄉那廂爆發了起義。

陳勝、吳廣不過以九百人起兵，卻星火燎原，各地紛紛響應，起義之風，席捲中原大地。

這樣大的一場暴動，胡亥也不是毫無耳聞，但他認為這並不是什麼「反叛」，而是幾個小毛賊在鬧事，對付這些個小毛賊，沒有必要大動干戈。

摸通他脾氣的臣子就附和著說：「先帝早已經拆毀六國城牆，銷熔了

天下兵器,又有明主坐朝,頒行嚴明法令於天下,國家安定,人民富足,怎麼會有造反的事發生?陳勝、吳廣,不過雞鳴狗盜之徒,自有地方官緝拿追捕,朝廷何必大驚小怪。」

胡亥哈哈大笑,繼續尋歡作樂去也。

當周文殺入函谷關,幾十萬大軍出現在咸陽城外數十里的戲地(今陝西臨潼區)時,胡亥才從夢中驚醒,叫道:「該當如何是好?」群臣噤若寒蟬,誰也不敢多說一句話,生怕稍有不虞,惹禍上身。

胡亥看眾臣無語,更加急火攻心,再次逼問:「該當如何是好?」靜,偌大的大殿靜得如同午夜的墳場,只有胡亥的聲音在空曠的層層的殿宇中迴盪:「該當如何是好?」⋯⋯「該當如何是好?」⋯⋯「該當如何是好?」⋯⋯「該當如何是好?」⋯⋯

養兵千日,用在一時。現在帝國到了最危急的時候,居然無一人獻策,無一人出力,朝廷這些年來的錢糧難道都是餵狗了!胡亥又氣又急,一張小白臉漲成了紫紅色。好大一會,才有人站了出來,跪倒在殿前,聲音略帶沉痛地說道:「盜賊已兵臨城下,人多勢眾,現在要從各縣徵調軍隊已然來不及,幸虧發配在驪山服勞役的伕役眾多,請陛下赦免他們的罪過,分發武器給他們去迎擊敵軍。」

說話的人姓章,名邯,字少榮,在朝中擔任少府之職。

少府,官列九卿,主掌山澤陂池之稅,負責供應皇宮的生活物資,相當於「財政部部長」兼內務府總管,與軍事毫不搭邊。可是,他的建議無疑是最切合實際的應對之策。

胡亥聽了,立刻鬆了口氣,想,大秦有救了。

點頭同意章邯的請求,也不管章邯是不是軍事人才,將率領驪山刑徒與周文作戰的任務交給他:主意是你出的,這件事你就負責跟到底了。

第一章　秦末動盪：天下大亂的序章

揮揮手，吩咐退朝。

胡亥智商低下，思維簡單，以為有了這七十萬刑徒，形勢就可以逆轉，危險就可以消除。殊不知，這七十萬刑徒中，有的是觸犯了暴秦的嚴法酷律，有的是無辜被捉來做苦力，且大多是六國的亡國之民，對秦國積怨極深，把武器交給他們，派他們上戰場，怎知他們不會在戰場上響應陳勝起義而對秦國發起反戈一擊？就算沒有反戈一擊，又怎知已獲得自由之身的他們不會呼嘯散去？那樣的話，天下的局勢就更亂了，也就更難以收拾了！胡亥因為無知，所以無畏。

但這種可怕的後果，章邯是有認真考慮過的。

他也知道，一旦出現了這種可怕的局面，自己就是大秦帝國的千古罪人。

可是，周文的利劍已經捅到帝國的心臟邊緣，除此已別無出路。

好吧，就賭一場吧！

毫無軍事經驗的章邯憑藉自己的責任感、勇氣和信心，從一個「財政稅務工作人員」化身為一個掌握帝國生死存亡的大將軍。

這樣一個變身過程是何等難能可貴和驚心動魄！

章邯出師之日，大概除了秦二世胡亥這種沒心沒肺的人，帝國的朝臣都是憂心忡忡，對戰爭的前景並不看好，集體悲觀。

他們沒有理由不悲觀。

出征的兵不是兵，統兵的將也不是將，這場戰爭，實是輸多贏少。

然而，出乎大家意料的是，章邯居然以他強大的統率力將這七十萬刑徒組織得井然有序。

這些刑徒，既不譁變，也不逃散，並在章邯的鼓動下，鬥志昂揚地出發了。

接下來發生的事，更令眾人跌破眼鏡，驚呼不已。

業餘選手章邯就領著這樣一群龐大的烏合之眾，在戲地一舉擊潰了周文幾十萬大軍。

這還不算，他還將周文驅至曹陽，再逐至澠池。在澠池，周文逃無可逃，舉劍自盡。

周文一死，滎陽城下的楚將田臧、李歸心驚，謀吳廣而自代，引兵抵擋章邯。

傳說，鑄成的神兵利器若得不到使用，就會在半夜時分自己發出鳴叫聲，如同虎嘯龍吟。

章邯就像是一柄塵封已久的利劍，本不為世人所知，一朝出鞘，殺人飲血，精氣大振，劍光沖天，誰也無法阻止。

田臧、李歸相繼被斬，成了兩道殉劍的獨特風景線。這還不算，利劍直指陳城，鄧說鼠竄，蔡賜橫屍，陳城崩塌，陳勝奔命。

曾經**轟轟**烈烈的張楚政權就這樣煙消雲散了。

章邯，成了天下義軍的噩夢！

章邯從此成為一個上了發條的鬧鐘，再也停不下來了。

誤打誤撞，章邯竟成帝國守護神

陳勝、吳廣在大澤鄉發難，苦於暴秦苛政的貧苦農民紛紛響應，天下英雄豪傑更是趁勢而起。

被秦國滅亡的楚、齊、韓、魏、燕等國又全都死灰復燃，相繼復國。

第一章　秦末動盪：天下大亂的序章

中原板蕩，四海如沸。

章邯要做的事，還有很多。

他先是殺往南陽，準備把陳勝的殘餘勢力──張楚當日發出的西征軍宋留的部隊徹底清除。

宋留絕對是個人才。

陳勝派他去打秦楚交界處的重鎮南陽，他沒費多大工夫就打下了。

完成了任務的宋留並沒閒著坐著，繼續向前攻打武關。

可惜，武關還沒攻下，張楚政權已經完蛋。

等他準備回師南陽，南陽已被章邯以迅雷不及掩耳之勢奪去。

宋留進退失據，就像一條無人收養的狗，只能在外面漫無目的地流浪。

流浪來流浪去，最後不得不乖乖地向章邯舉起雙手投降。

宋留的投降並沒能挽救自己的命運，不久，秦二世胡亥將他五馬分屍，車裂處死。

當然，章邯是不會對宋留的死發一聲嘆息或流一滴眼淚的，死是敗軍之將的最後歸宿，這沒有什麼好抱怨的，每一個人都必須為自己的行為負責。

而且，現在的他，還在忙著做一件更大的事情：一舉擊滅六國「反賊」。章邯自兵出咸陽以來，遇神殺神，戰無不勝，攻無不克，一時風光無兩。

可是，風光的背後，卻是無盡的悲哀。

因為章邯發現，即使自己攻殺得再多，周圍也永遠有數不清的敵人。

好不容易搞定了這一夥，那邊突然又冒出來一夥，怎麼也「剿」不完。

這到底是哪裡出了問題？

章邯現在是一個軍事人物，不是一個政治人物，有些事，他可以思考，卻不是他可以解決的。

他需要做的，就是把這些貌似無窮無盡的「叛軍」一個接一個地「剿」除。

可是，一段時間的殺伐下來，他覺得自己的軍隊體力消耗太大，這樣南征北戰，來回馳騁，就算是神仙也吃不消啊！

他決定改變策略：自己坐著不動，以逸待勞，讓天下的「反賊」主動自覺跑到自己的面前來，飛蛾撲火似的，一個接一個地消滅。

如果這個策略實施成功，那自己就可以化被動為主動，牢牢地掌控住戰爭的節奏。

可是，這「反賊」又不是你生的養的，怎麼可能這麼配合地聽從你的命令走到你的面前來？

真要這樣，那還叫「反賊」嗎？

章邯雖不是兵家出身，也沒讀過幾本兵書，但正如近代鄭逸梅先生所說：世有大年，何須常服補劑？天生名將，不關多讀兵書。

山人自有妙計。

章邯是一個天生的名將，他的軍事才能彷彿與生俱來。

他已經想到了一個讓天下「反賊」相繼前來送死的辦法：將一個重要的「反賊」層層圍困，卻又圍而不打，以引誘其他「反賊」來援，自己就在外圍將這些前來赴援的「反賊」逐個消滅！

這個辦法，在軍事上有一個專用術語，叫圍城打援。

中國軍事歷史上，將圍城打援戰術發揮得淋漓盡致的經典戰例是唐初秦王李世民圍困王世充的鄭國國都洛陽，而在虎牢關阻擊竇建德的援兵，一舉除掉了兩大反王。

第一章　秦末動盪：天下大亂的序章

將這種戰術發揚光大的是清太宗皇太極，他在關外與明廷對抗時，圍錦州、圍寧遠，把明廷的援軍消滅殆盡，奠定了清朝的三百年基業。

當然，任何事情都有兩面性。戰爭，是一種高成本、高風險的行為。勝利了，有美酒、鮮花、高官厚爵、數不盡的財富和至高的榮耀。失敗了，你將付出生命的代價。

圍城打援是建構在《孫子兵法》中「勝兵先勝」的基本哲理上的。自己必須有必勝的把握，才能從容地守在大樹下，等待著捕捉冒失闖來的獵物。當然，這裡說的必勝把握，不是守株待兔那麼簡單，闖進來的不管是兔子還是獅子、老虎，你都得有制伏和收拾它們的能力，不然，你有可能屍骨無存。

章邯自信有這種能力。

他把圍困的對象鎖定為魏王咎。

圍困的地點就是魏都臨濟（今河南省封丘縣東）。

他把幾十萬秦軍密密麻麻地安置在臨濟的周圍，將臨濟改造成一個巨大的墳場，準備用來埋葬魏國，甚至楚、齊、燕等國。

從西元前 208 年端月開始，章邯在臨濟城下不緊不慢地消滅了一路又一路前來赴援的援軍。

章邯知道，這種打擊不能過猛，就像釣魚一樣，只能一條接一條地釣，動作不能過大，以免驚擾了其他前來吞餌的魚。

時間推至四月，魏國的軍隊已在前仆後繼的救援行動中被消滅得差不多了。臨濟城內人困糧絕，魏王咎急得快瘋了，為了活命，他只得派相國周市親往齊、楚二國求援。

唇亡齒寒，這個道理齊王田儋是懂的。

而扶楚懷王上臺的項梁是楚國名將項燕之子,江湖上的風雲人物,更加清楚當年六國破滅的原因就在於不能合縱而自相攻殺,他絕不能沿這條舊路走到黑。這樣,齊楚的救援大軍慷慨出師了。其中,齊國的大軍竟是齊王田儋親自掛帥!

項梁雖不能親來,卻也在赴援軍隊中安排了得力戰將項佗、田巴掌兵。

這次,章邯真的是玩大了。看你還守株待兔?這回來的可是獅子和老虎。看你還有心思釣魚?這回來撞鉤的可是一條嗜血的大白鯊!如果章邯足夠強大,肯定會趁遠道而來的援軍立足未穩而打援軍們一個措手不及。可章邯分明是慌了手腳,將軍隊往後撤出了三十多里,為新來的齊、楚大軍騰出了充足的駐防空間。看著從齊、楚兩個方向源源不斷地開來的救兵,站在臨濟城頭上的魏王咎由衷地笑了。

章邯,看你這回往哪逃!然而,魏王咎笑得太早了。

章邯把軍隊後撤,並不是因為恐懼,他是覺得臨濟這個屠宰場的地盤太小了,不好施展手腳,所以騰挪出地方,以便於大秦鐵騎縱橫馳騁,來回砍殺。

章邯的胃口其實大得很,他還嫌來的人數太少,不夠自己塞牙縫呢。

來的援軍越多,他就越感到興奮。

現在,只來了齊楚兩國軍隊,他多少有些遺憾。

又等了三日,確認已經沒有後續援軍了,那就將就著開打吧。

可是,且慢,作為一名剛剛出道的軍事專家,章邯對打仗那些虛虛實實的戰略稱得上是無師自通,他可不喜歡按常理出牌。

那種約定時間、劃定地點,大家面對面地砍殺的戰鬥實在是無聊透頂,一點技術都沒有。

第一章　秦末動盪：天下大亂的序章

　　章邯追求的是那種攻其不備、出其不意，以最小的代價換取最大勝利的戰鬥方式。

　　他在第三天的晚上，招呼也不跟魏、齊、楚三國聯軍打一下，就單方面採取行動了。

　　夜黑如墨，玄衣玄甲的大秦鐵騎在章邯的帶領下，人含枚、馬摘鈴，神不知、鬼不覺地悄悄潛到臨濟城下。

　　看著黑暗中沉寂無聲的齊楚聯軍的大營，章邯莫名地興奮，心臟加劇了跳動。

　　還沒動手，他已經看到了勝利。

　　是的，這注定是一場沒有懸念的戰鬥。

　　說是戰鬥，也許並不確切，這只是一面倒的屠殺。

　　殺！

　　隨著章邯一聲清亮的斷喝，屠殺開始了。

　　聯軍中的許多士卒在睡夢中莫名其妙地掉了腦袋。

　　而在睡夢中驚醒的士卒也沒好到哪去，他們在黑暗中找不到武器、辨不清方向、分不出敵我，所能做的就是像無頭蒼蠅一樣，亂飛亂撞，嘴裡伴隨著發出充滿了恐懼和絕望的號叫聲。

　　齊王田儋就在這樣的混亂中稀里糊塗地死掉了。

　　為齊楚聯軍帶路的魏相周市也成了這場夜戰的冤死鬼。

　　楚將項佗命大，僥倖逃脫，連夜逃回了楚國。

　　黑夜終於過去，曙光投射向大地，聽了一夜慘叫聲的魏王咎早早站在臨濟城樓上，他被眼前的景象徹底地嚇傻了：城外屍橫遍野、血流成河，十幾萬齊楚聯軍，除了逃走的，就剩下躺在地上的了，旗幟和兵器丟棄了

一地，狼藉不堪。

魏王咎心死如灰，身上的血一點點冷卻。

他所能做的，就是遣使至章邯營約降，以免使這一城百姓遭屠戮。

得到了章邯赦免城內百姓的承諾，魏王咎吩咐開城投降，緊閉王府大門，舉火自焚，以身殉國。

王府上空火光沖天。

這火光，也成就了章邯的赫赫威名！

章邯的功名如日中天，光芒四射，照亮了大秦帝國的整個天空。

章邯大殺四方，激怒了帶頭大哥

章邯的輝煌終於把江湖上的大哥級人物項梁激怒了。項梁聽了項佗的彙報，和楚懷王羋心一起扶持了魏咎的弟弟魏豹為新一代魏王，集結了軍隊，殺回魏國，找章邯算帳。章邯正在追剿齊王田儋的殘部。

田儋的弟弟田榮率部在東阿（今山東省陽穀縣東北阿城鎮）垂死掙扎。

如若項梁再遲來半步，就只有為他收屍的份了。

但項梁就是項梁，楚國名將項燕之子，出手不凡，石破天驚。

他趕到東阿，二話不說，打！照著章邯的軍隊沒頭沒腦展開一場猛揍。

章邯終於遇上了他生命中的第一個勁敵。

他被項梁這一頓狂風暴雨式的猛揍徹底揍矇，只有招架之功，而無還手之力。

第一章　秦末動盪：天下大亂的序章

秦軍的陣腳大亂。

田榮絕處逢生，精神大振，盡遣其部，配合項梁，內外夾攻。

章邯再也支撐不住，敗了，完完全全地敗了，領著殘兵敗卒倉皇逃遁。

這是章邯的第一次大敗，也是一場慘敗。

但這還沒有完。

項梁是一個救人須救徹、殺人須見血的直腸漢子，每一件事，他不做則已，一做，必定與此事相始終。

惹毛了這樣一尊煞神，章邯算是倒了八輩子大楣了。

他抄傢伙追著章邯揍，一直揍到濮陽（今河南省濮陽市）。

幸虧濮陽城的城牆高大堅固，城南又有濮水天險，章邯命人挖溝引水環城自固，這才躲過了一劫。

項梁嘗試攻了幾次，又在濮陽城下做了一番估量和考證，覺得以自己這一點兵馬不足以拿下濮陽，便改變了策略，自己移師去攻秦將董翳所駐守的定陶，另外分兵去攻打秦將司馬欣駐守的城陽及秦三川郡郡長、李斯的兒子李由所駐守的雍丘。

這樣做的目的，無非是先掃清濮陽周圍所有秦軍據點，陷章邯軍於孤立無援之境，再聯合田榮的齊軍，全力夾擊濮陽，除掉章邯，全殲秦軍主力。

於是，濮陽城所面臨的攻勢暫時化解了，章邯得以在城內從容休整、舔傷口，以圖東山再起。

章邯的危險雖然解除，定陶、城陽、雍丘等地卻遭殃了。

項梁所部楚軍實在太猛了。

先是城陽應手而破，秦軍全軍覆沒，主將司馬欣單騎脫逃，僅以身免。

不久，又順利攻克雍丘，斬殺了秦軍主將李由。

定陶，如果不是老天下起了瓢潑大雨，城牆太滑，楚兵在大雨中睜不開眼睛，定陶也早已被項梁括入囊中了。

饒是如此，定陶的秦軍守將董翳也已嚇得魂不附體，口中連叫阿彌陀佛。

蒼天啊，大地啊，是哪位觀音菩薩顯了靈，下了這樣一場大雨救了我的命！

仰望暴雨如瀉，董翳心有餘悸地不斷念叨著。

然而，大雨救得了一時，救不了一世，再大的雨，也有停歇的時候，而大雨一停，便是楚軍攻城之日，那時，自己還不是要成為楚軍的刀下之鬼？

這個道理，董翳懂。

他趕在大雨未停之時派人到濮陽向章邯求援。

章邯軍飽受項梁的摧殘，身上和心裡的傷口均未癒合，又豈能說來就來？

他只是讓來人回去安慰和鼓勵董翳：堅持，堅持，再堅持！

聽到了章邯的答覆，董翳心寒了。

罷罷罷，捱得一日是一日，大不了就獻城投降。因為雨一直不停，項梁也就一直都沒有攻城。在項梁看來，雨天不是打仗天，就讓董翳多活幾天，那又何妨？也不怕他能飛到天邊去！誰也沒有想到，這雨，一下，竟然下了三個多月。這三個月裡，董翳雖然一直擔驚受怕，卻也是大魚大肉，今朝有酒今朝醉，日子過得還算滋潤。

董翳這隻待宰的羔羊都過得這麼愜意，那屠夫項梁就更加過得幸福歡樂了。

第一章　秦末動盪：天下大亂的序章

項梁在軍中日日縱酒、夜夜笙歌，將戰場變作歡場，不知今夕何夕。

所謂「雨天不是打仗天」，只是他項梁一個人的軍事準則，而不是所有人的軍事準則。

項梁沒有意識到，這場連綿數月的秋雨，竟然是一場要命的雨。

那個龜縮在濮陽城內的章邯，並非他想像中那麼孱弱。

章邯沒有立刻發兵應援定陶，不是因為自己軍隊的戰鬥力不足，也不是因為自己的勇氣不夠。

之前遭受的那點挫折，對一個擁有強大心臟的名將而言，根本不算什麼。

勝敗本是兵家常事。

能打勝仗，固然是名將；能吃得起敗仗，更是名將中的名將。

他所做出的龜縮狀、舔傷口狀，不過是故意製造的一個假象。

沒有在第一時間入援，是在等待一個合適的時機。

經過三個月的等待，這時機，他等到了。

秦二世二年（西元前208年）九月的一個深夜，跟往常一樣，秋風捲著秋雨，仍舊瀟瀟不歇地在下。

章邯領著他的大秦鐵騎，趁著夜色，透過雨幕，如幽靈一般，出現在定陶城下。

而這時楚軍上上下下已酣然入夢。

接下來發生的情節，幾乎就是臨濟城下那一場大屠殺的重現。

毫無意外，所區別的只有這一場大雨。這一場大雨，也許就是老天為千萬慘烈的楚軍士兵所流下的眼淚。天亮了，放晴了。

鮮血被雨水稀釋，流遍了定陶城方圓百里。

楚軍士兵被雨水洗刷得異常乾淨，一張張年輕而蒼白的臉僵硬而扭曲地仰望著天空，似乎要發出千萬個問。

他們曾經是百戰之師，卻這樣不明不白地死了。

實在是死不瞑目！

暴屍於郊野的項梁，眼睛瞪得奇大。

這位曾被視為堪與白起、王翦、廉頗、李牧齊名的戰神、江湖大哥、將星，竟然在秋天的雨夜裡無聲地殞命了。

官二代掛帥，章邯黯然退居二線

戰場的法則，不是成王敗寇那麼簡單，有時還得付出生命的代價。章邯要用自己的行動告訴天下人，在這亂兵四起的當世，論統兵打仗，他才是實至名歸的第一！

可是，他真的是這個時代的第一嗎？

這個世上，永遠有這樣一些東西，你可以把它們當作你的畢生追求，可以拿它們來激勵自己，但不見得你一定能擁有它們。

譬如說，這天下第一的美譽，便是如此。

先不說別的，就說官職和名聲，在秦國內部，就有一個人一直壓在章邯上面。

這個人就是大秦名將王翦之孫、王賁之子，王離。

王翦、王賁都是什麼人？

神人！

第一章　秦末動盪：天下大亂的序章

秦夷六國，除韓之外，其餘的趙、魏、楚、燕、齊五國均為王翦父子所滅。

所謂「起翦頗牧，用軍最精。宣威沙漠，馳譽丹青」！

王翦與白起、廉頗、李牧齊名，卻巧設反間計除李牧，且殺項燕於蘄，虜楚王負芻，威風八面，氣蓋山河。

王離乃是將門虎子，三世為將，早在秦始皇二十八年（西元前219年），就已經被封為列侯，位列二十級爵位中最高的一級。

王離與蒙恬一同統帥邊防大軍，蒙恬被害，三十萬邊防軍大權，全落王離一人之手。

所以，無論章邯的發展勢力多麼迅速、人氣多麼高漲，在王離眼前，他只是一個新人，一個小字輩。

如果不是當初周文入關的速度太快，如果不是王離的邊防大軍遠在千里之外，如果不是匈奴人又趁火打劫，入塞侵擾，搶占了秦邊防軍的產糧之地──河套平原……章邯根本就不可能在軍界有出頭之日，也根本不可能有這麼多的表現機會，也許，他還在老老實實做他的少府，茶餘飯後，抱一張小板凳坐在家門口看王離表演逐殺諸侯的好戲。

現在，王離已經擺平了匈奴人，經太原，出井陘而東，入邯鄲郡境，迫近信都，準備蕩平燕趙大地，再現父輩、祖輩的神威。

來吧，章邯，這些日子以來，你打得太辛苦了。現在，你來充當我的後勤部隊，看我的！

接到王離的召喚，小字輩章邯只能打消了趁項梁新死，一舉擊滅楚國的想法，轉而北上，協助王離。

誰也沒有想到，小字輩章邯才渡過黃河，就搶了王離的風頭，差點成了河北大地的主角。

秦二世二年（西元前 208 年）九月，章邯率二十萬大軍猛攻趙國都城邯鄲。

原先的趙王武臣已被部將李良殺死，新趙王是由張耳、陳餘所擁立的從六國時代趙王後代裡挑選出來的趙歇。

章邯攻勢如潮，趙歇無從抵擋，與丞相張耳等人倉皇出逃。

章邯又一次站在勝利之巔，睥睨天下，俯視蒼生。

為了震懾諸侯，擊潰各路「賊軍」的軍心，章邯決定夷平這座趙國都城。

他將邯鄲城裡的百姓全部驅往河內，一把大火，將這座數百年名都燒成了白地。

趙王歇等人回望邯鄲上空的滾滾濃煙，相顧失色，眼淚奪眶而出。

不過，現在還不是哭泣的時候。

戰爭，不相信眼淚。

他們還在逃亡路上，必須盡快找到下一站安身的地點。

這個地點，他們找到了──鉅鹿城（今河北省邢臺市）。

「鉅鹿」原本為「大麓」，其名字最早見於《尚書》，據說是五千年前唐堯禪位給虞舜的地方，是個福地，但願它能帶給趙國君臣福氣，庇佑趙國國運不衰。

可是，趙王歇他們水還沒能喝上一口，王離的三十萬大軍就風一樣來了，裡三層、外三層地將鉅鹿城圍了個水洩不通。

邯鄲一戰，章邯又把本應屬於王離的戲份奪走了，王離能不著急嗎？

聽說趙國君臣逃入了鉅鹿城，他沒有半點猶豫，馬上催動全師南下──再不快點，功勞和風頭就全都被章邯搶去了。

他搶在章邯的前面，圍困了鉅鹿，安紮好營寨，把補充糧秣的工作交

第一章　秦末動盪：天下大亂的序章

給了章邯。

就不信，你章邯這次還能搶我的戲！

是的，不能再搶王離的戲了。

小小的鉅鹿城外，已經密密麻麻地安置了王離的三十多萬人，如果章邯再領他的二十萬人過來，這仗就不用再打了，自己人都把自己人擠死了。而且，沒有運輸隊伍，五十萬人都在鉅鹿城外張大嘴等吃的，不得活活餓死？

無論是從聲望、爵位，還是先來後到的順序，章邯都得默默地退居到幕後，當王離的助手、運糧運水，保證前線人馬的需求。

實際上，指揮作戰、臨陣決勝和衝鋒陷陣，不過是章邯的業餘愛好。

章邯原本的職業是少府，錢糧籌措類的後勤工作就是他的專業。

他把軍隊開到鉅鹿以南的棘原，組建工程隊，修築了一條百餘公里的甬道，甬道的路基高而堅實，路面寬闊，以供車馬飛馳，兩側則構築起高大的土牆，土牆上每隔五里就設有瞭望哨，以便保證糧秣物資運輸的安全暢通。

有了章邯在糧秣物資供應上的保證，王離再無後顧之憂，一門心思攻城，攻得趙歇、張耳等人叫苦不迭，連連呼救。

聽到呼救聲，最先趕來救命的是張耳的好兄弟陳餘。張、陳二人的交情不是一天兩天了，他們在戰國時代一同在信陵君門下混飯吃，一同去參加陳勝的起義擴張活動，一同支持武臣與陳勝決裂，一同擁立趙歇為趙王，數十年來形影不離生死相依。

張耳在鉅鹿被困，陳餘趕到西北邊的常山郡（今河北省正定縣）召集起數萬兵馬，腳不沾地地趕來了。

官二代掛帥，章邯黯然退居二線

部下勸他慢慢來，他勃然大怒，罵道：「兄弟有難，我要不盡快搭救，我還是人嗎？」

可是，到了鉅鹿城下，看著無邊無際的秦軍大營，他嚇傻了。

秦軍大營不但繞城百里，連綿不絕，而且人如虎、馬如龍、槍如林、甲如山、旗如海，劍氣陣陣，殺氣沖天。

反觀自己這幾萬新集之卒，衣衫襤褸、刀甲不全、灰頭土臉，這仗怎麼打？

不打還好，一打必敗。

他咬緊牙關，竭力不讓聲音從喉管發出，悄悄地引軍往城北幾十里外紮營，不敢輕舉妄動。

張耳等了好一陣，沒有動靜，知道陳餘要做縮頭烏龜，大怒，派出使者去罵陳餘：「兄弟有難，你還不趕快搭救，你還是人嗎？」

陳餘苦笑。

秦軍數十萬之眾正以泰山壓頂之勢摧壓鉅鹿，我陳餘去碰他們，無異於以卵擊石。所以說，不救你，現在還是世上之人；去救你，明日就成陰間之鬼了。

陳餘拒絕動手，張耳氣得直跳腳。

什麼好朋友、真情義、患難之交，呸呸呸，都見鬼去吧！我張耳今天算是徹底看清你陳餘是個什麼樣的人了！其實，張耳用不著這麼憤怒，也用不著這麼絕望，稍安勿躁。接到趙國求救信前來赴援的並不止陳餘一軍。燕國大將臧荼、齊國大將田角、張耳的兒子成都君張敖等英雄人物，也都帶了人數不等的軍隊趕到了鉅鹿城下，總兵力高達三十餘萬，與王離的秦軍人數相當。

第一章　秦末動盪：天下大亂的序章

　　陳餘小人不敢出頭，不見得別人不敢出頭。張耳和趙歇把希望寄託在這些人身上。可是，別怨人家陳餘不敢出兵，就連張耳的親生兒子張敖都不敢出兵。

　　這，還是我親生的兒子嗎？

　　張耳又躁動得要罵髒話了。

　　親生兒子都不肯出兵，其他各路諸侯更加保持沉默，全都作壁上觀，誰也不肯做出頭鳥。

　　這麼一來，人類戰爭史上奇怪的一幕出現了：城外的幾十萬人馬，劍拔弩張，每天消耗掉幾十萬乃至上百萬斤的糧食，製造出數量巨大的糞便，卻你不犯我，我不犯你，一仗不打，靜靜地對峙著。

　　這可就苦了困在城裡的張耳和趙歇了。

　　坐吃山空，城中的糧食漸漸見底，再這麼下去，被困的軍民非發瘋不可。

　　城外前來救援的各路援軍所帶糧食不多，也吃不消了。

　　只有王離的秦軍，在章邯強而有力的後勤保證下，衣食無憂，氣定神閒。

　　眾諸侯為了得到糧食，也曾多次嘗試著去毀壞章邯所建的甬道，想從章邯的手裡搶糧。

　　哪知章邯更猛，他抄起傢伙守在甬道旁，誰上前誰遭殃。

　　眾人糧沒搶到，一個個被打得頭破血流，哭爹喊娘。

　　按照這個形勢發展，章邯和王離都覺得，鉅鹿城破、趙國國滅只是個時間問題罷了。然而，意外還是發生了。

　　雙方僵持了一個多月，一個超級猛人來了。

　　這個人就是項梁的姪子項羽，後來的西楚霸王。

　　項羽因為叔叔陣亡，在楚國內部發生了一些不愉快的事，來遲了。

他看到眾諸侯畏縮不前，怒了。

他不信邪，發別部渡漳水去毀章邯的甬道，自己親率主力，砸碎做飯的鐵鍋，踩扁吃飯的甑子，焚燒廬舍，持三日糧，渡過彰水，弄沉所有船隻，展示不勝不歸的必死之心，以奔雷之勢突至鉅鹿，玩命似的殺向王離軍。

王離見過狠的，沒見過這麼狠的，一下子就被項羽的巨大殺氣震懾住了。

就這樣，項羽以破釜沉舟之決心與拔山扛鼎之大力，一往無前，九戰皆勝，虜王離，殺蘇角，焚涉間，乾脆俐落地結束了戰爭。

駐紮在棘原的章邯驚聞王離軍敗，久久回不過神來。

如果說，王離軍敗，已經讓章邯目瞪口呆、難以置信的話，那麼，接著發生的事更讓章邯覺得匪夷所思。

王離竟然向項羽等諸侯軍投降了！

要知道，王離可是秦始皇統一中國後分封的為數不多的列侯之一，乃是開國元勳，官位遠在丞相李斯之上，且三世為將，榮寵無比，他怎麼說投降就投降了？

原因很簡單。

王離的心已經死了。

王離和秦始皇的另一名老臣蒙恬曾經一起參與平定六國，一起北逐匈奴、修築長城，勞苦功高。

可是，秦二世胡亥聽信了趙高的讒言，殘忍地處死了蒙恬。

蒙恬死得極其悲涼。

身為一代名將，叱吒風雲，威震匈奴，手握重兵，完全有能力舉兵造反，因為忠於秦室，竟然悄無聲息地死在一個小吏的刀下。

第一章　秦末動盪：天下大亂的序章

兔死狐悲，蒙恬橫遭慘死，王離不可能沒有一點想法。他在卻匈奴、出上郡、渡黃河、過井陘、取信都、圍鉅鹿這一系列軍事行動中，一直密切關注著大秦王朝的動靜。

秦始皇時代的老臣已經被秦二世胡亥清除得七零八落，朝廷上下充斥著新貴趙高的黨羽。

王離突然有一種不好的預感。

那就是兔死狗烹，如果自己在鉅鹿一舉滅掉了眾諸侯，那麼，說不定自己就是趙高刀下的另一個冤死鬼。

於是，他在鉅鹿城下放緩了攻打的腳步，圍而不打，與眾諸侯先對峙著，以觀時變。

可是，王離包圍鉅鹿城才一個多月，一個震驚天下的消息從秦帝國都城咸陽傳來：秦帝國三個最高級別的官吏，右丞相馮去疾、左丞相李斯和將軍馮劫，在沒有任何過失的情況下，被同時下獄。

馮去疾和馮劫自殺身亡。

李斯慘遭腰斬，家人被夷滅三族。

這三個人都是大秦帝國的棟梁。

竟然這樣無端被害。

王離的內心世界轟然坍塌。

他渾身哆嗦，對大秦帝國完全絕望。

如果沒有項羽的突然殺來，王離是不是會主動解除對鉅鹿城的圍困或帶領手下的三十萬人對秦廷發起反戈一擊，我們不得而知，但項羽既然已經打亂了局勢，心如死灰的王離選擇了無條件向諸侯軍投降。

王離的投降，對章邯而言，就像發生了十級地震。

官二代掛帥，章邯黯然退居二線

他驚慌失措，莫可名狀。

項羽收編了王離軍，自鉅鹿殺往棘原。

章邯的思緒很亂，但軍事指揮的思路卻異常清晰。

他還保有二十餘萬兵力，是秦軍精銳，久經戰陣，只要沿河拒守，項羽軍也難討到便宜。

兩軍接觸，互有勝負，但項羽背靠漳水，不利作戰，既不能在短時間內吃掉章邯大軍，只好渡還漳水南岸。章邯便催動手下的二十餘萬人馬，從東、西、中三個方向南渡漳水，對項羽形成合圍之勢，先將自己立於不敗之地。項羽雖是一代猛人，但剛剛撤軍，無法在短時間內組織反攻，只得再退，南渡洹水，準備在洹水南岸組織抵抗。然而，章邯揮軍占領了漳水和洹水北岸的廣大地域後，便不再進攻了。

敵不犯我，我不犯敵。

他要趁這段時間好好理一理思路，認準接下來的路怎麼走。

李斯的死、王離的降，讓他對生活產生了懷疑。

李斯和王離都是國家的棟梁，卻落到了這樣的下場，那麼，我這樣九死一生為秦廷效勞是否值得？將來我是不是也會落到他們這樣的下場？

迷茫中，他派自己的得力助手長史司馬欣回咸陽，名義上是請求支援，實際卻是探聽朝廷局勢。

朝廷在胡亥和趙高的胡搞亂搞下，實在是烏煙瘴氣、暗無天日。

趙高已代替了李斯的職位，晉升為丞相，稱為中丞相。他完全掌握了朝廷和禁軍大權，指鹿為馬，大量清除異己，弒君篡位只怕不遠了。

聽了司馬欣的報告，章邯背脊直冒冷汗。

難道，老天是要逼迫我起兵殺入咸陽城「清君側」？

第一章　秦末動盪：天下大亂的序章

二世就在趙高的手上，這事還懸，搞不好自己就成了天下人人討而誅之的亂臣賊子。

那麼，就領著手下這支孤軍與諸侯軍抗衡到底？

想著這些年來越打越多的起義軍，章邯不由自主地打了個寒顫。

一念之差，帝國命脈就此斷送

駐軍在洹水南岸的項羽看秦軍沒有繼續追擊，覺察到了章邯的猶豫和動搖，便讓陳餘為他量身訂製了一封勸降信。

信上說：「白起為秦將，向南攻陷了楚都的鄢郢，向北消滅了趙括的軍隊，攻城略地，不可勝計，卻慘遭賜死。蒙恬為秦將，北面驅逐戎人，開闢渝中地數千里之廣，竟被斬於陽周。這是什麼緣故？功勞太多，秦無法論功全部封賞，故而找藉口按法律誅殺他。現在將軍身為秦將已經三年，士卒傷亡以十萬計，而諸侯紛紛起事，日益增多。趙高一向獻媚奉承，時日已久，現在形勢危急，必然要找藉口殺將軍來推卸罪責。將軍在外面的時間久，朝廷內嫌隙多，有功也是死，無功也是死。況且上天要滅亡秦，無論愚人智人都知道。現在將軍在內不能直言進諫，在外已成亡國之將，孤自一人卻想支撐危局，豈不可悲！將軍何不倒戈，和諸侯訂下合縱之約，共同攻秦，瓜分秦地為王，南面稱孤，這樣做，與身受斧鉞、妻兒被殺相比，哪個更好？」

讀過這封信，章邯拿定主意了：就與諸侯訂下合縱之約，共同攻秦，瓜分秦地為王，南面稱孤！

由是，章邯向項羽派出使臣，同意協商會盟。項羽軍雖然數量已占優

勢，但兩軍相持半年多，仍未能決出勝負，而與項羽相約先入關中者為王的劉邦軍已逼近武關。項羽要爭取時間先入關中，心中清楚會盟是最明智的做法。秦二世三年（西元前 207 年）七月，雙方在洹水南岸、安陽西面的殷墟（今河南省安陽市西北小屯一帶）會盟。

會盟的結果是：章邯軍隊建制不改變，所有兵馬仍由原來的秦將統領，章邯封雍王。

這一結果，章邯還是滿意的。

項羽是什麼人？是個殺人不眨眼的魔君。

他可以毫無心理障礙地殺死會稽郡守殷通，可以不計後果地殺死楚國上將軍宋義，可以滅絕人性地對襄城展開血淋淋的屠城，卻無條件地答應了章邯關於會盟的全部要求，不但保留了章邯軍的整軍建制，還由秦軍原各級將領統帥部隊，並且尊章邯為雍王。

要知道，他的叔父項梁就死在章邯的刀下啊，而且，他尊章邯為雍王，而他本人的身分還只是一個上將軍啊。

也就是說，透過會盟，章邯的地位乃在項羽之上。這樣的結果，章邯沒有理由不滿意。可是，章邯錯了，大大地錯了。他只是一個軍事家，而非政治家，更不是陰謀家。會盟後的諸侯軍共有六十餘萬人，浩浩蕩蕩殺向秦朝帝都咸陽。因為章邯的反戈，趙高生怕遭到秦二世的怪罪，他鋌而走險，驚然發動政變，逼死了秦二世。

按照趙高原本的心思，是想自己稱帝的，但群臣不附，只好改立秦始皇之弟子嬰為秦王，是為秦三世。

可是秦三世的日子並不長久。

登位的秦三世子嬰派人暗殺了趙高，但並不能挽救大秦帝國的命運。

秦二世三年（西元前 207 年）十月，劉邦十萬大軍進駐灞上（今陝西省

第一章　秦末動盪：天下大亂的序章

西安市東），咸陽朝不保夕，指日可下。

秦三世子嬰逃無可逃，只得素車白馬獻璽投降。

秦亡。

暴秦既亡，秦二世三年（西元前 207 年）十一月的一個深夜，軍至新安（今河南省義馬市二十里鋪村下石河一帶）的項羽做出了一件喪盡天良的事：將章邯部的二十餘萬兵卒全部坑殺。

第二天，一覺睡醒的章邯得知了這個消息，不啻五雷轟頂。

他狂呼、痛哭、捶胸頓足，流淚泣血。

但，一切都於事無補。

這時的他，已不再是那個策馬奔騰烽煙舉，威風八面、一往無前的常勝將軍了。

他已成了一個名副其實的光桿司令，成了一個任人宰割的羔羊、可憐蟲。

不過，也許是出於感恩的心理，項羽感謝章邯沒有在打贏漳水那一仗後對自己趕盡殺絕，更感謝章邯在殷墟接受會盟，讓自己突然坐大，一躍而為眾諸侯之首，他沒有對章邯下毒手。

是的，章邯活了下來。

但活下來已經沒有太大的意義了。他葬送了二十多萬兄弟的性命，已經沒有臉再見關中父老，同時也愧對天下人。他的身體還活著，靈魂卻已經死了。

他成了一具活在陽光下的行屍走肉，不笑不哭，無知無覺。項羽入咸陽，斬殺秦王子嬰，屠滅秦王族，火燒秦宮室三月不滅。戲亭分封，還是出於感激心理，項羽仍封章邯為雍王，據守關中。項羽最不放心的人就是劉邦。

他將劉邦扔到漢中，封漢王。由章邯據守關中，也是看好章邯的軍事能力，希望他能阻止劉邦出頭，讓劉邦永遠不見天日。可是，自新安坑卒那一夜起，章邯已不是當年的章邯。他已經蒼老得不成樣子，暮氣沉沉，渾渾噩噩。

漢高帝元年（西元前 206 年）八月，漢大將軍韓信明修棧道，暗渡陳倉，驀然殺入三秦。

章邯機械式地應戰了幾仗，均敗，退守廢丘。漢高帝二年（西元前 205 年）六月，韓信水淹廢丘。

章邯登上城頭，看著大水漫城，木然地將利劍橫在脖頸上。哦，我該走了。

兩年前，新安噩夢醒來，我本就該走的。那二十萬跟隨著我出生入死的兄弟，他們在那邊等我已經等得太久了。

一聲極輕極輕的嘆息如輕煙般在空中消散，利劍「哐啷」落地，鮮血噴薄而出。

一代名將，就這樣悄然謝幕。

第一章　秦末動盪：天下大亂的序章

第二章
楚漢爭雄：劉邦與項羽的博弈

第二章　楚漢爭雄：劉邦與項羽的博弈

想學卞莊子殺兩虎？卻成全了別人的霸業

鉅鹿之戰是中國歷代戰爭史上極為著名的一場戰役。該戰中項羽在各路諸侯都畏縮不進的情況下，破釜沉舟，以不勝無歸的大無畏精神率先殺向秦軍。其本人一馬當先，親自衝鋒陷陣，楚軍士兵受此激勵，無不以一當十。

在營壘上觀戰的各諸侯軍，眼看楚軍士兵人人奮勇，個個爭先，氣勢如虹，摧鋒折銳，殺聲震天，如若山崩，莫不相顧失色，驚恐萬分。

項羽九戰九捷，終於帶動其他諸侯軍加入戰鬥，全殲秦軍主力，扭轉了整個戰局，奠定了反秦鬥爭勝利的基礎，成為滅秦戰爭中決定性的一戰。

經此一戰，秦朝主力盡喪，名存實亡。

明朝學者茅坤稱鉅鹿之戰乃是「項羽最得意之戰，太史公最得意之文」。

而秦軍已破，項羽召見諸侯軍將領，眾將入轅門，無不膝行而前，莫敢仰視。

項羽一下子就建立了自己在盟軍中的絕對權威，躍居諸侯軍眾將之首，為諸侯上將軍，統帥各路諸侯軍。

項羽能取得如此輝煌的戰果，並不是偶然的。

反觀此戰之前，章邯夜襲定陶，「大哥級」的領袖人物項梁戰死，義軍遭受了重大挫折，反秦鬥爭瞬間墜入低潮。

楚懷王不得不重新調整策略部署，從薛邑進駐彭城，召回項羽、劉邦等軍，將楚軍主力一分為二：其一以宋義為將軍，項羽為副將，范增為末將，率領楚軍主力十餘萬北上援救遭受王離軍圍困的鉅鹿城，再由函谷關（關中西方門戶，位於今河南省靈寶市東北）攻入秦都咸陽。該路軍稱河

北之軍。另一以劉邦為將軍，張良為謀士，由黃河以南向西奪取土地，沿路收集陳勝、項梁的散兵，最後經武關（關中東南門戶，位於今陝西省丹鳳縣東南）迂迴突入關中滅秦，該路軍稱河南之軍。

楚懷王與諸將約定：「誰先入關，誰做關中王。」

顯然，武關一線的道路最暢，面對的只是秦軍的一些散兵遊勇，如無意外，應該是河南之軍先奏成滅秦之功。

項羽的祖父項燕、叔父項梁均死於秦人之手，可謂舊仇未報，又添新怨，再加上此前的滅國之痛、破家之恨，與暴秦可謂是勢不兩立、不共戴天。

他力求在河南作戰，西向滅秦。

可楚懷王斷然拒絕，執意要他做宋義的副將北上。

須知，項羽原是西路軍的主將，劉邦為副，現在卻強行將他降為河北之軍的副將，而將劉邦提拔為在河南作戰的西路軍主將，楚懷王壓制項羽之意，昭然若揭。

項羽為了顧全大局，隱忍不發。

宋義被楚懷王特封為「卿子冠軍」，卿子是尊稱，冠軍的意思是在諸軍之上，即宋義乃是楚軍所有軍隊的統帥。可是宋義書生意氣，只會誇誇其談，並不敢與秦軍決戰。他帶領著十餘萬楚軍浩浩蕩蕩一路往北，才到安陽（今山東省曹縣），就止步不前了。

安陽在齊楚交界處，離鉅鹿有五百里之遙。剛開始，項羽以為宋義是要讓大軍在安陽補充給養。

可是宋義這一停就停了四十六天，不敢渡過黃河半步。

項羽這才看穿宋義畏敵懼戰的心思。

第二章　楚漢爭雄：劉邦與項羽的博弈

時間推至十一月，天寒大雨，士卒凍飢。

項羽建議立即進兵河北，與河北諸侯之軍會合，解救趙國，同時也可使自己的部隊在趙國取得給養。

他焦灼萬分地對宋義說：「秦圍趙急，宜疾引兵渡河；楚擊其外，趙應其內，必破秦軍！」

宋義臉帶神祕，微微一笑，說：「不然。拍擊牛身上的虻蟲，並不能消滅躲藏在牛毛裡的蟣蝨。如今秦攻趙，戰勝則兵疲，我便可以趁其疲憊之機攻之；若秦敗於趙，則我更可引兵鼓行而西，必可克秦。所以不如先讓秦趙相鬥。」

原來宋義是想學刺虎的卞莊子，先坐山觀虎鬥，看兩虎相爭，待一虎死、一虎疲，再揮刀向虎，一舉而得殺兩虎之名。

這原非什麼高深的學問，可笑的是，宋義竟當面挖苦項羽說：「披堅執銳、衝鋒陷陣，我宋義不如你；運籌帷幄、決勝千里，你項羽不如我！」

而實際上，這時的秦趙相爭，並不是什麼兩虎相爭，而是獅子搏兔，強秦是獅子，弱趙是兔子，奄奄待斃。

兔子戰勝獅子的可能性太小了，而獅子吃掉兔子，則可以補充體能，進而捕獵下一個獵物。

這個淺顯的道理，宋義居然不懂。

項羽還要跟他爭辯，他卻極其不耐煩地下令說：「凡是爭吵如虎，違逆如羊，性貪如狼，倔強不聽指揮的，一律斬首。」將項羽轟出了帳外。

項羽忍無可忍，與范增謀議，決定解決掉宋義這個尸位素餐的傢伙。

翌日清晨，冰冷的冬雨還在沒完沒了地下。

項羽早早就闖進中軍參見宋義，見了宋義，二話不說，一刀砍了宋義

的頭，大義凜然地召集全軍宣布：「宋義與齊人合謀反楚，楚王密令項羽誅之。」

看著項羽一副凶神惡煞樣，眾將軍大氣也不敢喘，氣氛沉重，安靜異樣，人人有一種要窒息的感覺。

不知是誰，突然高聲說了一句：「首先擁立楚王的，就是將軍項氏一家，如今將軍處死叛將是完全應該的。」

正是，正是。

大家鬆了口氣。

項羽也暗暗鬆了口氣。

於是，在眾將軍的推舉下，項羽代替了宋義的位置，成了全軍統帥。

項羽斬帥的消息傳回彭城，楚懷王嚇得魂飛魄散，卻又無可奈何，只好接受了既成事實，任命項羽為上將軍——誰叫大軍都在項羽手上。

而項羽的搶班奪權行為，不但威震楚國，而且名揚諸侯，讓天下英雄豪傑刮目相看。

這是項羽人生中第一件足以載入史冊的大事。

鉅鹿大戰的勝利，項羽的威望又陡然暴增。

成功爭取到章邯的加盟，項羽的人氣更是瘋狂飆升。

章邯的加盟，象徵著秦軍主力全部瓦解，秦朝的滅亡，指日可待。

劉邦雖比項羽提前兩個月入關破咸陽，但迫於項羽的赫赫威勢，也不敢貿然按楚懷王之約稱王關中，只是還軍灞上，封閉潼關，拒絕項羽及諸侯軍入關。

第二章　楚漢爭雄：劉邦與項羽的博弈

項羽兵入咸陽，為何不稱帝

秦二世三年（西元前 207 年）十二月，項羽兵至潼關，看見劉邦公然閉關拒守，遂勃然大怒，悍然破關，駐軍鴻門，磨槍擦劍，準備送劉邦上西天。

劉邦知道玩出火了，採納了張良的建議，親赴鴻門，誠懇地表示願接受項羽處置天下大事。

〈太史公自序〉中說：「秦失其道，豪傑並秦失其道，豪傑並擾；項梁業之，子羽接之；殺慶（指卿子冠軍宋義）救趙，諸侯立之。」

雖是劉邦率先攻下咸陽，但太史公明確指出，滅秦之功，項梁開其端，項羽繼其業，其依據與象徵，乃是項羽殺慶救趙。

看著劉邦已經服軟，項羽當仁不讓，兵入咸陽，殺子嬰，燒秦宮，分裂天下而封王侯。

原本如何收拾天下亂局，擺在項羽眼前的有三種選擇：一、仿周天子選擇王業稱王；二、仿秦始皇選擇帝業稱帝；三、回歸諸侯選擇霸業稱霸。

如果仿周天子選擇王業稱王，項羽不過是楚懷王屬下的一個上將，首先從名義上，項羽就做不了天下的「共主」，而由寸功未立的楚懷王來做天子，這又是他不願看到的，所以，這條道路行不通。

如果仿秦始皇選擇帝業稱帝，項羽只能是不自量力、自取滅亡。

要知道，當時的形勢是，關外之地盤踞著舊諸侯和新興勢力，他們有的是秦末起義時期因為貴族的身分被立起來的王，有的是趁亂聚集起來的勢力。一句話，天下大部分地盤基本掌握在這些舊貴族和新勢力的手中，項羽所能控制的不過關中一地而已。但是僅關中一地卻聚集大量諸侯，這

些諸侯各有自己的勢力和軍隊,項羽的四十萬軍隊大部分是由這些諸侯軍組成的。此外,還有大批的滅秦功臣,功績之外,這些功臣同樣擁有各自獨立的勢力和軍隊。

項羽以懷王的臣子身分,僅有區區數萬完全聽命於自己的楚軍,如果無視各地新舊勢力,而學秦始皇把天下權力集於一身稱皇稱帝,這難度未免太高。

所以,項羽選擇的是第三種,回歸諸侯,選擇霸業稱霸。

這一選擇絕不是一時衝動,而是項羽預謀已久的大策略。

項羽在鉅鹿全殲王離軍團,聲名遠揚,躍居諸侯聯軍之上將軍,統率諸侯聯軍。但是諸侯聯軍組成複雜,各懷心事、矛盾重重,要將這些諸侯軍擰成一股繩,就必須制定出一個共同的目標,使大家有共同的利益,做到一榮俱榮,一損俱損。經過前思後想,項羽找到了最佳方法:計功割地,裂土封王。與章邯隔漳水對峙期間,項羽讓陳餘遺書章邯,上面就明白無虞地寫:「將軍何不還兵與諸侯為從,約共攻秦,分王其地,南面稱孤?」以割地封王為目標,將各路諸侯綁在自己的戰車上,這一點,項羽無疑是成功的。現在,秦朝已滅,諸侯雲集咸陽,翹首以待,為的就是要項羽兌現裂土封王的許諾。事實上,六國還掌握在舊諸侯的手中,項羽身無尺寸之土。他所能做的,就是藉自己滅秦的威望,透過向楚懷王申請,虛尊楚懷王為名義上的天下共主,既為還新興諸侯一個交代,同時也為自己謀取最大的利益,實行論功分封。

漢高帝元年(西元前 206 年)一月,項羽佯尊楚懷王為義帝,以「古之帝者,地方千里,必居上游」為藉口,將義帝遷徙到南楚蠻荒地區郴縣(今湖南省郴州市)。

二月,項羽專制主約而宰割天下,自立為西楚霸王,轄梁(即戰國時

第二章　楚漢爭雄：劉邦與項羽的博弈

的魏國)、楚九郡，建都彭城。

霸王之名，也是頗有講究的。

項羽認為，西周之尊莫若王，東周之尊莫若霸，各取「王」、「霸」一字，意為用其名虛尊天子而下制諸侯也。

秦劃天下之三十六郡，項羽轄梁、楚九郡，已占四分之一。

這九郡之地通指東海（今江蘇省連雲港、揚州一帶）、泗水（今江蘇省徐州及安徽省宿州一帶）、薛郡（今山東省濟寧一帶）、東郡（今河南省濮陽一帶）、陳郡（今河南省周口、上蔡一帶）、鄣郡（今安徽省蕪湖一帶）、碭郡、南陽、會稽等九郡，基本上囊括了整個黃淮平原，無論從策略上還是經濟上都處於優勢地位。

彭城地居九郡中央，舉天下南北之脊，乃是關外形勝必爭之地。另外，都彭城則通三川，通三川則與三秦相照應，即使項羽不親自坐鎮關中，仍可遙控關中之地。

進而言之，項羽居彭城而可制全國。宋代蘇東坡就盛讚道：「昔項羽入關，毀燒咸陽而東歸，則都彭城，夫以羽之雄略，捨咸陽而取彭城，則彭城之險固形便，足以得志於諸侯者可知矣。臣觀其地，三面被山，獨其西平川數百里。西走梁宋，使楚人開關而延敵，材官騶發，突騎雲從，真若屋上建瓶水也。」

另外，彭城地處黃淮平原，物產豐饒，「稻麥一熟可資數歲」，可供戰守之資。有了都彭城、轄九郡為保證，項羽便開始他分封諸侯而控制天下的大謀略。

分封的原則既是「計功割地」，那就不得不先考慮最先入關的劉邦陣營。

當初楚懷王有約：先入關者為王。

按照這個約定，劉邦應該為關中王。

然而，關中阻山河四塞，土地肥饒，封劉邦為關中王，無疑是埋下一顆不定時炸彈。

項羽想來想去，故意曲解懷王之約，稱「巴、蜀亦關中地也」，將地方偏遠、道路難行的巴、蜀、漢中三郡打賞給劉邦，封其為漢王。

為了把劉邦堵死在巴、蜀，項羽把關中之地分給章邯、司馬欣、董翳三位秦朝降將。

項羽此舉，乃是煞費苦心。

讓章邯、司馬欣、董翳三人瓜分關中，既可以讓他們三人互相制衡，免成尾大不掉之勢，又可以讓他們堵塞劉邦出蜀的東進之路。而且，他們三人都是秦人，秦人治秦，名義上也說得過去，其他諸侯既無話可說，自己對劉邦、對章邯三人的安排也頗合情理，應該不失公道之名。

而章邯三人因與諸侯軍結盟，導致二十餘萬降卒慘遭坑殺，秦人定然恨之入骨，他們三人要在關中立國，就不得不仰仗項羽的扶持。

另外，章邯三人對劉邦是一種制約，那劉邦何嘗不是對章邯三人形成另一種制約？

對於這個安排，項羽很得意。

安排好劉邦等人，也就妥善處理好了關中之地的歸屬。接下來，是對舊貴族盤踞六國諸地的安置。項羽採取了打壓舊貴族、扶持新勢力的方針。他將新勢力分到舊貴族之地，而指令舊貴族離開原有根據地。這樣做的目的，既不負「計功割地」的原則，安撫了新勢力，又能削減舊貴族勢力，使之失去原有的威脅。實際上，項羽對盤踞六國諸地的舊貴族並未能構成行政上的指令，這些舊貴族肯定不會輕易就範。被安排到這些地盤立

第二章 楚漢爭雄：劉邦與項羽的博弈

國的新勢力為了得到封地，就必定會與這些舊貴族刀戈相見。

這也是項羽所希望看到的──諸侯相爭，其勢自弱，自己的霸王地位也就牢不可破，可坐而制約天下。

分封諸侯過程中，可謂神來之筆的，就是項羽對田榮的處理。田榮是故齊王田氏宗族，秦國滅齊國，田榮與兄田儋、弟田橫隱居狄縣。

陳勝在大澤鄉起事，田榮兄弟在齊地響應，擊殺當地縣令，恢復齊國，田儋自立為齊王，田榮為相國。

秦二世二年（西元前208年）六月，章邯於臨濟圍攻魏王魏咎。

田儋率兵救魏，兵敗，田儋被殺。

田榮率餘部向東逃往東阿。

齊國人聽說田儋已死，就擁立以前齊王田建的弟弟田假為齊王，田角為丞相，田間為大將。

落難東阿的田榮遭到章邯的窮追猛打，所幸項梁發兵相救，趕走了章邯。

章邯往西逃跑，項梁則乘勝追擊。

論理，項梁在關鍵時刻幫了兄弟一把，田榮就應該念著記著項梁的好，配合項梁一起打章邯。

可是田榮惦記的卻是家裡的事，他帶兵回去追打齊人新立的齊王田假，打得田假逃亡楚國，丞相田角逃亡趙國，田角的弟弟田間逃亡趙國。

田榮立亡兄田儋的兒子田市為齊王，自任丞相，田橫為大將，平定了齊地。

因為田榮的不配合，項梁兵寡，無法對章邯發起致命的攻擊，導致章邯恢復了元氣，進而出現了夜襲定陶的一幕，項梁含恨離開人世。

章邯渡過黃河，與王離合擊鉅鹿，田榮也拒絕發兵，一門心思擴大自

己的勢力。

從項羽發動鉅鹿之戰到分封天下這一年多的時間裡，田榮沒有參與任何戰事，保留了實力，漸成項羽的一大強敵。

而且，田榮的齊國不但地域上和西楚疆域相接，且邊界綿長，對楚都彭城威脅最大；策略上又處於西楚東北，使西楚無法西向逐鹿中原。

這樣，在劉邦既已被堵死在漢中的前提下，項羽決定消除田榮這個隱患。

他將齊地一分為三，把其中最為優越的濟北郡和臨菑郡分封給一同入關作戰的齊王田建的孫子田安和齊將田都，以分化和削弱齊國的整體實力。

最令人拍案叫絕的是，田榮不是立亡兄田儋的兒子田市為齊王嗎？

項羽就封田市為膠東王，表面上還是正宗的齊王，沒有違背齊地民心，卻要田市遷往偏遠的膠東郡。

田氏家族，人人皆有封賞，唯獨選擇性地遺忘了田氏家庭中的第一號人物田榮，這就已經讓田榮怒火中燒了，又要田榮所立的齊王偏居膠東，這就更讓田榮暴跳如雷。

田榮本來想鼓動田市跟項羽對抗，可是田市畏懼項羽，堅持要遷往膠東。

真是恨鐵不成鋼！

田榮無處抒發，渾身的血管都要爆炸了。

一怒之下，他將這個不成器的姪子砍了，自立為齊王，起兵與項羽對抗，擊殺濟北王田安，驅逐田都，兼併三齊。

田榮這一系列喪心病狂的動作下來，雖得三齊，卻是怨聲載道，民心大失。

等的就是這個機會！項羽隨即北上討伐田榮。

第二章　楚漢爭雄：劉邦與項羽的博弈

戰爭的結果不言而喻，田榮城陽（今山東省菏澤市東北）一戰即潰。

世人皆知項羽戰鉅鹿之狠、之勇、之猛、之絕，一如狂風暴雨、電閃雷鳴；而不知其戰齊地之精、之細、之謀、之略，無聲無息、殺人於無形。

似乎是分封諸王的過程中漫不經心的幾步閒棋，就使得田榮眾叛親離、大失民望，以致分崩離析。

齊地的百姓對田榮失望到了什麼程度呢？

田榮自城陽敗逃，到了平原，就被平原的齊人殺了。

這樣，項羽輕輕鬆鬆地平定了楚漢時期的第二大勢力。

也幸虧項羽謀略得當，動作迅速，否則，有田榮這樣的一個勁敵存在，很難想像項羽在即將到來的楚漢之爭中會處於何種狼狽的境地。

王不過霸，且看千里迂迴奔襲

是的，楚漢之爭就要到來了。實際上，項羽尚未發兵攻齊，劉邦已經回兵平定了三秦。所謂人算不如天算，項羽以為，有章邯等三人替自己看守著關中，堵塞著劉邦東歸的褒斜道，劉邦就不能再興風作浪，哪裡會料到劉邦已經起用了不世出的戰神韓信為將？又哪裡會料得到韓信會使出暗渡陳倉的奇策，順利進入關中呢？

韓信天縱其才，僅一個月時間，就打通了八百里秦川。

漢高帝元年（西元前206年）八月，雍王章邯被圍困於廢丘，塞王司馬欣、翟王董翳望風而降。

但項羽已顧不了那麼多了，他在忙著收拾田榮。好不容易消滅了田榮，田榮的弟弟田橫又收攏了數萬散兵遊勇不間斷的游擊和騷擾項羽，項羽於是立故齊王田假為齊王，以與田橫相抗衡。

但人算不如天算，田假並未能發揮項羽代理人的功能，項羽軍被拖在齊地，久久不能脫身。

劉邦初入關中，就讓張良寫信給項羽，說：「我劉邦只是希望能得到關中，不敢東進。」

事實並非如此。

劉邦的野心大得很。

漢高帝二年（西元前205年）四月，劉邦趁著項羽膠著於齊地的戰亂之機，以項羽迫害楚懷王為口實，聚集起各路諸侯聯軍共五十六萬，分路進攻西楚都城彭城。

劉邦此舉的目的，就是要消滅項羽的西楚政權。

西楚的主力部隊基本都投入了齊地戰場，彭城空虛，哪裡抵擋得住劉邦五十六萬人的攻打？

沒花費多少工夫，劉邦就打開了城門，昂然入城。

消息傳到齊地城陽，項羽鬚髮倒豎，環眼圓睜，快要氣炸了。

好你個劉邦，敢到我項某人的地盤撒野，活膩了不是？

他做出了一個大膽的決定：主力部隊繼續攻齊，自己領精騎三萬，星夜南下，回救彭城，電擊劉邦！

以三萬攻擊五十六萬，這是何等驚人的勇氣！

但項羽這勇氣是建立在高度的自信之上的。

以他對劉邦的了解，他知道，劉邦早被勝利沖昏了頭腦，自己出其不

第二章　楚漢爭雄：劉邦與項羽的博弈

意，突然發動猛攻，一定可以收復彭城。

他的勇氣和自信，也激勵著楚軍上下將士。

在楚軍將士的心中，項羽本來就是一尊無所不能的神。

三萬騎兵穿越魯縣（今山東省曲阜市），經胡陵（今山東省魚臺縣），只花了一日一夜時間，就返回到彭城西南面的蕭縣（今安徽省蕭縣）。

項羽猜想得沒錯，得意忘形的劉邦在彭城聲色歌舞、醉生夢死，漢兵也忙著收取楚國財貨珍寶美人，漢將則每天聚會宴飲。

項羽在蕭縣略做休整，便發起了勢若千鈞、雷霆萬里的一擊。

在劉邦的腦袋裡，項羽應該還在四五百里外的齊地，而蕭縣距彭城只有六十里地，項羽的突然出現，對他而言，不啻天兵神降，一下子就慌了手腳。

擁擠在彭城裡面的五十六萬漢軍也慌了手腳，不知項羽一軍到底來了多少人，都驚呼著、奔走著，四處逃命。

場面亂成了一鍋粥。

漢軍逃命心切，無心抵抗，一個個全都成了任人宰割的對象。

楚軍士兵上上下下都懷著收復國都的熱情，縱馬馳騁，揮刀猛砍，氣勢凌人。

自晨至午，漢卒被斬十餘萬人，刀下逃生的逃到了睢水，眼看前無去路，後有追兵，咬咬牙，閉上眼，紛紛跳入睢水，被淹死的竟有十餘萬人，一時間，睢水為之不流。

劉邦急著逃命，為了減輕車子的重量，竟然喪心病狂地把自己的兒子、女兒踹出車外。

駕車的車伕夏侯嬰不得不停車下去抱孩子，抱上來，劉邦再踹；夏侯

嬰再停車，再抱；又踹，又抱，如是數番。劉邦可謂狠狠到了極點。

彭城大戰，是項羽繼鉅鹿大戰後的又一場以少勝多的傑作，被記錄在中國古代戰爭史冊上，光耀千秋，大放異彩。

可惜，項羽只帶回來三萬人馬，且突襲的優勢已經失去，無力擴大戰果；楚軍主力還陷在齊地，等待著項羽前去收拾殘局，劉邦終於躲過一劫。

勝利的天平為何最終傾向劉邦？

劉邦主力盡失，向西潰退，靠召集起來的殘兵和從關中調來的援兵終於得以在滎陽（今河南省滎陽市）一線集結起有效的防禦體系，安頓了下來。

滎陽城處在河南省東部平原和西部丘陵山脈的連線處，易守難攻；滎陽的西南，乃是堅城成皋關，相傳西周穆王曾經在這裡獵虎，並建造「虎牢」困虎，故又名虎牢關。關隘高築在大伾山上，南面連線中嶽嵩山，北面是黃河天塹，山嶺縱橫，險峻異常，當真「一夫當關，萬夫莫開」，是洛陽東邊的天險和屏障，為兵家逐鹿中原的必爭要地。春秋魯隱公五年（西元前718年）鄭國曾在這裡大敗燕軍；魯襄公二年（西元前571年）晉悼王為了掃蕩鄭國，大會諸侯，採納了孟獻子「請城虎牢以逼鄭」的計策，開始在這裡建築城壘；戰國時期齊、楚、燕、韓、趙、魏六國也曾經會師虎牢關和秦國對壘。

清顧祖禹評論說：「滎陽、成皋，自春秋以來，嘗為天下重鎮。由秦而上，晉楚於此爭霸，由秦而下，楚漢於此分雄。後之有事者，未嘗不睥睨此地而決成敗焉。」

第二章　楚漢爭雄：劉邦與項羽的博弈

正因為滎陽、成皋位置如此重要，關係到得失中原與危及關中安全，所以，劉邦選擇在此建構防禦體系。

漢高帝二年（西元前 205 年）五月，項羽調兵遣將，開始了追殺劉邦的漫漫征程。

劉邦堅守滎陽，不與項羽交戰，而命彭越襲擾楚國後方，使得楚軍糧草轉運困難。

第二年春，項羽從楚國調大批生力軍增援，切斷了滎陽的糧道，誓要拿下滎陽。

五月，滎陽糧盡，劉邦採納紀信的建議，由紀信假扮劉邦，帶領兩千女子，從東門投降，自己金蟬脫殼，從西門溜了。

項羽功敗垂成。

拿下滎陽，項羽乘勢西進，一舉取下成皋關。

從滎陽逃生的劉邦率領從關中發來的新軍經武關（今陝西省丹鳳縣東南）、出宛（今河南省南陽市）、葉（今河南省葉縣南），誘使項羽南下，以減輕主戰場壓力。

項羽為了手誅劉邦以洩腹中怨氣，竟然冒著糧運難繼的危險引兵南下。

然而，未等項羽有所舉動，彭越在後方展開了猛烈的破壞活動。

彭越渡睢水，戰下邳（今江蘇省邳州市南），威脅彭城。

為保後方不失，項羽只好派終公防守成皋，自己分師回救。

彭越所執行的策略是「敵進我退、敵退我追、敵疲我打、敵駐我擾」，項羽一回來，他馬上跑得無影無蹤。項羽氣得七竅生煙。但讓他更為生氣的還在後面。

他剛離開成皋，劉邦便從宛地北上，殺死終公，奪回了成皋。漢高帝

三年（西元前204年）五月，怒不可遏的項羽重新回到主戰場，拔滎陽，再奪成皋，氣勢如虹，擬要繼續西進。討厭的彭越又像蒼蠅一樣，嗡嗡地叫著，在項羽的後方飛來飛去，項羽若不回師去救，他就無法無天，為非作歹，到處攻城略地。一開始，項羽考慮到正面戰場戰事正緊，忍住沒理會。可是彭越越發猖狂，竟然連續攻克了楚國十七座城池。真是忍無可忍！

項羽決定回師捻死彭越。這次回師，十七城失而復得，但彭越又逃之夭夭。項羽氣得吹鬍子、瞪眼睛，卻又無可奈何。而讓他更加火冒三丈的是，劉邦趁他不在，又迅速地奪回了滎陽、成皋。

等他匆匆趕回滎陽，這幾番來回，兵力已疲，竟屢攻滎陽不下。

偏偏劉邦屯重兵於廣武（今河南省滎陽市北），倚敖倉（今河南省滎陽市東北）儲糧重地，有吃有喝，糧草無憂。而項羽不但兵疲，而且糧盡，前景並不妙。

漢高帝四年（西元前203年），韓信已平定了項羽所分封的魏、代、燕、齊諸國，控制了整個黃河以北的廣大區域，並成功清掃了項羽安置在齊地的二十萬大軍，形成了從北面、東麵包圍項羽的形勢。

九月，項羽眼見勝利無望，被迫接受了劉邦以鴻溝為界、中分天下的建議，同意休兵罷戰。

鴻溝是當年秦始皇為了討伐魏國所開鑿的運河，河水從廣武山下引，直灌大梁（今河南省開封市），再經陳縣、項縣向東南合潁水入淮，成為一條中原通往東南的交通運河。

按照約定，鴻溝以西屬漢，鴻溝以東屬楚。

項羽覺得自己已經做出巨大的讓步——這也是無可奈何的事，楚軍已智力俱困，再戰下去，實在難討得到什麼便宜。

第二章　楚漢爭雄：劉邦與項羽的博弈

和約告成，雙方罷兵，全軍慶賀，高呼萬歲。人心已經厭戰了，軍心也已經厭戰！項羽守約，徐徐引兵東歸。劉邦卻撕毀了和約，尾隨追擊！項羽徹底被激怒，組織反擊，雙方又對峙在陳郡的固陵（今河南省太康縣）。

然而，時勢已易，勝利的天平已經明顯偏向漢軍。

垓下韓信為項羽鋪下天羅地網

漢高帝四年（西元前203年）十一月，韓信揮三十萬大軍從齊地南下，其別部由猛將灌嬰率領，遇城攻城，遇寨拔寨，兵鋒掠入西楚腹地，連下傅陽、下邳、下相、廣陵諸地，抄項羽的老底，占據了楚都彭城，俘虜楚柱國項佗、亞將周蘭，盡占淮河南北之地，從根本上扼斷項羽東歸之路。

韓信所部主力，繼灌嬰之後，如烏雲捲地一樣，漫向陳郡，從東向西推壓項羽軍。

與韓信大軍形成呼應的是彭越軍，其自谷城南下，連克昌邑（今山東省鉅野縣西南）旁二十餘城，奪糧十餘萬斛，從北向南夾擊項羽。

此外，漢將英布並劉邦的堂兄劉賈、楚軍九江郡的叛將周殷合兵共十萬眾，也從南而來，共同合擊項羽。

得知敵軍已從四面雲集，項羽暗叫不好。

三十六計，走為上策。

但項羽原本計劃經壽春由歷陽（今安徽省和縣）渡江的歸路已斷，他只好東走城父（今安徽省亳縣城父集），擬從蘄縣（今安徽省宿縣蘄縣東）

至洨縣，南下東城至烏江浦渡長江。

在城父，項羽遭到英布的截擊，損失慘重；好不容易往東進入洨縣，又受到彭越南下的漢軍堵截，陷入包圍。

劉項之間的生死決戰終於到來了。項羽駐軍的地方名叫垓下，位於今安徽靈璧縣南沱河南岸，固鎮縣東二十四公里處的濠城集。

其手下的將領有鍾離眛、季布、項聲、項冠、項悍等，收縮後的總兵力，尚有十萬之眾。

漢軍已從東、北、南三方會圍，劉邦親率張良、陳平、陸賈、隨何等一眾謀士，領成皋一線來的中央軍團，將領有周勃、陳武、樊噲、王陵、酈商、靳歙、灌嬰等，兵力達二十餘萬。所會的四方諸侯之軍有齊王韓信，齊將孔熙、陳賀等；梁王彭越，梁將欒布等；淮南王黥布，其將領劉賈、周殷等。諸侯之軍總兵力為三十七八萬。

也就是說，楚漢雙方的力量對比是：十萬對六十萬。

項羽死定了。

不過，項羽並未顯得有太多的驚慌。

他是經歷過大風浪的人。

當年，鉅鹿大戰，他項羽破釜沉舟，士兵只帶三日乾糧，一日九戰，九戰皆勝，終於扭轉了戰局，迫降王離四十萬秦軍，取得了世人矚目的戰績。

彭城大戰，劉邦五十萬大軍盤踞在彭城，項羽三萬騎軍，長途奔襲，只用一個上午，就斬殺了十餘萬聯軍，另把數十萬聯軍逼入睢水。

……

敵人再多，也沒見項羽退縮過。

而且，敵人越多，對項羽而言，就越發刺激。

第二章　楚漢爭雄：劉邦與項羽的博弈

　　他喜歡那種破敵如破竹的感覺。

　　他喜歡看敵軍兵敗如山倒的場面。

　　他是一個有暴力美學傾向的人。

　　他最擅長的就是突擊戰術，依靠騎兵的速度優勢和衝擊力，朝敵陣的指揮中樞猛衝狠擊，只要能成功地衝潰敵人的指揮中樞，破壞敵軍的指揮體系，勝利便在望。

　　試想，天下還有什麼事比擊敗幾十萬敵軍乃至百萬大軍，更能讓人感到刺激而富有成就感？一想到這，項羽全身的熱血就沸騰不止。好吧，劉邦，你準備好沒有？今日，我項羽就和你盡情一戰！項羽用兵從不被動地防守，他只知道進攻、進攻、進攻！進攻，即最好的防守；而也只有進攻，才能取得輝煌的戰果。

　　項羽傾所餘十萬兵力，一鼓作氣，向著漢軍中軍發起狂風暴雨般的攻擊，準備畢其功於一役，將漢軍中軍打垮，一舉奠定勝局。

　　項羽本人凶悍勇猛，打仗如玩命，在他的帶頭示範作用下，屬下楚軍殊不畏死，人人情緒高漲。

　　俗話說，一夫拚命，萬夫拚命。

　　現在，楚軍十餘萬之眾一起拚命，勢不可當。

　　漢軍被斬殺之眾數不勝數。

　　如果沒有意外，項羽這個向來屢試不爽的戰術又要奏效了。

　　可意外還是發生了。

　　這次與項羽對陣的，是他的命中剋星——兵仙韓信。

　　漢軍的領袖人物雖然是劉邦，但劉邦有自知之明，與項羽惡戰多年，他深知無論是衝鋒陷陣還是排兵布陣，自己都難以跟項羽相比。

這次會戰垓下，他將六十萬大軍的總指揮權交給了韓信。

知己知彼，百戰不殆。

項羽的用兵之術，韓信瞭如指掌。

對於項羽這個反應，韓信早有應對之策。

他派出兩支騎兵，孔熙居左，陳賀居右，張開兩翼在遠離項羽陣地的曠野埋伏待命，自己豎起中軍大旗在正面誘敵。

為了確保萬無一失，劉邦又派出周勃、陳武兩將統領預備隊於韓信軍後策應，自己統軍在最後面掠陣。

這樣，漢軍形成了前、中、後三層梯隊的縱深部署，六十餘萬兵馬全都動員起來，項羽非但難以撼動漢中軍位置，他本人也插翅難逃。

聽說楚軍已發動了攻擊，韓信下令擂鼓迎戰。

震撼人心的一幕出現了：楚軍形如長龍，勢若驚雷，直迫韓信中軍位置。

漢軍正面阻擋，兩面夾擊，後面撐著尾巴打。殺聲驚天動地，場面激烈壯觀。

項羽一馬當先，衝鋒在前；楚軍勢猛，所向披靡。層層搏殺下來，負責正面攔截的漢軍死傷纍纍，不得不開始退避。

項羽精神大振，乘勝追擊。

可是，前面的漢軍雖然退避，卻不潰亂。

楚軍所到之處，雖如水浪中分，接戰的漢軍卻是有條不紊、從容不迫，而且層層疊疊，無窮無盡。

《孫子兵法》中云：「凡治眾如治寡，分數是也；鬥眾如鬥寡，形名是也；三軍之眾，可使必受敵而無敗者，奇正是也；兵之所加，如以碫投卵者，虛實是也。」又說：「凡戰者，以正合，以奇勝。故善出奇者，無窮如

第二章　楚漢爭雄：劉邦與項羽的博弈

天地，不竭如江海。終而復始，日月是也。死而復生，四時是也。聲不過五，五聲之變，不可勝聽也；色不過五，五色之變，不可勝觀也；味不過五，五味之變，不可勝嘗也；戰勢不過奇正，奇正之變，不可勝窮也。奇正相生，如循環之無端，孰能窮之？」

此戰，韓信的統軍能力和指揮藝術可謂出神入化、至臻至善。從左右和後面擁上的漢軍越積越多，楚軍像陷入一個巨大的漩渦當中，衝突和進退的空間越來越小，受到的壓力越來越大。韓信將兵，多多益善。韓信充分利用兵多的優勢，為項羽量身定做了一張天羅地網。在這張網中，項羽掙扎得越厲害，網將會越緊。

項羽的憤怒、鬥志、熱情、力量……以及所有的潛能都被激發出來了，吼聲連連，勢如瘋虎，衝鋒在前，亂砍亂劈。

他衝得起勁，殺得太猛，戰線不知不覺被拉長了。

韓信指揮千軍萬馬，如臂使指，得心應手。

彭城之戰，劉邦五十六萬之眾，經不起項羽幾個來回的衝殺，亂成了熱鍋上的螞蟻，互相衝撞、彼此踐踏。

現在，不管項羽如何衝殺，他面前的漢軍雖然也在退卻，但退卻過後，仍然可以集結在一處，組織起有效的抵抗。

項羽是人，不是神。只要是人，就會有力氣使盡的時候。

而且，因為入陣太深，孔熙、陳賀兩部騎兵從兩翼殺入，已經將楚軍切割成了兩段。

此戰，漢軍雖然損失十餘萬人，卻也殲滅了楚軍近八萬人。這八萬人，可是跟隨項羽歷經百戰的虎狼之師啊。陷入重重包圍的項羽終於無力再戰，只好就地安紮營寨。只要再加一把力，就可以將項羽捉拿了。漢軍

上下振奮，人人鼓勇。可是，韓信卻下令：圍而不殲。項羽勇猛善戰，馳騁戰場，天下無雙。

韓信曾在項羽身邊做過兩年警衛，知道項羽在攻堅大戰中的威力有多大，也知道一旦他作困獸鬥會產生多大的破壞力。

既然勝券在握，就沒有必要過多損傷士卒性命。

兵法云：歸師勿遏，窮寇勿迫。

當下，無須迫敵太急，只要層層困住困死項羽，斷絕楚軍外援，其糧一盡，自然不攻而破。

果然，楚軍力戰已疲，糧運斷絕，軍心大沮。

單單這樣，韓信還不滿意，他決定再下一劑猛藥。

震撼千古的英雄謝幕

這天夜裡，天空紛紛揚揚地飄起了雪。楚軍的軍營裡缺薪少火，因為斷糧，士兵被迫殺馬充飢。營帳像一個個冰窟，冷。吃過馬肉的士兵擠在一起，憑藉著彼此的體溫取暖，耳聽著帳外的風聲，心情糟糕透了。

對這些楚兵而言，戰爭的前景已經黯淡無光，毫無出路。等待他們的，不是被殺就是被俘的命運。明天之後，也許已經沒有明天。他們有的長吁，有的短嘆，有的低低地咒罵著什麼……有的什麼也不說，只是目光呆滯，臉色木然，豎著耳朵聽寒風颳過樹枝的嗚嗚尖叫聲。

忽然間，風中飄來一陣陣斷斷續續、若有若無的歌聲。

歌聲如泣如訴，時高時低，低迴悲涼，哀怨萬分。

第二章　楚漢爭雄：劉邦與項羽的博弈

歌裡唱的是什麼？

眾人仔細聆聽：竟然是原汁原味的楚辭楚韻、楚曲楚調！曲風哀婉，詞意斷腸，乃是關乎愁緒、關乎離情、關乎良人、關乎征夫、關乎怨婦、關乎稚子、關乎鄉情、關乎生死。

歌聲先是一個、幾個人的低迴淺唱，漸漸地，是幾十、幾百，乃至幾萬、幾十萬的人一起應和，鋪天蓋地，塞滿了整個蒼穹，讓聽的人逃也逃不開、躲也躲不掉，情不自禁地沉浸在這重如山、深如海的愁緒中，肝腸寸斷、黯然神傷。

許多的楚軍士兵垂頭掩面，淚溼衣襟。

正在帳中喝悶酒的項羽大驚道：「難道漢軍已盡略了楚地？為何有這麼多人大唱楚歌？」

項羽心煩意亂，頓生英雄末路的悲愴。

他舉起酒樽，對著愛妾虞姬，慷慨悲歌，吟唱道：「力拔山兮氣蓋世，時不利兮騅不逝。騅不逝兮可奈何，虞兮虞兮奈若何……」一曲未終，淚流滿面。

左右諸將紛紛落淚，不忍抬頭觀看。

楚軍上下，軍心瓦解，鬥志盡失。

成批成批的士兵投入漢營。

罷罷罷！

項羽猛然一抹眼淚，毅然決定集結起跟隨自己南征北戰的八百名江東子弟，離開虞姬，拋棄掉這個人心惶惑的大營，趁著這風雪夜突圍南逃。

在這個深夜，在漢軍防守意志最薄弱的時分，項羽一下子就突破了包圍圈！

天明，漢軍騎將灌嬰察覺，親率五千騎兵追趕。

項羽邊走邊戰，過了淮河，只剩下百餘騎。

好不容易逃到陰陵，卻又迷失道路，陷入大澤中，漢兵又追了上來。

項羽領著大家從澤中殺出，到了東城四山，身邊只剩下二十八騎。

項羽立刻於風雪中，揣度自己已經無法逃脫。

傷感之下，突然豪氣大現，對手下騎將說：「我起兵八年，身經七十餘戰，未嘗一敗，故能稱霸天下。然而，今天被困在這裡，這是上天要滅我，並非我作戰的過錯。今天固然非死不可，我願為各位痛快一戰，一定連勝漢軍三次，替各位突破重圍，斬漢將，砍漢旗，讓各位知道是上天要滅我，並非我作戰的過錯。」

他將二十八騎分為四隊，分別從東、南、西、北四面突圍，約定到東山會合。

漢軍數千人已爭先恐後地圍了上來。

項羽指著漢軍隊伍中騎馬走在最前面的漢將說：「我為諸公斬一漢將之頭。」

話音未落，他猛然大喝一聲，率先衝入敵陣。

漢兵人多勢眾，根本沒把項羽的幾隊人放在眼裡，全都認為項羽窮途末路、急於逃亡，哪料他竟衝陣搦戰，陣腳一下子就亂了。

項羽的烏騅快如閃電，眨眼就到了那名漢將眼前。項羽一槍刺出，將那漢將捅落馬下。

其餘漢兵大驚，紛紛退避。

漢騎的前鋒指揮官郎中騎楊喜不信邪，帶著騎兵向項羽撲來。

項羽怒目圓睜，大喝一聲，如同半空中響起一個驚雷，楊喜人馬懼

第二章 楚漢爭雄：劉邦與項羽的博弈

驚，退出好幾里。

項羽的二十八騎全部突圍，順利到達東山。

漢兵散而復聚，很快又圍追上來。

項羽為了迷惑漢軍，分兵三處。漢軍不知道項羽在哪一處，也分為三處包圍。

項羽趁漢軍分兵之際，又馳馬衝殺，斬殺漢軍一都尉，殺漢軍上百人。

項羽的人馬再次會合，只少了兩人，而漢軍卻倒地一片。

項羽抖落肩上的雪花，笑著對眾騎說：「怎麼樣？我的話沒錯吧！」

眾騎說：「誠如大王所言。」

四山離烏江渡口只有三十里路程，項羽一行擺脫漢軍，片刻工夫便來到烏江邊，準備渡烏江東歸。

但烏江渡口，只有亭長孤零零的一艘小船泊在江邊。

項羽回看身邊的二十六騎，決定放棄一個人渡江苟且偷生的想法，以戰死沙場來酬答天下。

他將烏騅馬贈給亭長，自己率二十六騎棄馬與追來的漢軍步戰。

一番激戰過後，二十六騎全部壯烈犧牲，項羽雖幸而不死，卻身受十餘創，成了十足的孤家寡人。他看到舊友呂馬童出現在漢軍隊伍中，就高聲對呂馬童說：「你不就是我的故人呂馬童嗎？我聽說漢王懸賞千金買我的人頭，封邑萬戶，我成全你吧！」言迄，竟拔劍自刎。

項羽死，年僅三十一歲。

項羽無尺寸之地，拔劍而起，稱霸天下，可謂雄哉。

其征戰四方，縱橫馳騁，所向披靡，可謂壯哉。

一朝身死，慷慨從容，意氣自若，生既豪邁，死亦瑰瑋，千載之下，令人擊節賞嘆。

可惜的是，他**轟轟烈烈**地來，**轟轟烈烈**地走，至死也不明白自己何以會輸，從而發出「天要亡我，罪不在戰」之嘆。

真是這樣的嗎？

楚漢年間的百姓不得其解，為了有一個「項羽為什麼不能成就帝業」的合理解釋，就流傳了許多的說法。

太史公司馬遷作《史記‧項羽本紀》，網羅了天下放矢舊聞，記少年項羽學書不成、學劍又不成，學兵法則三天打魚、兩天晒網，最終半途而廢。

項羽學書如何，不好說；說他學劍不成，顯然是站不住腳的。

別的不說，單看他臨死前的最後一搏：領僅餘的二十六騎，持劍與數千漢兵短兵相接，項羽基本是「七步殺一人，千里不留行」，一人手殺漢軍數百人。

而說他學兵法不成，更是大錯特錯。

大史學家班固於《漢書‧藝文志》中，將兵家細分為兵權謀家、兵形勢家、兵陰陽家、兵技巧家四家，把項羽定為兵形勢家。

班固認為：「形勢者，雷動風舉，後發而先至，離合背鄉，變化無常，以輕疾制敵者也。」

一句話，兵權謀家重於策略，兵形勢家重於戰術。

項羽一生經歷大小七十餘戰，每戰皆勝，非識形造勢、靈活運用策略戰術而不能為。

孫子說：「昔之善戰者，先為不可勝，以待敵之可勝。不可勝在己，

第二章　楚漢爭雄：劉邦與項羽的博弈

可勝在敵。故善戰者，能為不可勝，不能使敵之必可勝。故曰：勝可知，而不可為。不可勝者，守也；可勝者，攻也。守則不足，攻則有餘。善守者藏於九地之下，善攻者動於九天之上，故能自保而全勝也。」

試看彭城之戰，項羽長途奔襲，三萬騎兵竟能「藏於九地之下」讓劉邦毫無覺察，其謀兵、運兵、用兵，來無影，去無蹤，讓人瞠目！突如其來的攻擊，出敵不意，如驚雷，如閃電，乃是「動於九天之上」，遇神殺神，遇佛殺佛，勢不可當。

這不是兵形勢家又是什麼？

一個對兵書不感興趣、懶於用功的人，能成為兵形勢家？

項羽從垓下敗走，到了四山，仍然能依山造勢，圓陣外向，四面馳下，潰圍斬將。

甚至，項羽辭世七年後，淮南王英布造反，所列軍陣隱有項羽之風，劉邦睹之，仍然心驚肉跳。

所以，項羽自稱「非用兵之罪」是有一定道理的──我的失敗，絕不是我不懂打仗。

實際上，沒有人懷疑項羽的作戰能力，包括劉邦。項羽絕對是一個軍事奇才，但他僅僅是一個將帥型的人，用韓信的話來說，就只是「將兵」之人──一個帶兵打仗的人。

而劉邦才是一個駕馭將領、統帥諸侯的「將將」型人才──我排兵布陣的能力雖不如你，但衝鋒陷陣那是小弟們做的事，我只管操縱著這群小弟們跟你鬥就行。

「將兵」與「將將」相較，孰高孰下，一目了然。

滎陽四年苦戰，項羽顧此失彼，就像一名救火隊員，東面失火救東面，

西面失火救西面，東奔西走，焦頭爛額，苦不堪言。

劉邦坐據成皋，一會指揮彭越掠楚地，一會指揮韓信滅齊國，牢牢地掌握住戰爭的走向。

項羽哀嘆「天要亡我」，不是天要亡你，是你不懂天下分久必合、合久必分的規律，是你不懂區分將與帥的職責，是你不懂軍事家和政治家哪個更重要。

退一萬步說，對戰爭的理解和對戰爭成敗的態度，項羽也遠遜於劉邦。

唐朝大詩人杜牧詩〈題烏江亭〉云：

勝敗兵家事不期，包羞忍恥是男兒。

江東子弟多才俊，捲土重來未可知。

劉邦一生所歷敗仗不知凡幾，最慘的幾次從騎盡失，僅以身免。彭城之敗，為了脫逃，他甚至不得不把一雙兒女推下車子。要多狼狽就有多狼狽。

但，這又怎麼樣？

一旦逃出生天，洗洗臉，換件衣服，又從頭再來。

這是何等的韌勁，何等的狠勁。

如果把項羽比喻為一頭猛虎，那麼劉邦就是一條能大能小、能伸能屈、能潛形於山川的蛟龍。

劉邦屢戰屢敗，而屢敗仍能屢戰，終於在失敗中崛起，笑到了最後。項羽是個常勝將軍，只能接受勝利，不能接受失敗；贏得起，輸不起，只要一場失敗，就可以讓他從頭垮到腳，一敗塗地，永世不得超生。

這樣說來，表面不可一世的西楚霸王項羽，原來也很脆弱……

第二章　楚漢爭雄：劉邦與項羽的博弈

劉邦買醉，蕭何的行為讓人詫異

秦二世元年（西元前209年）七月的一天，大雨滂沱，草根英雄陳勝長劍指天，發出了震撼人心的高呼：「壯士不死即已，死即舉大名耳！王侯將相，寧有種乎！」

而從秦二世元年（西元前209年）到漢高帝元年（西元前206年）的短短三年時間裡，劉邦已經完成了他人生中的一次華麗蛻變，從泗水亭長變成了漢中王。

從平民到王侯，這是一段令許多人艷羨不已的經歷。

可是，劉邦的心情糟糕透了。

他每天除了喝悶酒就是罵髒話。

罵天，罵地，罵項羽。

罵天罵地只是鋪陳，就跟《詩經》中的比興手法一樣，罵的重點對象是項羽。

當初楚懷王有約，先入關者為王。

可是，項羽目空一切，口頭上雖尊楚懷王為義帝，卻將其遷徙到南楚蠻荒地區，自立西楚霸王，占據了天下四分之一的富庶之地，專制主約而宰割天下，裂土封王。

他打出的口號是：計功割地，裂土封王。

無論是按照楚懷王的約定，還是按照項羽自己制定的這個原則，劉邦都應該為關中王。

可是，項羽誠心惹怒人。

劉邦買醉，蕭何的行為讓人詫異

他把地處偏遠、道路難行的巴、蜀、漢中三郡打賞給劉邦，而把富庶的關中之地分給章邯、司馬欣、董翳三位秦朝降將。

巴、蜀、漢中三郡地偏閉塞，又安排這三人扼守關中，分明是要徹底封死劉邦出蜀東進之路。

劉邦入蜀，就如同進了八卦爐的孫大聖，難有出頭之日。

入蜀當日，大家提心吊膽地行走在棧道上，這些棧道乃是在峭巖陡壁上鑿孔架橋連閣而成，有些木板已經陳舊，甚至腐爛，人馬踩上去，咯咯吱吱地響，讓人捏一把汗。隨便往腳下瞅一眼，雲霧飄渺，深不見底，讓人目眩腿顫；抬頭遠眺，則崇山峻嶺，連綿不斷，無邊無際。

在這樣的棧道上走一回，就等於是在鬼門關前走一遭。

走在棧道上，劉邦恨自己不能拿刀子剁了項羽餵狗。

但這還不是最慘的。

最慘的是這樣的一條棧道，也必須毀掉。

張良再三告誡劉邦，一旦穿過了棧道，就舉火將之燒掉，一則防止章邯、司馬欣、董翳這三人出兵伐漢，二則向項羽表示自己無意東歸，消除他的戒備心理。

大火燃起之時，火龍蜿蜒盤旋、翔舞向東，近處被燒斷的木枕帶著熊熊火焰翻滾著掉落谷底，駭人心魄。眾多東土籍漢軍目睹此狀，想著東歸無路、回家無望，莫不失聲痛哭。

劉邦雖是個鐵石心腸的硬漢子，卻也不禁心亂如麻，淚如雨下。

張良和蕭何兩大謀士都安慰他，只要在漢中立定腳跟，安心發展生產，訓練好軍士，一旦天下有變，仍可重返關中、逐鹿中原。

可是，自從燒掉了棧道，就開始有士兵開溜了。

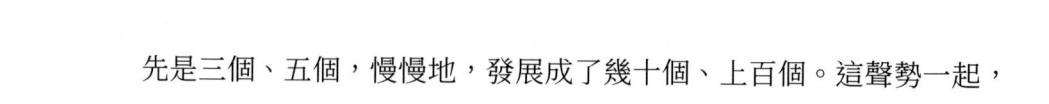

第二章　楚漢爭雄：劉邦與項羽的博弈

先是三個、五個，慢慢地，發展成了幾十個、上百個。這聲勢一起，就壓制不住了，成百上千的士兵一塊兒脫離了大部隊。

二十萬大軍出灞上，到了南鄭（漢都，今陝西省漢中市東），人數竟銳減過半。

劉邦心灰意冷。

不想管了，也管不了那麼多了。

天要下雨，娘要改嫁！

劉邦多少有了些破罐子破摔的心理。

他每天在漢王宮裡倚翠偎紅，尋求著刺激，拚命用酒精來麻醉自己。直到一天，有人告訴他，丞相蕭何也做了逃兵，跑了。他如遭電擊，從醉生夢死中驚醒。蕭何可是劉邦的主心骨、精神支柱和左膀右臂，自從出道以來，劉邦就不能一日沒有蕭何。現在，蕭何竟然做了無恥的逃兵，這，這……劉邦差點沒哭出聲來。想想兩人一直形影不離，親如兄弟，現在蕭何竟然不聲不響地離自己而去，劉邦五內俱焚，像被抽出了骨架一樣，癱軟在地。蕭何啊蕭何，你好狠心啊！劉邦在陣陣悲傷的衝擊下，又想放聲罵髒話，罵蕭何的老娘。你個挨千刀的蕭何，說好的有福同享、有難同當，你怎麼就撇下我走了？你等著，來日別讓我逮到你，逮到了，看我不把你五馬分屍，拿你的腦袋當尿壺！

劉邦又悲、又傷、又氣、又恨、又痛、又怒。他喋喋不休地罵著蕭何，罵蕭何是個趨吉避凶、背信棄義的大奸賊、小滑頭。

罵了一遍又一遍，罵的內容幾乎沒什麼變化，卻是越罵越惱、越罵越精神。

突然，門外有人報：蕭何蕭丞相回來了！

什麼？蕭何回來了？劉邦簡直不敢相信自己的耳朵。他跳了起來，連鞋子都沒穿，急匆匆地朝門外衝去。

蕭何是真回來了，一臉喜悅的神色，朝自己走來。

看著劉邦的焦急樣，蕭何非常愉悅，說道：「我追趕逃跑的人去了。」

這個解釋……好吧，還算解釋得通，那麼，劉邦問道：「你追趕誰去了？」

「韓信，我追趕韓信去了。」蕭何響亮地答道。

韓信？哪個韓信？

韓信剖析項羽，眾皆贊同

劉邦軍中有兩個韓信，一個是韓襄王的孫子韓信，一個是新任的治粟都尉韓信。

無論哪個韓信，劉邦覺得，都是可有可無、無關痛癢的角色。當然，韓襄王的孫子韓信說到底也是六國宗室的後人，有時候，可以拿他做個幌子、當個招牌使使，但這也遠不值得勞蕭何的大駕去追趕他。至於另一個韓信，唉，這個韓信，大言炎炎，實際上卻是一攤扶不上牆的爛泥。

他雖然身材高大，卻手不能提、肩不能挑，又缺乏經商謀生的頭腦，混得很差，日子過得一塌糊塗，據說他的母親死了，他都拿不出一文錢來辦喪事。

沒錢辦喪事就算了，他自己還養活不了自己，靠到別人家蹭飯度日。因為天天蹭飯，他漸漸地成了家鄉的公害，遭到大家的唾棄。不得已，逃到江邊垂釣，卻魚也不會釣，白白浪費了許多餌料。一個在江邊漂洗的老

婦人看他可憐，將自己的午飯分一半給他。韓信就仰仗這位老婦人救濟，才度過了那個秋天。如果說，一文錢難倒英雄漢，因為貧窮才潦倒到這個地步，那也不算什麼。

淮陰有個年輕的屠戶，仗著人多勢眾，欺負韓信，要韓信從他的胯下爬過去，韓信居然也當著滿街人的面，順從地從他的胯下爬了過去。

這個韓信！

項梁、項羽叔姪起兵渡淮，韓信仗劍從軍，卻在軍中碌碌無為，不過憑藉著一副英武的樣貌，在項羽帳前混了個執戟郎中的職位。

這個職位，說穿了，就是項羽身邊的儀仗衛兵。

要說，衛兵就衛兵，好歹也能在項羽眼前混個面熟，日後總該弄個一官半職吧！

可是，他就一直這麼碌碌無為。

項羽分封諸侯，還軍彭城，他做了逃兵，逃入漢營，跟隨著漢軍大部隊到了南鄭。

在南鄭無所事事，他竟然犯了軍法，按法當斬。

行刑當日，他故弄玄虛，抒壯懷、發奇語，說什麼漢王想成就統一天下的功業就不能胡亂斬壯士。

負責監斬的夏侯嬰被他的花言巧語所蠱惑，不但釋之不斬，而且極力向劉邦推薦，說他是個人才。

狗屁人才！

老子要不是看在夏侯嬰勞苦功高的份上，賣了個人情給他，將他提拔成治粟都尉，他早到閻王爺那報到了。

不會就是這個韓信吧？

「就是這個韓信，治粟都尉韓信。」蕭何肯定地說，絲毫不像是開玩笑。

「真是這個韓信呀？」劉邦高聲痛罵起來，說：「各級將領逃跑的不下百人，你一個沒追，卻說去追韓信，我真的那麼好騙嗎？」

蕭何聳聳肩，兩手一攤，說：「其他的將領都容易得到。至於像韓信這樣的傑出人物，乃是國士無雙，普天之下休想找得出第二個。大王果真要長期在漢中稱王，自然用不著韓信；如果一定要與項王爭衡，東向而圖天下，非韓信不足與議！就看大王怎麼決策了。」

劉邦悻悻地說：「我當然是要向東發展啊，鬼才願意鬱鬱終老在這個閉塞的地方，只是……」

蕭何神情肅穆，一字一頓地說：「大王決意向東發展，就趕緊重用韓信，否則，韓信終究還是要逃跑的。」

劉邦看他說得字字千鈞，頓感事態嚴重，便不再說話，死死地盯著蕭何看，良久，突然爆發出哈哈笑聲，聲震屋宇。

待笑夠了，才說：「好吧，你既然這樣隆重地推薦他，我就用他為將，你該滿意了吧？」

蕭何搖頭，說：「即使用他為將，恐怕也未必能讓他留下。」

「不能讓他留下？」劉邦臉上的笑意迅速凝固，驚奇道：「這還不能讓他留下，那你說，該怎麼做才能讓他留下？」蕭何神色不變，凜然答道：「必須以韓信為大將。」劉邦倒吸了一口冷氣：「以韓信為大將軍？」，「韓信乃天下奇才，一旦風雲際會，遇其主得其時，自然會順勢而起，席捲天下。」

劉邦沉思片刻，一拍手掌，道：「就聽你的，拜韓信為大將！」

蕭何緊繃的臉上終於綻開了笑容，說：「太好了。」

劉邦害怕自己會反悔，連忙叫道：「來人，把韓信召進殿來！本王要賜

第二章　楚漢爭雄：劉邦與項羽的博弈

他大將軍符印！」

蕭何大急，連呼道：「不可！不可！」

不可？劉邦大感意外，詫異地看著蕭何，說：「為什麼又不可了？」

蕭何板起臉，說：「大王平素待人輕慢無禮，這就是韓信要離去的原因。如今拜大將如呼小兒，成何體統！」

劉邦一聽，急赤白臉地說：「那該當如何？」

蕭何悠然說道：「大王若已決心要用韓信，就應當選擇良辰吉日，親自齋戒，設定高壇和廣場，禮儀畢備，方可拜將。」

劉邦愣了愣，道：「罷罷罷，就按你說的辦吧。」

聽說漢王要設壇拜將，舉軍譁然，特別是周勃、樊噲、曹參等人摩拳擦掌，翹首以盼，心中都飄蕩著這樣的想法：不會是要任命我為大將軍吧？

然而，當大家眼睜睜地看著劉邦將代表大將軍權力的虎符、玉節、金印等物鄭重其事地交付給年僅二十三歲的韓信時，都驚呆了。

這個韓信，其名不顯，其貌不揚，何德何能，竟然得授大漢三軍統帥之職？

大夥憤憤不平。

眾人的疑惑，也是劉邦的疑惑。

現在，既然已經滿足了韓信的願望，穩住了韓信的心，該是驗收他才幹的時候了。

拜將儀式結束，劉邦就座，笑容可掬地對韓信說：「丞相多次盛稱將軍之能，將軍用什麼計策指教我呢？」周勃、曹參等人聽劉邦這麼一問，都會意一笑，豎起耳朵，想聽聽這個大將軍有什麼蓋世高論——只要韓信的見解沒有過人之處，那麼，大家就一起鄙視他，用目光來射死他，用

唾沫來淹死他。

只見韓信不慌不忙，欠身反問道：「大王若是向東爭奪天下，所面對的敵人是不是項王？」

這不是廢話嗎？！

劉邦老老實實答道：「我們要面對的敵人正是項王。」

不過，廢話是廢話，問得還算尖銳，且聽他下面想說什麼。

韓信的臉上突然出現了詭異的微笑，又問道：「大王拿自己跟項王比較一下，論個人的勇猛、強悍、仁厚，還有兵力方面，大王強一點，還是項王強一點？」

天！有你韓信這樣問話的嗎？項羽力能扛鼎、氣吞山河，鉅鹿一戰，破釜沉舟，百二秦關終屬楚。漢王雖是先一步入關中，卻不過是占了便宜，避開了正面戰場，鑽了漏洞。

你這一問，讓漢王情何以堪？

樊噲鬚髮倒豎，周勃兩眼圓睜，曹參雙拳緊握……很多人身上的骨骼咯吱咯吱地響，只等漢王一聲令下，就一擁而上，把韓信撕成碎片。

可是，漢王並不動怒，而是低下頭，臉色緋紅，有些羞澀地答道：「我實不能與項王相比！」

韓信面露嘉許之色，向劉邦拜了兩拜，說：「我也認為大王無法跟項王相比。」

樊噲、周勃等人聽了韓信的話，全都瞪大了眼睛。

韓信環視眾將，微微一笑，說：「項王雖然強大，卻也有許多比不上大王的地方。我曾經在他身邊侍奉過他，讓我為大王、也為在座諸將詳細分析項王的為人。」

第二章　楚漢爭雄：劉邦與項羽的博弈

在大家的印象中，項羽就是一個無堅不摧的超級猛人，難以戰勝，他怎麼也有許多比不上漢王的地方？

韓信一句話，吊起了包括劉邦在內所有人的胃口。

韓信清了清嗓門，徐徐說道：「項王瘖啞叱吒，千人皆廢，只要他發怒咆哮，周圍的人都癱軟得無法動彈。表面上很有威勢，但他不能放手任用有才能的將領，這只不過是匹夫之勇罷了。」

勢如雷霆、威若天神的項王不過是匹夫之勇？席間眾人都被韓信的話驚得呆住了。

他，真的只是匹夫之勇？為韓信這句話，有的人已經陷入沉思。

韓信繼續侃侃而談，說道：「項王待人恭敬慈愛，言語溫和，看到患病的人，心疼得流淚，將自己的飲食分給他。可是，等到有的人立下戰功，該加封晉爵了，他把刻好的大印放在手裡來回把玩，就是不捨得發放。大印的稜角都已經被磨平了，他還是不肯發放，這就是人們常說的『婦人之仁』啊。」

西楚霸王項羽居然是「婦人之仁」？

眾將的嘴張得大大的，下巴差點掉下了地。

劉邦、蕭何卻是聽得頻頻點頭。

韓信看劉邦點頭，知道他已認同了自己的觀點，就繼續滔滔不絕地分析道：「項王雖然已稱霸天下，使諸侯臣服，但他放棄了關中的有利地形，選擇在彭城建都。又違背了義帝的約定，將自己的親信分封為王，諸侯們敢怒不敢言。另外，諸侯們看到項王把義帝遷移到江南僻遠的地方，也都有樣學樣，回去驅逐自己的國君，占據富庶之地自立為王。項王軍隊所經過之處，莫不橫遭摧殘毀滅，天下多怨，百姓本不肯親附，只不過迫於威

勢，勉強服從罷了。所以，他名義上是霸主，實際上已失去了天下的民心，他的優勢很容易轉化為劣勢。」

精彩，真精彩！

韓信一席話，說得大家兩眼放光，大為興奮。

可是，怎麼才能把他的優勢轉化為劣勢呢？

韓信臉上的微笑不見了，神色開始嚴峻起來。

他說：「要擊敗項王，爭得天下，那麼，大王就必須反其道而行之。

試想，如果大王任用天下英勇善戰的人才，有什麼不可以被誅滅的呢？

如果大王用天下的城邑分封給有功之臣，有什麼人不心服口服呢？如果大王以正義之師順從將士東歸的心願，有什麼樣的敵人不能被擊潰呢？項羽分封在關中的三個王，原本都是秦朝的將領，他們率領秦地的子弟打了好幾年仗，被殺死和逃跑的多得沒法計算，又欺騙他們的部下向諸侯投降。到達新安，二十多萬已投降的秦地的子弟被項王殘忍地活埋，卻留下章邯、司馬欣和董翳封王，秦地的父老兄弟恨不得將他們三人生吞活剝。想當日，大王入武關，秋毫無犯，廢除了秦朝的苛酷法令，與秦地百姓約法三章，秦地百姓沒有不想擁戴大王在秦地稱王的。本來根據義帝的成約，大王理當在關中做王。關中的百姓聽說大王失掉了應得的爵位被迫進入漢中，無不為大王抱不平。今大王舉而東，三秦可傳檄而定。」

此人不滅項羽，誰滅項羽？劉邦情不自禁地站了起來，帶頭鼓掌。掌聲如雷鳴，經久不息。眾將無不對韓信心悅誠服。

韓信單憑這一席話，就迅速地在軍中確立了自己的權威。

劉邦用人不疑、疑人不用，自此將軍政方略諸事一併委於韓信。

韓信日夜操練兵馬，積極為東征奪取天下做好戰備。

第二章　楚漢爭雄：劉邦與項羽的博弈

明修棧道，暗渡陳倉

東征的機會說來就來。

漢高帝元年（西元前 206 年）十一月，項羽入齊地討伐田榮，韓信決定兵出漢中，突襲關中（指函谷關以西地區），一舉平定三秦之地，進而幫助劉邦與項羽爭天下。

從漢中盆地進入關中平原，有五條穿越秦嶺的蜀道可供選擇，由西向東分別是祁山道、陳倉道（又稱散關道）、褒斜道、儻駱道、子午道（當時稱蝕中道）。

蜀道難，難於上青天。

這五條道其實不算道路，而是人們沿著逶迤崎嶇的峽谷或河流行走出來的五條路線。

最西面的祁山道由今陝西漢中西至今甘肅略陽，折向西北，經下辯、西縣，北入今甘肅天水一帶的隴西地區，再越過隴山（今六盤山）東下關中。相對其他四條道而言，祁山道平坦一點點，路況也好一點點，但路途較長，比其他道多繞了兩三倍的大彎，無法達到奇襲的效果，可直接排除。

陳倉道和祁山道的路況差不多，也算平坦。和祁山道一樣，陳倉道也是由今陝西漢中西至今甘肅略陽，但到了略陽，折向東北，經今徽縣、鳳縣，便可北出散關，到達陳倉（今陝西省寶雞市）。陳倉是秦國在寶雞南邊渭水岸口建造的一座巨大的糧倉，裡面儲藏著咸陽所需的糧食。

現在咸陽已毀，陳倉就成了雍王都城廢丘（今陝西省興平市）的糧食基地。也就是說，陳倉是章邯家的後院大倉庫，百分之百會安排重兵駐

守，選擇走這條道，就意味著要與章邯展開一場硬碰硬的軍事對話；而從蜀道中穿行而來，章邯軍只要堵在大散關一帶阻擊，其情形就跟風箱裡的老鼠差不多。一個字：險。

褒斜道南起褒谷口（今陝西省漢中市），北至斜谷口（今眉縣斜峪關口），沿褒斜二水行，貫穿褒斜二谷，故名。此道開鑿早，棧道始建於戰國范雎相秦時。周赧王元年（西元前 314 年）秦惠文王伐蜀即取此道，可通行大部隊和輜重。可以預想，項羽所封的雍王章邯肯定也會重點盯防此道。

儻駱道，南起於儻水河口（今陝西省洋縣境內），北至駱峪（今陝西省周至縣境內），全程五百里，但因其靠近秦嶺主峰太白山，途中要翻越太白山周圍的五六座分水嶺，人跡罕至，猛獸出沒，為眾多古道中險峻之最，不適合大規模進軍。

子午道是由咸陽直入子午谷，翻越秦嶺，通往漢中、安康以及巴蜀的一條重要古道，其南口就在安康。

在古代，北方為子，南方為午，子午道的走向，基本就接近於正南到正北，是一條大大的捷徑。

劉邦由關中入漢中，走的就是這條道。可惜，當日為了迷惑項羽，這條棧道已經被燒掉了。

那麼，這五條道，走哪條好呢？

經過一番深思熟慮，韓信給出的答案是：子午道。

眾將一齊暈倒。

還走子午道？子午道不是已經燒掉了嗎？

笨！燒掉了不會重修嗎？

第二章　楚漢爭雄：劉邦與項羽的博弈

韓信以樊噲、周勃為先鋒，率一萬大軍，搶修子午棧道，以期剋日兵出漢中。

樊噲的一張黑臉拉得老長：修棧道，簡直不是人做的工作！

可是沒辦法，您是先鋒，先鋒的職責不就是逢山開路、遇水搭橋嗎？

開路搭橋去吧！

然而，就在所有人（包括章邯）的目光都被吸引到子午道上時，韓信卻悄然展開了一個驚心動魄、出人意料的行動：親率大軍，走陳倉故道，翻越秦嶺，襲擊陳倉！

韓信，你不要命了嗎？

你不怕成為風箱裡奔走逃命的小老鼠嗎？

韓信不怕。

他有足夠的自信——從樊噲一行在子午道大張旗鼓地修棧道的那一刻開始，陳倉道已經安全無比了。

果然不出他所料，大軍無比輕鬆地穿越了散關，順利抵達渭水岸邊的陳倉。

當然，章邯在陳倉還是布置有足夠多的軍隊的，但這些軍隊做夢都想不到漢軍會突然出現，他們只是略做掙扎，就做了降兵。

韓信幾乎是兵不血刃，就昂然進駐陳倉城，笑納城中數萬斛糧草。

這就是中國歷史上著名的「明修棧道，暗渡陳倉」經典戰例。

陳倉一失，章邯的命運也就無可更改了。

章邯回軍搶奪陳倉，遇挫，沿渭水一線末路狂奔。

漢軍尾隨追擊，沿路攻陷城池無數。

章邯退至壞東（今陝西省武功縣東南），與漢軍再戰，再敗；退守好畤

(今陝西省乾縣東），再戰，仍敗，只好率殘部退守廢丘。韓信看章邯已經龜縮入老巢，不急了，只安排部分兵力圍困廢丘，再分兵略地，短短四個月的時間，就迅速占領了關中千里沃土，完美平定三秦之地。

關中既平，漢高帝二年（西元前205年）三月，劉邦率軍出關，收服魏王豹、河南王申陽、韓王鄭昌，招降殷王司馬卬，聯合齊王田榮、趙王歇，糾合了近六十萬人，共同擊楚。

鑒於老狐狸章邯尚在廢丘負隅頑抗，劉邦將韓信留在關中。正是因為劉邦這次漫不經心的安排，漢軍才避免了被項羽全部消滅的命運；而也正是留下了韓信這支軍隊，劉邦才有了翻盤的機會。

裂土封王，項羽玩砸了，劉邦玩成功了

漢高帝二年（西元前205年）四月，劉邦趁著項羽於齊地與田橫惡戰，迅速攻下了西楚都城彭城。

這是一場來得太快的勝利，伴之而來的是一場來得同樣快捷的慘敗。因為勝利來得快，接受勝利的心理準備不夠充分，劉邦被徹底地沖昏了頭腦，以致在遭受到項羽的長途突襲時，製造了一齣六十萬人敗於三萬人的天大笑話。

幸虧韓信沒有跟隨劉邦擊楚，否則，這齣笑話裡，肯定少不了韓信的戲份。

要知道，漢王既然披堅執銳，親臨前線指揮作戰什麼的，就輪不上韓信說話了，所以該敗還得敗。

第二章　楚漢爭雄：劉邦與項羽的博弈

　　漢軍自彭城敗還，韓信由關中出師，沿路收集潰眾與劉邦會師於滎陽，阻擊楚追兵，大敗楚軍於京縣、索亭之間，劉邦軍才得以重整旗鼓。

　　經過這次慘敗，劉邦很多事也想通了，狠下心，對張良說：「我想好了，就拿函谷關以東的一些地方作為獎品，賞給能與我一起建功立業的人。卿且說說看，哪些人有資格來摘取這些獎品？」

　　張良回答道：「九江王英布曾是楚國梟將，現在卻與項王有了隔閡；彭越之前曾受齊王田榮的唆使在梁地反楚，這兩個人可以透過懸賞關東土地加以收買重用。大王手下將領中的韓信能獨當一面，也是有資格摘取這些獎品的人。如果您要把關東的地方作為賞地，賞給這三個人，楚國就可以打敗了！」

　　劉邦頷首贊同，分頭派人去遊說英布、彭越；又讓韓信獨領一軍去攻打魏王豹。

　　這就是歷史上有名的「下邑畫策」。

　　對於劉邦要分封關東地區的豪舉，向來讚美之聲不絕，一方面稱他慷慨大方，彰顯出君臨天下的氣魄；一方面稱他策略高明，一下子就為自己爭取到了三大同盟軍團。

　　事實上，劉邦所控制的地盤，也只是巴蜀、漢中、關中之地，拿關東之地封賞，不過是畫大餅讓他人充飢，有何慷慨可言？而割地封王，不過是走當日項羽分封諸侯的方式，並無新奇之處。

　　所不同的是，項羽的分封，眾諸侯是有心理準備的，期望值都很高，當現實和期望出現了偏差，諸侯們就憤憤不平，怨恨有加；而劉邦卻是在英布、彭越、韓信三人毫無心理準備的前提下推出了重獎，這對他們而言，就比被五千萬大獎砸中了還要開心。

　　劉邦要韓信發兵攻打魏豹，是因為魏地雄踞河東，地處滎陽漢軍之

側，西可進迫劉邦的關中基地，南可斷絕漢軍黃河漕運糧道，東可與楚軍遙相呼應夾擊滎陽。而這個魏豹是一個反覆無常的奸猾小人。彭城大戰之前，他看見劉邦勢大，便引軍投降，跟隨劉邦一同攻楚；彭城大戰後，他看見劉邦失勢，就謊稱老母病重，請假回家，才回魏地，就絕斷黃河渡口，委身於楚，宣布與楚國一起共討劉邦。

漢軍新敗，實在不願橫生枝節，另動兵刀。劉邦命辯士酈食其過河苦勸魏豹，要他目光放長遠一點，做人不要做得太絕。

魏豹卻堅定地要把這事做絕，他對酈食其說：「漢王為人傲慢無禮，以侮辱別人為樂事，喝斥諸侯、群臣如斥奴僕，我今生今世都不願意再見到他！」

既然是這麼一個態度，那魏豹就只能是敵人，不是朋友了。

劉邦深感事不宜遲，必須盡快將魏豹除掉。但大軍還得在滎陽與項羽對峙，只能由韓信帶領萬餘老弱殘兵前往伐魏。

這萬餘老弱殘兵能不能完成伐魏使命，劉邦心中其實沒底，但為了替韓信打氣，他先是封韓信為左丞相，再鼓勵韓信說：「魏國大將柏直不過是個乳臭未乾的黃口小兒，絕不是你的敵手！」

韓信自負用兵如神，天下無出己右，哪管對方是柏直還是柏曲？只是輕蔑地說了一句：「柏直，豎子耳！」

通常，輕視和低估對手，是會摔跤的。

要知道，魏豹這般有恃無恐地與劉邦翻臉，除了背後有項羽撐腰外，還得益於其已占盡黃河天險，只要嚴防死守住沿河幾個重要渡口，要保全自己，不成問題。

而實際上，漢軍東渡，最大的可能就是從臨晉津（今陝西省大荔縣東）過河。

第二章　楚漢爭雄：劉邦與項羽的博弈

　　為此，魏大將柏直在黃河邊上的蒲坂城內（今山西省永濟市西面的蒲州鎮）駐以重兵，徹底將漢軍從臨晉津過河的路線掐死。

　　韓信的大軍果然是開到了臨晉津，並大肆收集船隻，準備從臨晉津渡河。

　　韓信呀韓信，別人是不到黃河不死心，你是到了黃河還不死心。好，你放馬過來吧，我等著你！

　　當然，韓信「明修棧道，暗渡陳倉」的伎倆柏直也是有所耳聞的，韓信會不會明著做出從臨晉津渡河的姿態，而暗地裡從其他渡口過河呢？

　　柏直還是多了個心眼，在其他渡口都安插了偵察兵。

　　這些偵察兵傳回的報告都是：黃河對岸除了臨晉津泊有漢軍的上萬艘船隻外，其他地方都並無片帆寸板。

　　沒有船，怎麼渡河？

　　柏直放心了。

　　根據目測，黃河對岸所有的船隻都已經集中在臨晉津渡口了，其他地方實在不可能再有船隻了。

　　柏直的注意力因此全部集中在臨晉津上。低估了，柏直低估韓信了。

　　韓信乃是天縱奇才，有能力、也有資格低估柏直；柏直卻不應該、也不能夠低估韓信。

　　就在柏直在這邊全神貫注地盯防著臨晉津時，韓信已率主力從夏陽（今陝西省韓城市南部）的少梁渡口渡過黃河了。

　　咦？不是說黃河西岸除臨晉津外，其他地方都並無片帆寸板了嗎？

　　韓信是怎麼渡河的？

　　魏軍偵察兵的偵察結果並沒有錯，黃河西岸除臨晉津外，其他地方確

實並無片帆寸板。

但韓信渡河並沒有使用船，而是使用了一種名叫「木罌」的木盆子。

臨晉津渡口的船隻，不過是達到迷惑魏軍的作用，大軍已經神不知、鬼不覺地從少梁渡口渡過了黃河，直撲魏都安邑（今山西省夏縣北）。

魏豹猝不及防，束手就擒。

蒲坂的柏直聽說魏王被擒，棄軍不戰而逃。

由是，韓信平定了魏國，將魏豹進獻到劉邦眼前，改魏為河東、上黨、太原等郡。

「死地求生」被韓信玩出了新意

魏地既已平定，韓信為了開闢第二戰場，就派人向劉邦請求增兵三萬人，願用原先的一萬兵力加上魏地收編的軍隊，再加上這三萬人北略燕、趙、代三國，並東擊齊國、南絕楚軍的糧道。

增兵三萬就能辦成這麼多大事，劉邦何樂而不為？當即遣原常山王張耳為監軍，率三萬兵前往增援韓信。

派張耳協助韓信，是劉邦下的一著兒妙棋。要知道，現在的趙王歇和代國之王、趙國之相陳餘都是張耳再熟悉不過的人。

張耳和陳餘都是戰國時代魏國的名士，陳勝、吳廣在大澤鄉起義，張、陳二人一同投奔起義軍，跟隨義軍大將武臣攻略於邯鄲一帶。陳勝在陳城稱王，張耳、陳餘就勸武臣在趙地稱王。不過武臣命不好，後來被部將李良刺死。張耳又立原趙國後裔趙歇為趙王，遷居信都（今河北省邢臺市）。

第二章　楚漢爭雄：劉邦與項羽的博弈

張耳與陳餘的交惡，緣於鉅鹿之戰。張耳和趙歇被秦兵圍困在鉅鹿城，偏偏陳餘見死不救。所幸項羽破釜沉舟，一舉破敵，成功解除鉅鹿之圍。張耳得出，怒斥陳餘，解其印綬，取其兵權。兩人自此勢成水火，不共戴天。不久，項羽軍破函谷關，入關中，自立為西楚霸王，分封十八路諸侯王，張耳得分趙地北部，為常山王，理信都。張耳立國，陳餘不服，揚言道：「張耳和我戰功相等，如今張耳為王，我卻稱侯，項羽對我不公。」他和反楚的齊王田榮相勾結，借齊兵襲擊張耳。

張耳敗走，投入劉邦帳中，並與劉邦結成兒女親家，相得甚歡。現在，韓信要北略燕、趙、代等地，張耳報仇雪恨的機會來了。考慮到趙王歇為陳餘所立，而陳餘的代王兼趙相為趙王歇所封；陳餘在趙國輔佐趙王，以夏說為代相留守代國，而趙強代弱，要收拾趙、代，可先從拿下代國開始。

閏九月下旬，韓信、張耳率五萬漢軍以迅雷不及掩耳之勢殺入代境，一舉擊垮代軍，於閼與（今山西省和順縣）抓獲了代國的相國夏說，摧毀了代國。

韓信拭乾淨劍上的血，正準備對趙國發起石破天驚的一擊，不幸的事發生了。

劉邦在與楚國作戰的正面戰場上遭受到項羽持續不斷的猛烈打擊，傷亡很大，為保滎陽一線不失，連夜派人前來將韓信的三萬精銳部隊調走了。

眨眼工夫，韓信手下只剩下兩萬人，且半數是老弱殘兵。

這仗……還打不打？

趙國聚集在井陘口（今河北省鹿泉市西南十里）的兵力可是高達二十萬人啊。

彭城之戰，項羽曾上演過一齣三萬打六十萬的好戲，但那是以有備攻不備，有很大的偶然因素。

現在，井陘口易守難攻，且這二十萬人都是好整以暇、以逸待勞，以二萬攻二十萬，不明擺著是送死嗎？

而且，統率這二十萬大軍的，除了陳餘之外，還有一個大有來頭的人物——李左車。

李左車，何許人也？

趙國名將李牧之孫。

「起翦頗牧，用軍最精。宣威沙漠，馳譽丹青！」

李牧乃是與白起、王翦、廉頗齊名的戰國四大名將之一，早年大破匈奴，威震天下，晚期以十萬之師硬生生地將另一名將王翦所率的三十萬秦軍阻遏在井陘口，寸步難進。

李左車既是將門之後，對兵法也深有研究，顯然是一個不好惹的角色。

所以，張耳的意思是休兵罷戰，攻打趙國的事，就此拉倒。

韓信卻不以為然。

敵人兵力多又如何？敵軍將領牛又如何？

只要讓我找到他們的破綻，只要我的戰術運用得當，照樣可以打勝仗。

那麼，韓信找沒找到趙軍的破綻呢？

韓信覺得自己已經找到了。

既然這樣，那就進兵吧。

可是，等一等。

從河東進入河北，就必須穿越南北綿延八百餘里的太行山。

第二章　楚漢爭雄：劉邦與項羽的博弈

太行山北起幽燕，南抵黃河，險峻不可攀越，乃是華北平原與黃土高原的天然地理分界線。

如要穿越太行山，只能走有限的幾座隘口——「太行八陘」。此八陘，自北而南依次是：軍都陘、蒲陰陘、飛狐陘、井陘口、滏口陘、白陘、太行陘、軹關陘。

毫無疑問，太行山以東的敵軍百分之百地會安排軍隊防守這八個險陘，尤其是其中的井陘口。

韓信破代，於閼與擒獲夏說，大軍就駐紮於閼與。閼與的西面是河東，東面便是井陘口，而只要過了井陘口，就是一馬平川的華北平原，趙國國都襄國，就在井陘口以東不遠處的平原上。陳餘和李左車考慮到韓信從井陘口穿越太行山的可能性最大，已經在井陘口屯駐了二十萬大軍，單等韓信前來送死。

井陘口所在的陘山四面高平，中下如井。人從陘中走，車不得方軌，騎不得成列，為「天下九塞」之一。

張耳問：要不要避開井陘口，另走其他隘口呢？

不，就走井陘口！韓信將馬鞭往前一甩，堅定地說。

明知山有虎，偏向虎山行！

張耳大驚失色，死死拽住韓信的韁繩，勸：如此險陘，人不得成列，馬不得成行，若敵軍在陘中截擊，豈不全軍覆滅？又或者只在陘中深挖戰壕，高築營壘，堅守軍營，或抄後劫我糧道，或出奇兵截我歸路，我軍向前不得戰鬥，向後無法退卻，其時豈不是不戰自亂？

韓信斷言：陳餘迂腐文人，絕不會如此用兵！

張耳仍舊苦勸：將軍，切莫過度依賴和聽信偵察兵傳回的情況。

韓信大笑：與偵察兵的報告無關。進兵！

偵察兵的報告，只能是「僅供參考」。

章邯、柏直就因為過度聽信了偵察兵的報告，成就了韓信「暗渡陳倉」和「木罌渡河」的勝利。

韓信不是一味相信偵察兵的人，他這麼做，完全是自己根據複雜的戰爭形勢迅速做出的準確判斷。

他一揮手，不容置辯，傳令大軍自閼與發兵，東下井陘。

大軍經平定（平定城西北隅高阜處稱上城，古謂榆關，今存清「漢淮陰侯韓信下趙駐兵處」碑）、西郊村（村西北有試劍峰，今峰巔存淮陰侯廟）、柏井鎮，進入了崎嶇險峻的井陘道。道的兩邊是料峭石壁，中間一條狹窄的小道僅能單人單騎通過；正視前方，乃是名副其實的「一線天」；抬頭向上，巨石如怪獸，森然欲搏人。

張耳的心中直打鼓，生怕有趙軍會從什麼地方殺出來。

韓信卻臉色如常，與眾將士談笑風生。

將士受主帥的感染，一個個輕鬆愉悅，百里險道，不知不覺，已走了一半，離開了平定縣境，正式進入了井陘縣境，過舊關（今存有淮陰侯廟）、回星城（今河北省井陘縣核桃園一帶），眼看就要到達天長鎮（今西門外有淮陰侯祠）。

但天長鎮前橫著一條大河──綿蔓水。

太行八陘都有一個共同的特徵，即都是河流在太行山中積年累月地沖刷，沖刷出來的缺口便是陘。

井陘道，便是綿蔓水沖刷出來的。

綿蔓水，即綿水、綿河，其源出壽陽縣桃園溝，始稱桃河；東北流至

第二章　楚漢爭雄：劉邦與項羽的博弈

平定縣娘子關附近，經綿山（今紫金山）山麓，遂稱綿河；東流至井陘縣經西冶村，北流至平山縣經東冶村，亦稱冶河，注入滹沱河。

這是趙軍在井陘口橫截漢軍的第二道屏障。

如果趙軍在河對岸好整以暇，待漢軍半渡，驀然出擊，那就萬事俱休矣！

張耳的心又一緊，要勸阻韓信。

韓信卻不由分說，傳令諸軍：渡河！

神了，河水對岸，趙軍居然沒安置一兵一卒！

漢軍過了河，沿著河水往東北抵達微水鎮（今井陘縣治，現存清「漢淮陰侯設背水陣處」碑）。

出了微水鎮，井陘道進入一個小盆地，其東、南、北三面環山，是一個呈菱形的黃土平緩坡谷地帶。

行了，就在這裡安營紮寨吧。前面三十里便是井陘口，必定駐紮著趙國大軍。

聽到韓信終於下達安營紮寨的命令，張耳總算舒了口氣。當晚，離井陘口還有三十里，漢軍停下來宿營。漢軍在營地就餐，趙軍也不來干擾。奇怪，這個陳餘倒真沉得住氣。陳餘不來，韓信從容地按照既定計劃行事。他挑選出兩千名輕裝騎兵，要他們每人手持一面漢軍紅色大旗，從隱蔽小道潛入前面的萆山（今稱抱犢寨），在山上隱蔽處觀察趙國的營地。

韓信告誡他們說：「明日開戰，趙軍見我軍敗逃，一定傾巢而出，以追趕我軍。當時你們火速衝進趙軍的營壘，拔掉趙軍的旗幟，豎起我軍的紅旗。」

三更時分，韓信讓副將傳達開飯的命令，說：「今日破趙，全軍加餐。」

眾將嘴上附和叫好，內心卻難以置信。

韓信笑了笑，解釋說：「趙軍已先占據了有利地形築造了營壘，生怕我們到了險要的地方不戰而退，所以，他們若看不到我們大將旗幟、儀仗，是不會輕易向我們發起攻擊的，我們可布好陣形，再與之開戰。」

說完，韓信派萬人背靠河水擺開戰鬥佇列。

背靠河水，豈不是先置自己於絕地？

漢軍上下，惴惴不安。

拂曉，天色欲明未明，韓信設定起大將的旗幟和儀仗，大吹大擂地開往趙軍陣營。

陳餘見了漢軍大將旗號，立刻打開營壘，大舉出擊。

漢軍半推半就地抵擋了一陣，拋旗棄鼓，急急退回河邊的陣地。

趙軍尾隨追擊，到了河邊，看見漢軍背水列陣，不由大笑。

背水列陣，分明是個軍事盲的作品，是個自尋死路的求敗方式。

陳餘不由狂喜：全殲韓信就在今日。小弟們，狠狠地打！

趙軍源源不斷地從趙營開出，次第有序地投入戰爭。

不錯，韓信是將自己的軍隊陷入了死地。

可是，置之死地而後生！

韓信的精銳部隊已經被劉邦抽走，剩下的不是老弱殘兵，便是在魏地、代國招募來的新兵蛋子，要充分激發這些殘兵與新兵的潛能，非用非常之法不可。

背水列陣，士兵只能死戰，無路可逃，此舉與項羽破釜沉舟有異曲同工之妙。

而且，漢軍於河彎處列陣，左、後、右均是滔滔不絕、奔騰不息的河水，趙軍只能從正前方發起攻擊，其人數雖多，但真正能與漢軍交戰的並

不多，漢、趙雙方實際交戰人數持平。

這樣，自晨至午，趙軍始終不能取勝。

埋伏在萆山的漢軍趁雙方交戰正酣、趙營空虛，便按韓信事前的吩咐，飛速衝入趙軍營壘，全部拔去趙軍的旗幟，豎起清一色的漢軍紅色大旗。

日中時分，激戰雙方都力疲神倦、腹中飢餓，但漢軍是在做困獸之鬥，只能咬牙堅持，趙軍則懼意大起，退意橫生。陳餘也已領悟到韓信背水列陣的妙處，知道要將韓信軍吃掉已經不可能，只好嘆了口氣，結陣徐徐退軍。

可是，韓信豈能容你說來就來，說走就走？揮軍追擊。

趙軍且戰且退，眼看已回到了營壘，一抬頭：糟了，營壘竟然遍插漢軍大旗！

一下子軍心大亂。

等的就是這個時間點。

韓信再發起新的一輪攻擊，趙軍大潰。

兵敗如山倒，趙軍慘敗的命運已無可更改。漢軍前後夾擊，徹底摧垮了趙軍，俘虜了大批人馬，在瘝水岸邊斬殺了陳餘、生擒了趙王歇。

一切都在韓信的掌握之中。

中午，漢軍破趙，全軍加餐。

眾將舉杯向韓信祝賀，請教韓信說：「將軍何以判定陳餘不會在井陘道對我攔截、不會在綿蔓水對我發起攻擊，而在井陘口與我開戰？」

韓信微微一笑，答：「陳餘兵多，我軍兵少，其急於要全殲我軍，不怕我來，而怕我不來，必定放開前半程險隘不守，以誘我深入，百里井陘道，唯有這個地方地勢開闊，正是用兵之地。而且，他們已先占據了有利

地形,築造了營壘,自會放我過河,以陷我於死地。」

眾將又問:「兵法云『右倍山陵,前左水澤』,行軍布陣應該以右邊和背後靠山,前邊和左邊臨水。將軍今日反而令我們背水列陣,自陷於死地,這是什麼戰術啊?」

韓信再笑,答道:「我用兵之法,也是兵書上來的,只是諸位沒有留心罷了。兵書中不是說『陷之死地而後生,置之亡地而後存』嗎?我軍多是新兵,未歷戰陣,跟趕著街市上的百姓上陣打仗差不多,在這種形勢下,把將士們置之死地,則人人為得保全,必奮力死戰;如果留給他們生路,趙軍勢大,他們不得都跑了,還怎麼取勝呢?」

眾將心悅誠服地說:「將軍用兵如神,非是我輩所能企及的。」

韓信卻搖了搖頭,說:「趙國廣武君李左車曾建議陳餘據險而守,斷我糧道,此計若被採納,我韓信可就有大麻煩了。」

韓信降燕滅齊,左右楚漢相爭時局

韓信讓人把李左車帶上來,親手為其鬆綁,折節下士,虛心請教說:「我要向北攻打燕國,向東討伐齊國,先生替我分析分析,如何可收全功?」

李左車推辭道:「我聽說『敗軍之將不可以言勇,亡國之大夫不可以圖存』,而今我是兵敗國亡的俘虜,有什麼資格計議大事呢?」

韓信正色說道:「我也聽說,百里奚在虞國而虞國滅亡了,在秦國而秦國卻能稱霸,這並不是因為他在虞國愚蠢而到了秦國就聰明了,而在於國君任用不任用他,採納不採納他的意見。陳餘如採納了你的計謀,我韓

第二章　楚漢爭雄：劉邦與項羽的博弈

信早已被生擒了。正因為他沒採納你的計謀，所以我才能夠侍奉您啊。」

說完，又誠心誠意地說：「我傾心聽從先生的計謀，希望先生不要推辭。」

李左車為韓信的誠意所感動，說道：「好吧，『智者千慮，必有一失；愚者千慮，必有一得』。所以說，『狂夫之言，聖人擇焉』。我願獻愚誠，忠心效力。」

韓信於是避席而起，恭恭敬敬地再拜聆聽。

李左車道：「陳餘本有萬全之計，然而一旦失掉它，軍隊在高城之下戰敗，自己在泜水之上亡身。而今將軍橫渡黃河，虜魏王，擒夏說於閼與，一舉而下井陘，半朝破趙二十萬眾，誅陳餘，名聞海內，威震天下。

然而，眼下百姓勞苦，士卒疲憊，不堪再戰。如果將軍強要舉疲敝之兵，屯於燕堅城之下，欲戰恐不得，欲攻恐不克，實情暴露，威勢就會減弱，曠日持久，糧食耗盡。而若燕國不肯降服，齊國必會拒守邊境，以圖自強，那麼，劉、項雙方的勝負就難見分曉。我私下認為攻燕伐齊乃是失策，因為『善用兵者，不以短擊長，而以長擊短也』。」

韓信說：「既然如此，該當如何是好？」李左車回答說：「如今為將軍打算，不如暫且休兵，安定趙國的社會秩序，撫卹陣亡將士的遺孤。以牛肉美酒來犒勞將士，激勵軍心，只擺出向北進攻燕國的姿態，遣一舌辯之士，奉尺幅之書，陳其利害，彰將軍之所長，燕必不敢不從。燕已從，再派說客往東勸降齊國，齊國就會聞風而降服。即使有聰明睿智的人，也不知該怎樣替齊國謀劃了。如是，則天下事皆可圖也。用兵本來就有先聲奪人再採取實際行動的，這就是所謂的不戰而屈人之兵也。」

韓信拊掌稱善，依計而行，先派遣使者出使燕國。不出所料，燕國乖乖降服。正在與劉邦交戰的項羽聽說韓信自四月到八月的短短幾個月間，

已接連平滅和降服了魏、代、趙、燕四國，大驚，多次發奇兵渡過黃河攻打韓信。

韓信引軍相抗，在戰鬥中安定趙國的城邑，且調兵支援滎陽一線的正面戰場。

漢高帝三年（西元前 204 年）春，韓信悉數挫敗了項羽發來的楚軍，率二十萬大軍屯駐於魏地最南部的小城修武（今河南省獲嘉縣境內），觀望滎陽局勢。

項羽自料短時間內難以消滅韓信，於是強大打擊劉邦。

漢高帝三年（西元前 204 年）五月，劉邦再也支撐不下去，讓手下大將紀信冒充自己向項羽投降，而他本人卻從滎陽溜出，逃回關中向蕭要兵要糧，再出函谷關，在宛、葉一帶與楚軍相對峙。

漢高帝三年（西元前 204 年）六月，項王先回師擊潰在楚地略地的彭越，再攻克滎陽，又一次大敗劉邦。

滎陽一線的激戰已經達到了白熱化的程度，韓信卻觀望不前。

劉邦數度下令韓信火速引軍南下救援，韓信卻毫無反應。

應該說，這時的韓信已經有擁兵自重的想法了。

火燒眉毛的劉邦在又一次遭到慘敗後，由夏侯嬰駕車，孤零零地渡過黃河，進入修武韓信大軍的駐地。

劉邦的火氣很大，卻竭力控制著，沒向韓信發飆，只是悄悄走進韓信的臥室，奪取了他的印信和兵符，收回二十萬大軍的指揮權，責令張耳防守趙地，改任韓信為國相，要韓信收集趙國的軍隊向東攻打齊國。

好不容易發展起來的二十萬大軍已被劉邦帶走，韓信只得重新招兵買馬，為伐齊做準備。

第二章　楚漢爭雄：劉邦與項羽的博弈

齊王田廣得訊，大驚，於黃河東南岸的歷下（今山東省濟南市）屯駐了二十餘萬大軍，以防漢軍渡河。

韓信的兵力接近於零，要擊破這二十餘萬齊軍，平滅齊國，無異於痴人說夢。

劉邦手下的辯士酈食其自告奮勇，對劉邦說：「目前燕和趙都已平定，只有齊尚未攻克。現在田廣據有千里之地，又將二十萬之眾屯軍於歷城，且齊的田氏宗族勢力強大，以東海、泰山為依靠，黃河、濟水為屏障，南面臨近楚，百姓多狡詐善變，您即使多派遣幾萬人的軍隊去征伐，也無法在一年或數月的短時間內攻下。不如您准許我奉您的詔令前去遊說齊王田廣，陳其利害，使他歸附大漢，以成為我大漢東面的藩屬。

不勞張弓矢而能屈人之兵，此所謂謀之上者也。」

劉邦大喜，同意了酈食其的計策。不過，他覺得酈食其說服齊國的可能性極小，所以並未收回令韓信攻打齊國的命令。

沒想到，事情的發展遠遠超出了他的想像。

酈食其憑著他那三寸不爛之舌，說服了齊王田廣和齊相田橫。

為了表示自己歸附的誠意，齊國撤除了防備漢軍的設施。

而韓信的能力超強，一下子就組建起了一支四萬人的大軍。韓信領著這支大軍浩浩蕩蕩地向東出發，到了平原津（黃河之渡口，在今山東省平原縣），風聞酈食其已經成功勸降了齊王。

這仗，似乎不必再打了。

韓信軍中的辯士蒯通卻說：「將軍是奉詔攻打齊國，漢王只不過暗中派遣一個密使遊說齊國投降，又沒有詔令停止進軍，為什麼不進軍呢？

酈食其不過一名說客，坐著車子，鼓動三寸不爛之舌，就收服齊國

七十餘座城邑。而將軍統率著幾萬人馬，歷時一年多才攻下趙國的五十餘座城池。為將多年，難道反不如一個豎儒之功？」

韓信當下不再遲疑，率軍迅速渡過黃河。

接下來發生的事，可想而知。

韓信向毫無防備的齊軍發動襲擊，大捷，沿路窮追猛打，很快就打到國都臨淄，齊國瀕臨滅亡。

齊王田廣烹殺酈食其後逃往高密，派人向項羽求救。

項羽與劉邦打得難解難分，分身乏術，只好派自己座前第一大將龍且率領二十萬兵馬前往高密救援田廣。

龍且抵達高密，剛與齊王田廣見上一面，韓信便引軍渡過濰水，急攻高密。

韓信小兒，也太目中無人了！

龍且顧不上自己二十萬大軍遠行疲敝，傳令迎戰。

漢軍人少，楚軍人多，才一交鋒，漢軍便支撐不住，紛紛退走。

往哪走？

龍且揮軍尾隨痛擊。

所幸時值十一月嚴冬枯水期，濰水水淺，僅能沒膝，漢軍逃命心切，顧不上河水冰凍刺骨，爭相奔跑著逃到對岸。

因為河水的阻擋，漢軍的速度大大減慢了下來。還要不要繼續追殺？部將問龍且。為什麼不呢？龍且反問。由是，楚軍下河蜂擁追殺。龍且一馬當先，衝殺在最前面。

然而，他的坐騎剛剛過河，就聽到轟隆隆的怪響，什麼聲音？抬眼一看，濰水上游，巨浪滔天，翻滾咆哮，從天而降。天啊！

第二章　楚漢爭雄：劉邦與項羽的博弈

　　楚軍上下，齊齊驚呼。然而，波濤洶湧，澎湃奔騰，很快就把這聲音連同發出聲音的人一同淹沒了。

　　幾萬大軍，眨眼工夫就消失在滔滔洪水中。龍且汗毛倒豎，全身的血液瞬間凝固。完了！

　　他絕望地叫了一聲。原來，為了打贏這一仗，韓信下令士兵連夜趕做一萬多條口袋，裝滿沙土，堵住濰水上游，等河水枯瘦，這才帶領一半軍隊前來挑戰。剛才的慘敗，完全是為了誘敵所表現出來的假象。等楚軍追入河中，上游的沙袋全部被挪開，河水如猛獸一樣沖天而來。楚軍被淹死過半，少量已渡河的後路已絕，不是跪地投降，就是被漢軍追殺砍死。龍且，這位項羽最為倚重的猛將，就在亂軍之中被砍掉了腦袋。濰水東岸尚未渡河的楚軍遠遠見了，心膽俱寒，一哄而散。齊王田廣見情勢不好，腳底抹油，溜了。韓信發兵一直追殺到城陽，將前來援齊的楚軍全部殲滅。

第三章
功臣末路：權力與忠誠的悲歌

第三章　功臣末路：權力與忠誠的悲歌

韓信有謀反的意圖嗎

　　漢高帝四年（西元前 203 年）冬，韓信降服且平定了整個齊國七十餘座城池，進住齊國王宮，收編的楚軍與齊軍有四十餘萬人，人生的聲望和權威升到了巔峰。

　　接下來，他做了一件很不厚道的事：向劉邦邀功。他以齊人狡詐為由，要求劉邦設立一個暫時代理的王來鎮撫齊地，而這個齊地代理王的人選，就是他自己——韓信。這時的劉邦，還在滎陽與項羽苦苦相鬥，兩軍陣前，劉邦前胸中了一箭，小命差點不保。項羽為了要挾劉邦，把俘虜來的劉邦的父親推出陣前，架起鍋子，要油炸了老人家。

　　劉邦真是欲哭無淚，要多慘有多慘。

　　他曾多次下令韓信速來滎陽支持，韓信不來也就罷了，還在這節骨眼上邀功，要自己封他為齊王，劉邦差點沒罵出聲來。張良、陳平兩人又是使眼色，又是暗中踩他的腳，他才醒悟過來，打著哈哈對韓信派來的使者說：「大丈夫定諸侯，要做便做真王，做代理王有什麼意思！」馬上冊立韓信為齊王，徵調韓信的軍隊攻打楚軍。

　　項羽和劉邦二虎相爭，已經筋疲力盡，如若韓信的四十萬大軍加入抗楚行列，楚軍必敗。

　　想到這一層，項羽急得睡不著覺，抹了抹臉，派盱眙人武涉前往齊地規勸韓信，希望他能保持中立。

　　武涉的說辭非常富有技巧，他對韓信說：「天下共苦秦已久，各路諸侯相與戮力擊秦。待秦朝破滅，大家計功割地，分土而王，以休士卒。如今漢王興師東進，侵人之境，奪人之地，已破三秦，又引兵出關，收諸侯

之兵向東擊楚，其意非盡吞天下不肯罷休。且漢王乃是奸猾小人，不可信任，其多次身落項王之手，項王仁義，不忍加害，他這才活了下來，然而一經脫身，就背棄盟約，反覆進攻項王。這種小人，不值得親近，也不值得信任。雖然大王您自認為與漢王交情深厚，為之盡力用兵，終有一日還是被他所擒。大王您現在平安無事，是因為項王還存在。目下楚漢相爭，決定勝利走向的人就是您。您站在漢軍一邊則漢王勝，您站在楚軍一邊則項王勝。假若項王今日亡，則下一個被消滅的就該是您了。您和項王有舊交情，為什麼不反漢與楚聯合，三分天下自立為王呢？若放過這個時機，你只能站到漢王一邊攻打項王了，這可不是一個聰明人做的事。」

武涉不提項羽的交情還好，一提項羽的交情韓信就來氣，他憤然答道：「我當日侍奉項王，官不過郎中，位不過執戟，言不聽，計不用，所以我才背楚歸漢。入到漢營，漢王授我上將軍的印信，予我數萬之眾，脫下他身上的衣服給我穿，把好食物讓給我吃，對我言聽計從，我才能混到今天這個位置。漢王對我親近、信賴，我背叛他不吉祥，即使到死也不變心。項羽的想法，恕我不能相從，你回去告訴他，讓他死了這條心吧。」

武涉碰了一鼻子灰，悻悻而回。

武涉的話雖不能打動韓信，卻打動了韓信身邊的一個人。這個人就是以一言而成就韓信滅齊大功的辯士蒯通。蒯通找了個左右無人的機會，悄悄對韓信說：「我對相術深有研究，能預測一個人的禍福貴賤。」哦？韓信奇怪地看著他，問：「先生用什麼方法幫人看相？」蒯通自信地回答說：「人的貴賤在於骨法，憂喜在於面色，成敗在於決斷。用這三項驗證人相，萬無一失。」

韓信大感興趣，說：「如此，先生看看我的相如何？」

蒯通點點頭，故弄玄虛地說：「看您的面相，位不過封侯，而且危機

第三章 功臣末路：權力與忠誠的悲歌

四伏。看您的背相，卻又貴不可言。」

韓信的胃口被吊起來了，問：「怎麼會這樣呢？」

蒯通搖頭晃腦地說：「天下初發難之時，英雄豪傑紛紛建立名號，一呼而天下有志之士雲集，踴躍奔走之勢，如狂風驟起。當此之時，人們所關心的只是如何滅亡秦朝。而今，楚漢紛爭，天下無辜的百姓肝腦塗地，父子的屍骨暴露在荒郊野外，數不勝數。楚國人從彭城起事，追南逐北，乘利席捲，威震天下。然而軍隊被漢王困在京、索之間，阻於成皋一帶，三年不能寸進。漢王統領幾十萬人馬於鞏縣、洛陽，憑藉山河之險，一日數戰，無尺寸之功，甚至遭受挫折失敗，幾至於滅亡，這就是所謂的智勇俱困了。楚漢兩軍的銳氣盡挫於險塞，糧食也已消耗殆盡，百姓疲勞困苦，怨聲載道，人心動盪，無依無靠。以我看來，這樣的局面不是天下的聖賢就不能平息這場天下的禍亂。」

說到這裡，他拚命朝韓信眨眼睛。

韓信知他意有所指，卻沉吟不語。

蒯通料韓信已心有所動，便繼續大噴口水，說：「當今劉、項二王的命運都懸在您一人的手裡。您助漢則漢勝，助楚則楚勝。我願意披腹心，輸肝膽，效愚計，就擔心您不採納。大王若能聽從我的計策，可以讓楚、漢雙方都不受損害，同時存在於世上，大王和他們三分天下，鼎足而立，互相牽制，則沒有誰敢輕舉妄動。而憑藉大王的賢能聖德，擁有幾十萬大軍，占據著強大的齊國，迫使燕、趙屈從，出兵到劉、項兩軍的空虛地帶，制約他們的後方，順應百姓的心願，向西去制止劉、項紛爭，為軍民百姓請求保全生命，那麼，天下就會迅速地群起而響應，沒有誰不聽從的！當時，割取大國的疆土，削弱強國的威勢，用以分封諸侯，則天下感恩戴德，順服聽命於齊。大王穩守齊國故有的疆土，據有膠河、泗水流域，以

恩德感召諸侯，恭謹謙讓，那麼天下的君王就會相繼前來朝拜齊國。俗話說『天予弗取，反受其咎；時至不行，反受其殃』，希望大王認真地考慮這件事。」

沉默，又是沉默。沉默了許久，韓信這才幽幽地說：「漢王待我恩厚，他的車子讓我坐，他的衣裳讓我穿，他的食物讓我吃。我聽說，『乘人之車者載人之患，衣人之衣者懷人之憂，食人之食者死人之事』，我怎麼能圖謀私利而做出背信棄義的事來呢？」

蒯通頓足說道：「你自認為漢王對你好，你就想建立流傳萬世的功業，我認為這種想法是錯的。試想，當初張耳、陳餘身為布衣，結成了割掉腦袋也不反悔的交情，鉅鹿一戰，卻反目成仇，生死相殘，為天下人所笑。是什麼東西使得曾經的刎頸之交成了不共戴天的仇人？一個字：貪。貪得無厭的人心會吞噬掉一切仁義愛好。如今即使您竭誠用忠誠、信義與漢王結交，也一定比不上張耳、陳餘當年的交情更鞏固，而從漢王修武奪兵、你在齊地封王的事來看，你們之間的嫌隙比張耳、陳餘他們又要多得多，所以我認為您一廂情願地以為漢王不會危害您是完全錯誤的。大夫文種、范蠡使瀕臨滅亡的越國起死回生，並輔佐勾踐稱霸諸侯，可是，大功已成，大名已就，文種被迫自殺，范蠡被迫逃亡。野獸已經打完了，獵犬就該被烹殺了。以交情友誼而論，您和漢王比不上張耳、陳餘；以忠誠信義而論，也趕不上文種、范蠡之於越王勾踐。從這兩個事例看，足夠您斷定是非了，希望您深思熟慮。況且我聽說了，勇略震主者身危，而功蓋天下者不賞。大王既是勇略震主者，也是功蓋天下者；既具有威脅君主的威勢，也持有不能封賞的功績。您歸附楚國，楚國人不信任；歸附漢國，漢國人震驚恐懼。您同時擁有著這樣大的功績和聲威，哪裡還有您可去的地方呢……」

第三章　功臣末路：權力與忠誠的悲歌

韓信面色蒼白，打斷了蒯通的長篇大論，無力地揮揮手，說：「先生暫且說到這裡吧！讓我考慮考慮。」

過了數日，蒯通又語重心長地告誡韓信說：「能夠聽取別人的意見，就能預見事物發展的變化；能夠反覆思考，就能掌握成功的關鍵。聽取意見而不做出正確的判斷，決策失誤而能夠長治久安，實在天下少有，當斷不斷，其事自敗。所有的事業都難以成功而容易失敗，所有的時機都難以抓住而容易失掉。希望您仔細地考慮斟酌。」

韓信猶豫良久，終於痛下決心，宣布絕不背叛漢王，拒絕了蒯通的提議。

蒯通面如死灰，知道韓信的好日子不能長久，就假裝瘋癲流落江湖。

事情的發展，果然被蒯通不幸言中。

韓信加入反楚陣營，率領軍隊在垓下設下十面埋伏，迫得項羽在烏江自刎以謝天下。

狡兔死，走狗烹；飛鳥盡，良弓藏；敵國破，謀臣亡。

漢高帝五年（西元前202年）十二月，劉邦採納陳平的計謀，假託天子外出巡視會見諸侯，於雲夢澤綁了韓信，押回洛陽，改封他為淮陰侯。

漢高帝十年（西元前197年）八月，代國相陳豨自立為代王，侵占趙、代。劉邦被迫北上，御駕親征。

恰在此時，韓信的一位家臣得罪了韓信，韓信把他囚禁起來，打算殺掉他。

誰知這個家臣的弟弟上疏告變，向呂后告密，說韓信與陳豨相勾結，圖謀造反。

此事疑點重重，真假莫辨。

但為帝國的安全起見，呂后的意見是：寧可錯殺，不可錯放。

她與蕭何定計，謊稱高皇帝劉邦已在前線大破反賊，陳豨授首，傳令在京朝臣均到長樂宮慶賀。

韓信百無聊賴，本不想參與此事，以身體有病為由，拒絕進宮。

蕭何便親到淮陰侯府勸說道：「這是國家幸事，即使有病，也當強打精神進宮祝賀吧。」

看著這位於己有大恩的蕭相國，韓信無從推託，勉強進宮。這一進宮，便是自投羅網，小命休矣。呂后命令埋伏在宮中的武士把韓信捆起來，將之押到鍾室擊殺。韓信身遭大棒擊打之際，連呼道：「吾悔不用蒯通之計，乃為兒女子所詐，豈非天哉！」一代將星，竟此隕落。

但事情並沒終結，為了斬草除根，呂后又傳令誅殺了韓信三族。

劉邦為什麼要殺彭越

漢高帝十一年（西元前196年）春天，劉邦從河北戰場歸來，聽說韓信已伏法，不由得且悲且喜。悲的是大漢得天下，多仗韓信之力，可憐其卻不得善終；喜的則是韓信雖是折翼雄鷹、拔牙猛虎，但始終是大漢帝國的一大隱患，既已除去，也就一了百了，再無罣礙了。

且慢，韓信之外，帝國還有兩個隱患，不得不防。這兩大隱患就是彭越、英布。

當日，張良「下邑畫策」，建議劉邦透過懸賞關東土地加以收買重用韓、彭、英三人。三人也不負眾望，百戰沙場，軍功卓著，人稱「漢初三傑」，劉邦戰後論功行賞，封他們為異姓王。

第三章　功臣末路：權力與忠誠的悲歌

而大漢一統天下，分封諸侯王不過是權宜之計、無奈之舉，絕非劉邦內心所願。

要知道，按照周朝原先的封建制度，諸侯國既可擁有治理王國的行政司法權，也可以建立百官機構，還擁有支配封國賦稅的財政權，此外，還擁有組建、訓練地方軍隊的權力。

遙想東周末期，作為中央的周朝政府在眾多諸侯國的擠壓下，封地不過幾個縣大小，隨時都面臨著滅亡的危險。這種景象，劉邦可不願意出現在自己建立的這個帝國身上。

所以，剷除異姓王，對劉邦而言是勢在必行的事。

韓信既然已經告別了這個世界，那麼，接下來，是想辦法讓彭越、英布到陰曹地府陪伴他的時候了。

漢高帝十年（西元前 197 年），陳豨叛亂，劉邦御駕親征。原本想徵調韓信和彭越這兩大重量級打手一同北上，沒想到，這兩個傢伙的表現出奇相同：稱病不出。

韓信原是楚王，被奪國降職為淮陰侯，情緒低落，這還可以理解；你彭越，朕還沒把你怎麼樣，你也一副半死不活的模樣，到底意欲何為？

說起來，這也不是第一次了。

漢高帝四年（西元前 203 年），楚漢兩軍在滎陽、成皋一線惡鬥了兩年零五個月，雙方都已筋疲力盡，透過協商，決定休兵罷戰。

雙方約定中分天下，以鴻溝為界，鴻溝以西屬漢，鴻溝以東屬楚。

不日，項羽小兒引兵解而東歸，朕採納了張良、陳平之議，遣使分馳韓信、彭越兩處，要其兩人按期出兵共擊項羽，爾後撕毀協議，尾隨擊楚。

沒想到，韓、彭二人竟然擺了朕一道，按兵不出，將朕賣與項羽小兒。

劉邦為什麼要殺彭越

固陵（今河南省淮陽縣北）一戰，朕險些遇險！

沒奈何，只好敗走陽夏（今河南省太康縣），憑城固守。

在困守陽夏的日子裡，好你個彭越，好你個韓信，朕左呼不來，右呼不來。究其本意，不過是藉機要挾，以封王侯，這……跟趁火打劫有什麼區別？可惡，實在可惡！

算了，以前的事一筆勾銷，朕可以不追究。

現在，你彭越身為諸侯，自當聽命於天子。徵調你出征，是看得起你，你倒好，竟然擺起架子來。

你稱病絕不是簡單的偷懶行為，很可能就是想與朕決裂、與朕唱反調。

劉邦越想越覺得彭越反心已露。

他派出一個使臣團前往梁地，出其不意地將彭越拿下，押來洛陽。

彭越，這個打仗向來神出鬼沒的驍將，竟然就這樣被輕鬆擒來，那麼，他到底有沒有造反？

劉邦先是有一點釋然。再想著他當年所建的功勳，內心開始有了動搖。彭越起事很早，手下的隊伍也很生猛，但他用兵很謹慎。陳勝、項梁等人攻城略地，已經把中原大地攪得沸反盈天，他還是表現得極其安靜。

直到秦二世三年（西元前207年），朕奉楚懷王之命率部西進入關，從碭地出發，北攻昌邑，他才率部隊相助。可惜，強攻昌邑未克，朕繞道慄縣（今河南省夏邑縣）繼續往西，他則留了下來，收集被打散的魏國部隊。

項羽在鉅鹿城下力挫秦軍主力，氣焰張天，天下英雄豪傑紛紛俯首追隨，彭越卻不為所動，只率一支孤軍堅守在鉅野澤，以至於項羽在關中裂土封王，各路諸侯都有了自己的封地，彭越手下雖有萬人之眾，卻毫無所獲，也沒有任何歸屬。

第三章　功臣末路：權力與忠誠的悲歌

朕迫於項羽小兒的威勢，只好走棧道入漢中就職。對項羽小兒分封不滿的齊相田榮與彭越聯合在一起，豎起了反楚大旗。

彭越端的是驍勇善戰，兵出鉅野澤，進擊濟陰，大敗楚將蕭公角的部隊，一躍而成楚國北部邊境的大患。

到了漢高帝二年（西元前205年），田榮雖被項羽斬殺，彭越的隊伍卻是越打越龐大，兵馬已經擴充到三萬多人，攻下了魏國東部十餘座城池。朕就是趁著這個機會，暗渡陳倉，平定三秦，又復出關向東，糾合起各路諸侯，聚軍五十六萬，分路進攻西楚都城彭城。

準確地說，彭越就是從這一次聚軍開始，正式歸附於朕的。他率領他的部隊在外黃相迎，朕以其收復魏地十幾座城池之功，封其為魏王豹的國相，獨攬兵權，負責平定梁地。

朕在彭城遭到項羽小兒的襲擊，敗退。其後，項羽小兒瘋了似的，對朕發動了疾如狂風暴雨的強大攻勢，其包圍滎陽，攻克成皋，朕走投無路，險些被擒。正是彭越大舉南下，千里奔襲，越過睢水，繞道彭城東南的下邳，打敗楚將項聲，斬殺楚將薛公，造成威逼楚都彭城的架勢，才使得項羽小兒放棄了已有的戰果，千里回師，解救他的大後方。

事實上，在與項羽小兒惡鬥的兩三年時間裡，彭越成功地充當了朕的游擊別部，在梁地屢屢襲擊楚軍，截斷楚軍的供應糧草，讓項羽小兒不堪其擾。

而每當項羽小兒回師救楚，彭越又總是表現得極其聰明，不計較一城一地的得失，機動靈活，避敵鋒芒，不與項羽硬拚，迅速移師北上。因為有了彭越千里奔襲下邳的軍事行動，朕才得以解滎陽之圍，重新奪回重鎮成皋。

那一次，真是千鈞一髮。

劉邦為什麼要殺彭越

如果沒有彭越的牽制之功，後果不堪設想。

項羽小兒目送彭越遁去，戰無可戰；而等他轉身西向爭奪滎陽，彭越又再次南下，在其後方開闢第二戰場，攻城略地，讓項羽疲於奔命，無法全力攻漢。朕也得以在東線乘虛進軍。

漢高帝三年（西元前204年）五月，項羽小兒對滎陽發動了更為猛烈的攻勢，朕不得已，施展了一招金蟬脫殼之計，由紀信冒充朕向項羽小兒投降，朕從滎陽脫逃，先回關中向蕭何要兵要糧，後再到修武奪取了韓信四十萬大軍的指揮權。但與強大的楚軍相比，朕仍然處於劣勢。

關鍵時刻，又是彭越在楚地的游擊戰發揮了重要作用。為了吸引項羽回師，他一口氣攻克了外黃等十七城，使得項羽急火攻心，再次回師收復失地。

那一次，彭越將項羽死死拖住，長達半個月之久，朕得以從容奪回成皋，進軍廣武、占領敖倉，漢軍的戰爭形勢才得以由守轉攻，為贏得天下打下了基礎。

漢高帝四年（西元前203年），彭越攻下昌邑周圍二十餘城，略定梁地，切斷了項羽小兒從滎陽返回彭城之路，並為滎陽正面戰場的漢軍輸送糧食十多萬斛。

漢軍糧食充足，楚軍後路被斷，糧道不能，項羽小兒在整個戰局中的形勢急轉直下，被迫議和，與朕相約，劃鴻溝為界。

縱是和議達成，但彭越仍牢牢地占據整個梁地，項羽不得不繞道陽夏東歸，最終走入大漢軍為他預設的戰場——垓下。

……那些戰火紛飛的舊事，一件件、一幕幕，連續不斷地浮現在劉邦的心頭。

第三章　功臣末路：權力與忠誠的悲歌

劉邦並不是一個毫無感覺的木頭人，他的心，也是肉做的。

終於，他決定放過彭越，只將他廢為庶人，流放到蜀國的青衣縣（今四川省名山區北）。

而等彭越被押啟程，劉邦又有些後悔了。

彭越的戰功越大，就說明他的能力越大，釋他不殺，會不會是養虎遺患呢？

現在由自己坐朝，還可以鎮得住他，但自己已年過花甲，垂垂老矣，太子尚幼，哪天自己掛了，彭越東山再起，禍害兒孫，到頭來，豈不是自己造孽所致？

彭越成大業的祕訣，也是他身敗名裂的緣由

劉邦在洛陽自怨自艾、糾結萬分，發配路上的彭越也在唉聲嘆氣、後悔不迭。

我彭越真是聰明一世、糊塗一時。想當年，我在鉅野澤以捕魚為生，因為豪爽、仗義，肯替人分憂，得到了很多人的崇敬和追隨。在暴秦的迫害下，日子很苦，很多人的家裡揭不開鍋，沒有吃的，來找我想辦法，商議要不要拉起支隊伍去打一仗。我彭越從不打沒有把握的仗，遵奉的宗旨是：有機會就做，沒機會拉倒；打得過就打，打不過就跑。雖然帶領大家搶掠過一些地方，但考慮到政府軍強大，每次分贓完畢，便又回歸平靜的打魚生活之中。

至於封王拜相，真的，那時真的不敢有這份奢望。陳勝、吳廣在大澤

彭越成大業的祕訣，也是他身敗名裂的緣由

鄉發動了反抗暴秦起義，天下豪傑相繼蜂起，各地起事者層出不窮。鉅野澤的許多年輕人看著眼饞，紛紛來找我，勸我也扯起大旗。還是那句話，我彭越從不打沒有把握的仗。

當時群雄並起，各自紛爭不休，局勢未明，我萬不可趕著鋏這灘渾水。

我只是勸他們沉住氣，等待時機。

大丈夫不做則已，一做，必定要功成名就，名載青史！

鉅野澤裡的年輕人在我的勸說下，斂神屏氣，觀望了一年多。

眼看時機已經成熟，我終於答應了他們，約好日子舉旗起事。

然而，到了約定的日子，竟然有十多個人遲到了。

其中一個，午後才來。

為了嚴肅軍紀，我不顧眾人的勸說，堅持處決了最晚來的那人，設立祭壇，以其首祭奠，殺一儆百，嚴肅軍紀，號令所屬眾人。

眾人大為震肅，由此組建起來的軍隊，令行禁止，無一違者。

如果沒有這個作為保證，我又怎麼能夠從容不迫地牽制強大的項羽大軍，並牽著他們的鼻子走？

而隨著與項羽作戰的一連串勝利，我彭越由盜變將、由將成王，短短幾年時間，就走上了人生的巔峰。

平定梁地之初，漢王因為魏豹尚在，只是任命我為魏國的相國。可是，魏豹死後，他本人並沒有留下後代，而韓信已得授齊王，想我彭越的戰功也不在韓信之下，為什麼不可以稱王？

如果真得不到稱王的機會，那就算了，身為魏相，也已達到了我最初起事的期望值了。

那麼，就此打住吧，讓我停下來歇一歇吧。

第三章　功臣末路：權力與忠誠的悲歌

漢王為了徹底除掉項羽，卻又主動派使者來相約：假如戰勝楚國，就將睢陽以北到谷城的土地分封給我為王。

我彭越從不打沒有把握的仗。

聽說，漢王又同樣派使者與齊王韓信相約，聲稱滅楚之後，便將陳以東的沿海地區分封給他為王。

我、韓信與漢王三路大軍合擊楚軍，可謂穩操勝券，為什麼不答應呢？

垓下之戰，我傾巢出動，將自己全軍都押上了，與韓信等人一起，十面埋伏，終於圍殲楚軍，逼死了項羽。雖然事後漢王食言，只封了梁地給我，封梁王。但這也沒有什麼關係，梁國畢竟也是中原的膏腴之地。

得封梁王，我對漢王還是心懷感恩的。

自漢高帝五年（西元前 202 年）二月初三漢王在山東定陶氾水之陽舉行登基大典以來，我彭越對他畢恭畢敬、小心侍奉。特別是楚王韓信被廢為淮陰侯之後，我就更加步步留神、處處小心，生怕稍有不慎，就招致不必要的麻煩。

皇上每次帶著他心愛的寵姬來洛陽行都，我都提前去迎駕，小心翼翼、如履薄冰，陪著他喝酒、談天、說笑話，我容易嗎我？

在異姓諸侯王中，我應該是到長安朝覲最勤的一個了吧？

沒想到，千般小心、萬般留神，還是惹惱了皇上。

皇上要討伐陳豨，向梁國徵兵，我彭越年紀也大了，身子骨也不行，就想，您徵兵我就給您兵好了，我實在是經不住折磨了，就告個病假，讓手下將領領兵去助戰。

再者說了，您是皇上，您應該不會喜歡枝大於幹啊，我向您請病，就是想讓您看看我一老弱殘卒，以後也不值得您太過惦記不是？

彭越成大業的祕訣，也是他身敗名裂的緣由

我哪裡知道這竟然捅下了天大的婁子啊！

皇上生氣了，派人來責問我為何不隨軍出征。我本來也想，皇上既然生氣了，我是不是強支病體親自前往謝罪啊？可恨我又聽了部將扈輒的話，他說什麼一開始不去，被責備了才去，這不擺明我病得不重，還可以行動嗎？去了就完蛋了。於是我決定裝傻，對皇上的責問一味裝傻，就堅持以有病之身軀在梁都定陶不出。

部將扈輒有心要鼓勵我起來造反。因為這個事就起來造反？這個想法也太瘋狂了吧？

可嘆啊可嘆，我彭越根本沒有造反的心，只因手下的太僕挾私報復，竟然逃到皇上眼前，誣陷我和扈輒陰謀反叛。

我彭越冤枉啊！皇上啊，您不念功勞也得念苦勞啊！想我彭越自出道以來，就從來沒為自己爭奪天下打過一仗，除了曾經響應田榮的號召和楚軍開打外，其他所有的戰爭都是為您而打啊，包括剛剛從鉅野澤出來，我所打的第一仗就是協助您進攻外黃啊！如果真要造反，我至於這麼容易被您的使者抓到嗎？

彭越就在這樣的冤天屈地中一步一步地走往蜀地，途經鄭縣（今陝西省華縣），遇上了從長安到洛陽的呂雉呂皇后。

這可真是一個大救星啊！

彭越不管三七二十一，撲通一聲跪倒在車駕前，放聲大哭，一把鼻涕一把眼淚地哭訴道：「我已經老朽了，只想把這把老骨頭葬在昌邑老家，這就心滿意足了，不敢再有別的非分之想。」

車上的呂后靜靜地聽了彭越的痛泣陳情，極其同情，同意幫他一把，帶著他向東同去洛陽找劉邦。

第三章　功臣末路：權力與忠誠的悲歌

看見呂后願意幫自己，彭越總算得到了一點安慰。

我彭越本來就是平民出身，雖然做不了諸侯王，但能以平民的身分在家鄉病死老死，這也足夠了。

雄圖霸業，不過南柯一夢；榮華富貴，不過過眼雲煙。好吧，就這樣吧。只要不用去那個羌民群居的青衣縣，不必客死他鄉，我已經滿足了。

彭越慶幸自己遇上了呂后這個大救星，高高興興地跟著呂后的車駕往洛陽走。

實際上，呂后並非彭越的大救星，而是彭越的命中煞星。

彭越被人往鬼門關上踹

呂后見了劉邦，說：「彭王是豪壯而勇敢的人，你把他流放蜀郡，那是放虎歸山。要知道，縱虎容易縛虎難！好在我把他帶回來了，你趕緊想辦法把他滅族，以絕後患。」

劉邦正為自己饒過彭越不殺而後悔莫及，一聽呂后將他帶回來了，那就用不著再猶豫什麼了，想個辦法，把彭越除掉，一了百了。

他和呂后一拍即合，指使彭越的家臣告發他再次謀反，按照家臣的陳詞結案，誅殺彭越全族，彭越本人則被處以醢刑，取消封國梁地。醢刑，就是把人的身體剁成肉泥。劉邦命人將這些肉泥做成肉粥，遍賜諸侯，以殺雞儆猴。他還派人把彭越的首級高懸城門示眾，傳詔：「有勇於收殮彭越的，立即逮捕治罪！」

一時朝野震肅，人人自危。

可是偏有人不怕死，跑到了城門，跪在彭越的首級下，設定祭品祭奠，縱聲大哭。

此人名叫欒布，是彭越早年的貧賤之交。

欒布身世坎坷，彭越在鉅野澤為盜時，欒布先是在齊國一戶人家裡為奴，做酒店裡的傭工，後來強盜搶了該戶人家，將欒布劫持到燕國賤賣。欒布雖然只是那戶齊國人家裡的一名奴僕，卻也有情有義，他尋找機會，拔刀而起，手刃了該夥強盜，成功地替主人報了仇。因為這事，欒布暴得「義僕」之名，受到燕王臧荼的賞識和重用。劉邦滅燕，身為燕國大將的欒布被俘，身不能免，眼看就要被推上斷頭臺，是他的好朋友梁王彭越救了他。

彭越向劉邦求情，苦勸劉邦法外開恩，並願為欒布花大價錢贖罪，為他贖還一個自由之身，贖他回自己的封國做大夫。

可以說，沒有彭越，欒布早就是一具塚中枯骨了。

彭越被抓，欒布正出使齊國。等他從齊國返回，彭越的腦袋已被懸掛於市。欒布猶如五雷轟頂，痛心疾首，風塵僕僕地趕到洛陽，跪在塵埃中，仰頭對著彭越的頭顱彙報自己出使齊國的相關情況，邊訴邊哭。

守衛的士兵逮捕了欒布，將他押送去見劉邦。

劉邦聽說有人竟然無視他的詔令，私自哭祭彭越，氣得渾身發抖，命人架上鍋子，倒上油，用猛火燒，指著欒布大吼道：「你存心的，是不是？朕明令禁止任何人祭拜彭越，你竟然膽敢違抗聖旨，是不是鐵了心要跟彭越一同謀反？來人，把他扔進油鍋裡去！」

兩邊的衛士一擁而上，如狼似虎，一個抬手，一個抬腳，抬起欒布，就要往鍋裡扔。

欒布強烈掙扎，嘴裡連聲叫道：「等等！我有話要說！」劉邦笑了，說：「現在知道害怕了？遲了。」欒布厲聲道：「我欒布有生之年從不知『怕』字怎麼寫，不過希望死前你能讓我說一句話而已！」

「什麼話？」劉邦一擺手，阻止了要扔他下油鍋的衛士。

被架在半空中的欒布大聲說道：「當初彭城之戰、滎陽之圍、成皋對峙，漢軍多次面臨滅頂之災，可最終都化險為夷，知道是什麼原因嗎？

這都是彭王在梁地屢襲楚軍的功勞啊！其實，當時天下大勢的走向就掌握在彭王手裡，他跟楚聯合，漢就失敗；跟漢聯合，楚就失敗。試想，如果彭王站在項羽一邊，你能有今天嗎？再說，垓下會戰，如果沒有彭王，你能滅得了項羽嗎？平定了天下，朝廷把表示憑信的符分成兩半，彭王接受封爵，不過是想清清靜靜做個王爺，子子孫孫傳承下去。可如今僅僅因為他有病在身，沒幫你打陳豨，你就疑神疑鬼，認定他要謀反。

但是謀反的形跡還沒有顯露，而你卻根據微不足道的細節誅滅了他的家族！你如果再這樣做下去，我擔心有功之臣會人人自危。我的命是彭王救下來的，如今彭王已死，我生不如死，請就湯鑊。」

劉邦聽了，又想起了彭越的種種好處，不免有些黯然神傷，命人赦免了欒布的罪過，任命他做都尉。

英布被施以黥刑，不悲反喜

劉邦將彭越處以酷刑，除了腦袋，全身剁成肉醬。為了敲山震虎、警示朝野，他又命人將這些肉醬做成肉粥，做成罐頭，分發給各地的諸侯品嚐。

這招既缺德、又陰損，還格外噁心。

其他人收到這些罐頭時是怎樣的一種心情，不得而知。

淮南王英布接過這個罐頭，鼻聞惡臭、胃部抽搐，幾欲作嘔，此外，渾身汗毛倒豎，寒意陣陣，如有刀鋒掠過。

他原本正在打獵，射熊縛虎，意氣風發。

他喜歡享受利箭射入猛獸咽喉那一剎那的精彩。看著鮮血從猛獸的喉頭噴濺，看著猛獸因為疼痛而扭曲的表情，看著猛獸因為絕望而黯淡的眼神……他會有一種極大的滿足感，會莫名地興奮。

可是，眼前罐頭裡黑紫色的肉粥，讓他有些眩暈。

那彷彿是從自己咽喉裡噴濺出的血所熬成的。

他覺得，自己就像已經中箭的猛獸。

韓信、彭越和自己，並稱「漢初三傑」，是大漢帝國建立初期最會打仗的三個人，在滅楚興漢中出力最多。

不可想像，如果沒有韓信的千里包抄，如果沒有彭越的後方游擊，如果沒有自己的反戈一擊，楚漢相爭到底會是怎樣的一種結局！

可是，楚王韓信先是被剝奪兵權，時隔不久，無兵無卒的他竟以謀反罪被誅滅三族。

彭越，是個沒有什麼野心的人。他起事以來，處處維護著劉邦，追隨著劉邦，一刀一槍，只想封妻蔭子，安安逸逸地做個太平王，說他造反，根本就不可信。可是，他的部分血肉，就裝在了這個罐頭裡。

自己和他們兩個，地位相同，經歷大致一樣，劉邦的刀，會不會下一個就要揮向我？

英布大感恐懼，撤除了圍獵，早早回府。

第三章　功臣末路：權力與忠誠的悲歌

從這一天起，他暗中使人部署，集結軍隊，守候並偵察鄰郡的情況。

事實上，韓信身死的那天，他就有所警覺了。只不過，等到彭越被剁成肉醬的消息傳來，他才感到這事顯得越發緊急和迫切。

那麼，要不要立刻起兵跟劉邦唱反調呢？

──他還沒想好。

縱觀英布一生，其為人做事，向來都缺乏主動性，沒被逼到絕路，他是絕不會鋌而走險的。

他原是六縣的一個平民百姓。小時候，他和父母過著雖然貧窮卻平靜的生活。有相士幫他看相，煞有介事地說：「好傢伙，這小子以後會受刑，受了刑，就有稱王之福。」

也許是從這時開始，他原本平靜的心裡起了漣漪，對未來有了一絲絲不安的期待。

到了壯年，犯了法，被判處黥刑。黥刑，就是在臉上刺字，除了肉體上遭受痛苦的折磨，精神上也飽受摧殘。

英布卻多少顯出了一些喜出望外，他笑著對周圍的人說：「有人幫我看了相，說我受了刑就有機會稱王了。現在，是稱王的徵兆到了。」

聽到他這麼說，周圍的人更加同情他。

那個年代，陳勝還沒喊出「王侯將相寧有種乎」的口號，所有的王侯，都是世襲，你說你一個平民小百姓，不，你一個犯罪分子還想稱王，稱什麼王？瘋了吧！

可英布就這樣愉快地接受了黥刑，高興地和其他刑徒一起被押送到驪山。

在驪山服勞役的日子，漫長而暗無天日。

英布等來的不是上蒼為他安排的王侯好運，而是無窮無盡的勞役。

伙食很差，米飯麥麵從來沒有，情況稍好的時候，可以吃一點黑豆或榨過油的黃豆渣；情況不好的時候，就吃穀糠，或者榆樹皮和草根。

穿的也不好，麻布葛衣，夏天還好，冬天一來，北風透衣，寒氣徹骨。

住的地方，是在山林間紮起來的棚子，夏漏雨、冬漏雪。

每天都有兄弟在這惡劣環境中病倒、死去。

英布服役的時間只有一年多，而在這一年多的時間裡，就有十幾萬人因為勞累、因為飢餓、因為寒冷……告別了這個人世。

英布的心被震撼到了。

他意識到，再這麼下去，很快，自己也會成為其中的一具腐屍。

他聯合數千刑徒，趁著在林子裡伐木的機會，斬荊棘、穿山林，向東狂奔，一直逃到長江邊上，這才停歇下來，在大江之上做了強盜。

由平民化身為江洋大盜，全因世道所迫。

項羽坑殺了章邯部二十萬人，執行者就是他

陳勝在大澤鄉舉旗造反，世道似乎要逆天了。就連番縣的縣令吳芮，也覺得世道對他不公，他把自己的女兒嫁給英布，要英布跟他一起造反。吳芮好歹也是一名政府官員，一名政府官員為了造反，就把女兒嫁給一名江洋大盜，這是一種什麼精神？同時，這又說明了他是該有多恨這個政府？

英布從做上江洋大盜那天起，就已經成了這個社會的仇視、敵對分子，在吳芮的帶領和鼓勵下，他終於正式地跟「政府部門」搞起了對抗。

章邯攻破陳城，消滅了陳勝，各地反秦勢力一度陷入谷底。英布卻毫

第三章　功臣末路：權力與忠誠的悲歌

不犯怵，仍舊帶兵北上，在清波大敗秦軍，向南渡過淮河，加入了項梁的軍隊。

在萬馬齊喑的背景下，英布這步棋算是走對了。

項梁在薛地擁立楚懷王，自稱武信君，英布得封為當陽君——與當年相士說的「稱王之福」搭上點邊了。

定陶一戰，項梁身死。

英布和眾將護衛著楚懷王遷都彭城。

秦將王離下邯鄲、圍鉅鹿，趙王歇和張耳滅亡在即，四面求援。

楚懷王遂派宋義擔任上將軍，范增擔任末將軍，項羽擔任次將軍，英布為將軍，向北救助趙國。

在這次行動中，項羽處死宋義，取得了楚軍的最高軍事指揮權，向北渡過黃河，破釜沉舟，攻擊秦軍。

英布在戰鬥中表現出色，立功最多，得到了項羽的賞識和重用。

事實上，正是英布率部最先渡過漳水，對屯駐於棘原的秦軍章邯部發起攻擊，並破壞和搗毀其修築起來的甬道，這才讓項羽可以全力以赴地與鉅鹿城下的王離軍展開決戰。

新安坑殺章邯部下二十多萬人的大手筆雖是項羽的想法，但實施執行的卻是英布。

劉邦自武關入咸陽，為了阻止項羽入關，據函谷關相拒。又是英布，率部走隱蔽小道，繞到關後，打敗了劉邦的守軍，項羽大軍才得以順利到達咸陽。

項羽在關中論功行賞、裂土封王，英布因為自己的不俗表現，終於實現了兒時的夢想——得封為九江王，建都六縣。

這時候的英布，對項羽心懷感激。

以致漢高帝元年（西元前206年），項羽密令他在半道上襲擊遷都長沙的義帝（楚懷王），他根本沒想過這件事會造成多大的影響，毫不遲疑地答應了。

八月，英布發兵猛擊義帝，將義帝追到郴縣，斬死，成功完成了項羽交給他的任務。

不過，功成名就的英布，稱王的理想既已經實現，事業已經到達人生的巔峰，進取心便開始消退，享樂的思想漸漸升騰。

他不想再動了，厭倦風雲，厭倦了那種打打殺殺的生活。

他想安靜下來，品美酒、嚐佳餚、著錦衣、居豪宅，聲色犬馬，安享人生。

是啊，就像秦二世胡亥說的：「人生在世，就猶如駕著六匹駿馬飛奔過縫隙一般的短促。我既已君臨天下，富有四海，就應該盡情享受，快活地度過一生。」英布雖然沒有君臨天下，也沒有富有四海，但由一名平民，不，由一名刑徒，華麗轉身，已經成了坐鎮一方的諸侯王，難道不應該好好享受享受嗎？

不過，樹欲靜而風不止。

漢高帝二年（西元前205年），齊王田榮起兵反楚，項羽作為眾諸侯王的老大，一紙調令，要英布發兵伐齊。

英布的享樂生活才剛剛開始，實在是一千個、一萬個不情願，便以身體不舒服為由，向項羽請假，只安排了手下將領帶了幾千人前往代勞。

這讓項羽非常不滿，但也並未深究。

但接下來發生了一件事，令英布與項羽之間的裂縫永難再補。即劉邦

第三章　功臣末路：權力與忠誠的悲歌

趁項羽在齊地與田橫打得天昏地暗之機，以項羽殘害楚懷王為口實，糾合起各路諸侯聯軍共五十六萬人，大舉進攻西楚都城彭城。項羽嚴令英布發兵救援彭城。劉邦的聯軍將近六十萬人，老大，怎麼救？

英布傻了。

乾脆，以病情加重為由，不發一兵一卒，坐看彭城陷於劉邦之手。

項羽恨不得吃了英布，數次派使者前來責備英布，要英布前去見他。

已經兩次抗令不遵，去見了他，還有好事嗎？

英布深知項羽的脾氣，咬咬牙，不去，硬頂。

項羽氣炸了，恨英布恨到了極點。

只不過，項羽與北方的齊國、趙國正打得不可開交，西方那邊的劉邦又跳出來跟他搞亂，還不是收拾英布的時候。

而隨著戰事加緊，項羽還放低姿態，不斷來討好、哄勸英布，希望英布能繼續站在他的一邊。

神經大條的英布絲毫沒嗅出與項羽繼續合作的危險氣味，傻傻地被項羽的甜言蜜語所迷惑，自己雖然沒有披堅執銳上戰場替項羽賣命，卻也出人、出錢、出物，援助項羽對付劉邦。

薛公獻計制伏英布

劉邦的六十萬人馬在彭城被項羽一舉擊潰，倉皇逃竄至下邑才放慢了腳步，鬆了口氣。

他下馬倚著馬鞍對張良說：「我想好了，就拿函谷關以東的一些地方

作為獎品，懸賞給能與我一起建功立業的人。卿且說說看，哪些人是有資格來摘取這些獎品的？」

張良首先推薦英布，說：「九江王英布曾是楚國梟將，現在卻與項王有了隔閡，此人如果能策反歸我所用，堪託付大事。」接著，又推薦了彭越和韓信，說：「彭越之前曾受齊王田榮的唆使在梁地反楚，大王手下將領中的韓信能獨當一面，也是有資格摘取這些獎品的人。如果您要把關東的地方作為賞地，賞給這三個人，楚國即可以打敗了！」

彭越和韓信怎麼說也已經是劉邦的人了，英布卻還是項羽手下的赫赫悍將啊，就算再與項羽有隔閡，也不是說想策反就能策反的吧？

劉邦將策反英布的難題交給了手下辯士隨何。

隨何跟當時的酈食其、蒯通等人一樣，都生就一副伶牙俐齒，能把死的說活、活的說死。

他領了由二十人組成的使者團，信心滿滿地出使淮南。

哪知到了六縣，連等了三天也沒能見到英布。

人都沒見到，你口才再好，有什麼用啊？

隨何並不灰心，他知道，長在自己身上的利嘴，就是一塊敲門磚，有了這塊敲門磚，不但可以敲開英布的門，還可以敲開英布的心。

他對英布手下的太宰說：「九江王不肯見我，必定是因為楚國強大、漢國弱小的緣故，而我出使淮南，也是因為楚國強大、漢國弱小的緣故。你不妨通報你家大王，讓他安排見上我一面，我有話要跟他說。我的話要是說得對呢，那是說到了你家大王的心裡去了；我的話要是說得不對呢，就讓我們二十人躺在砧板之上，在淮南市場用斧頭剁死，以明你家大王敵漢親楚之志。」

第三章　功臣末路：權力與忠誠的悲歌

太宰被隨何的口氣嚇到了，感覺到事不宜遲，便將原話轉達給了英布。

英布也明顯被隨何的話震撼到了，隆重地接見了隨何。

行了，大展口才的時候到了。

隨何卻並不著急，先來一句：「漢王派我恭恭敬敬地上疏於大王駕前，大王卻視而不見，這不由讓我疑惑萬分：楚國真的就那麼值得大王親近嗎？」

英布保持平靜的心態，淡淡答道：「我一直以臣子的身分面向北邊侍奉楚國。」

隨何這才啟動自己兩片薄薄的嘴唇，鼓動三寸不爛之舌，滔滔不絕地說：「大王和項王都同列為諸侯，以臣子的身分北向而侍奉他，一定是認為楚國強大，可以把國家託付給他。但是，你想想，項王親自率兵攻打齊國，需要構築軍事防禦區，他本人背負著築牆的工具；需要衝鋒陷陣，他本人身先士卒，浴血奮戰。大王倒好，項王向淮南徵調人馬，你就只派了四千人前去助陣，自己在家裡享樂。面北而侍奉人家的臣子，是這個樣子的嗎？漢王攻占彭城，項王人在齊國，大王就應該調動淮南的所有兵馬渡過淮河，與漢王日夜血戰於彭城之下。可是，大王擁有數萬之眾，卻無一人渡淮，這擺明了是垂衣拱手地觀看楚漢相爭的勝敗。把國家託付給人家的人，是這個樣子嗎？大王掛著歸附楚國的空名，卻想著擁兵自重，我私下認為這麼做是不可取的。大王不背棄楚國，僅僅是因為漢國弱小。而楚國的軍隊雖然強大，卻背棄盟約、殺害義帝，為不義之師。現在，漢王收攏各路諸侯，回師駐守成皋、滎陽，轉運蜀、漢之粟，深挖壕溝，高築壁壘，分兵把守著邊境要塞，已堪與楚國相抗衡。楚國與漢軍交鋒，中間有梁國相隔，相隔八九百里，想在平野決戰而不得，想要攻城又攻不下，老弱殘兵輾轉運糧千里之外，欲進不得，欲退不能，已經是泥潭深陷，幾近

滅亡。所以說楚國的軍隊是不足以依靠的。退一萬步說，假使楚軍有幸戰勝了漢軍，那麼諸侯們自身危懼，必然要相互救援。也就是說，楚國強大，恰好會招來天下軍隊的攻擊。由此看來，楚國的形勢根本比不上漢國，偏偏大王不和萬無一失的漢國友好，卻託付於危在旦夕的楚國，這是我深感遺憾的地方。當然，我並不認為淮南的軍隊可以滅亡楚國，但只要大王出兵背叛楚國，項王一定會被牽制，只需牽制數月，漢王奪取天下就萬無一失。我請求大王提劍而歸漢，漢王一定會裂地而封賜大王，何況大王已有淮南，封地一定更加廣闊。隨何的話，希望大王能認真地考慮。」

英布被說得動心了，說：「就依從你的意見。」話雖這樣說，但還是下不了決心。項羽又派使者來了，一個勁地催促英布發兵滎陽前線。好一個隨何，拔劍而起，指著楚國使者喝道：「九江王已歸附漢王，楚國憑什麼讓他出兵？」英布張口錯愕，大吃一驚。楚國使者趕緊站起要走。

隨何揚劍攔住，回頭對英布說：「大事已成，請速殺楚使，疾走歸漢，併力擊楚！」

事已至此，英布只好被動地上了劉邦的船，殺掉楚使，出兵攻打楚國。

得知英布已叛，項羽氣得暴跳如雷，接連派項聲、龍且等猛將率勁旅狂攻淮南。

英布抵擋不住，只好狼狼不堪地跟隨隨何從隱蔽的小道逃歸漢國。

那天，劉邦正坐在床上泡腳，聽說英布來了，也不擦一擦、抹一抹，繼續泡腳，吩咐手下將英布帶來。

當日，項羽在關中分封諸侯，英布和劉邦地位相等；今日相見，竟成了雲泥之別。

英布看著坐在床上慢條斯理地泡腳，視自己如無物的劉邦，羞憤難當，連死的心都有了。

第三章　功臣末路：權力與忠誠的悲歌

與劉邦簡單地問答了幾句，退出來，哐啷一聲，他拔出寶劍就要自刎。

隨何見了，一把抱住，喝令周圍的衛士摟腰的摟腰，架腳的架腳，將他手中的寶劍奪了，把他抬到半空裡，徑往劉邦等人為他準備的住處而去。

住處的門打開了，裡面的帳幔、用器、飲食一如劉邦房間那麼豪華，侍從官員的配備，也與劉邦本人相同。

英布破涕為笑，對劉邦感激不已，連稱劉邦夠意思。

看，就這點出息。

英布棄國而走，項羽派項伯收編了九江的部隊，盡誅英布的妻子兒女。

夠意思的劉邦便配備給英布一支隊伍，由英布帶著，到成皋一帶招兵買馬，並召集九江的殘兵敗卒。

漢高帝四年（西元前203年）七月，劉邦封英布為淮南王，一同攻打項羽。

漢高帝五年（西元前202年），英布遣將殺入九江，奪取了好幾個縣。

漢高帝六年（西元前201年），英布和劉賈進入九江，誘降了楚大司馬周殷，一併向項羽發難，並在垓下配合漢軍大破楚軍，逼死了項羽。

戰爭結束，天下平定，劉邦剖符封賞英布做淮南王，建都六縣，轄九江、廬江、衡山、豫章等郡。

九江王時代的享樂生活，因為楚漢相爭，早早就提前結束了。

英布提劍上馬，在疆場上又折磨了數年，這才重新得以回到享樂的軌道上。

可是，淮南王的享樂時代，究竟能延續多長時間呢？

英布的心中越來越沒底。

漢高帝十一年（西元前196年），淮陰侯韓信慘遭滅族，英布便惴惴而

不能自安。

現在，又收到了用梁王彭越做的肉醬，英布更是惕然起懼。

但一生中沒被逼到絕處就不肯走險棋的英布還沒想過要造反，他只是暗中使人部署，集結軍隊，守候並偵察鄰郡的情況。

心存僥倖的英布捨不得就這麼結束安逸而腐敗的生活，能多享受一天就多享受一天。

然而，與韓信、彭越兩人遇害時相似的情節出現了。

一個名叫賁赫的家臣，因為與英布有過節，便千里迢迢趕往長安，向劉邦告密，說英布有造反的跡象，勸朝廷在英布發動叛亂之前將英布誅殺。

劉邦又故技重施，想把用在彭越身上的辦法用在英布身上。他派使者團出使淮南，想出其不意將英布拿下，押到長安，再慢慢治罪。

但英布不同於彭越，他早有防範，聽說賁赫在長安誣陷自己，而劉邦的使臣又來了，當下不再遲疑，殺死了賁赫的全家，起兵造反。

對付彭越的辦法失靈了，英布真的起兵造反了，劉邦又驚又怒，對手下諸將說道：「英布終於造反了，諸位說說，該怎麼處置？」

眾將都說：「還能怎麼辦？直接發兵滅了他！」

說得倒輕巧，英布與韓信、彭越是大漢帝國最能打的人，韓信、彭越已死，誰能領兵去對付他？劉邦暗自嘆了口氣。

回頭想想，先前處理韓信、彭越，朝廷沒費一兵一卒，手到擒來；現在，英布公開造反，場面恐怕難以收拾了。

留侯張良已經退隱；陳平只能出些整人的陰招、損招；蕭何是個後勤專家，打仗不是他的特長；樊噲、灌嬰之流，只知道拎著刀子喊打喊殺……現在出了這檔子事，找誰商議對策呢？

第三章　功臣末路：權力與忠誠的悲歌

劉邦鬱悶中。

劉邦這一鬱悶，汝陰侯夏侯嬰就吃不下飯、睡不好覺。

身為劉邦的專職車伕，夏侯嬰從來都是把劉邦的事當成自己的事來辦的。

夏侯嬰既不懂打仗，也不懂得處理政務，只是憑藉著車技了得，幫助劉邦數次從危難中脫逃，這才混到今日的地位。

他唉聲嘆氣，愁眉不展，向手下的門客求計。

門客中有一個是原來楚的令尹，姓薛，大家都叫他薛公。

薛公聽說英布造反了，先是哦了一聲，雲淡風輕地說：「英布造反是正常反應，不反才是咄咄怪事。」

夏侯嬰聽得瞪大了眼，說：「皇上分割土地立他為王，分賜爵位讓他顯貴，面南聽政立為萬乘之主，他怎麼還不知滿足呢？」

薛公捻著下巴上那幾根稀稀疏疏的山羊鬍，說：「前年殺韓信，去年殺彭越。這英布和韓信、彭越是功勞相等、結為一體的人，如今那兩個稀里糊塗地掉了腦袋，英布再傻，也知道下一個該輪到他了。你說他不反還巴巴地等死啊？」

夏侯嬰聽了，撓撓腦袋，若有所悟。

改日，夏侯嬰去見劉邦，說：「我家的門客薛公頗有見識，你還是問問他對付英布的辦法吧。」

劉邦一聽，如同病患遇上良醫，趕緊召見薛公請教。

薛公撫摸著山羊鬍，作高深莫測狀，分析說：「英布造反是我意料中的事，不過他怎麼弄、弄成什麼樣，就看他的造化了。」

劉邦被他唬得一愣一愣的，問：「先生覺得他會怎麼弄？」薛公瞇著布滿了眼屎的小眼睛，人模狗樣地說：「英布有上、中、下三策可供選擇，

若計出上策,他就可以劃崤山與陛下並立;計出中策,勝負就難以預料;計出下策,陛下就可以高枕無憂了。」

劉邦心頭一緊,連忙問:「何為上策?」

薛公搖頭晃腦地說:「向東奪取吳國,向西奪取楚國,吞併齊國,占領魯國,傳一紙檄文,令燕、趙兩國固守他們的本土,與陛下中分天下。」

劉邦又問:「何為中策?」

薛公說:「向東攻占吳國,向西攻占楚國,吞併韓國,占領魏國,占有敖庾的糧食,封鎖成皋的要道,與陛下相對峙,勝負就難預料了。」

劉邦繼續問:「何為下策?」

薛公說:「向東奪取吳國,向西奪取下蔡,把輜重財寶遷到越國,英布本人跑到長沙,如此陛下就可以高枕無憂了。」

劉邦語氣急促地說:「那麼,英布將會選擇哪種計策呢?」薛公瞇縫著的眼睛猛然睜開,說:「陛下不必擔心!英布一定會採取下策!」

哦?劉邦疑惑不解,問薛公:「先生為何這樣肯定?」

薛公神祕地笑了,說:「陛下試想,英布原先不過是驪山的一名刑徒,機緣巧合加上自身努力,終於位列王侯。但這並不表示他的見識高人一等,他奮不顧身地建功立業,全都是為了自身的富貴,絕不是什麼為解百姓於倒懸,也不為子孫後代考慮,他哪有什麼策略眼光和遠見卓識?所以,老夫斷定他只可能採取下策。」

言之有理!

劉邦對薛公佩服得五體投地,叫道:「說得真好。」賜封薛公為千戶侯。

聽了薛公的話,就像服下一顆定心丸,劉邦不再著急了,從容調兵,準備玩死英布。

第三章　功臣末路：權力與忠誠的悲歌

他宣布撤了英布的王侯爵位，改封自己三歲的兒子劉長為淮南王，率軍向東攻打英布。

劉邦征英布，張良拄杖送行

漢高帝十一年（西元前 196 年）秋，六十一歲的劉邦強支病體，親征淮南。

張良閒隱於野，閉門不出，導引吐納，辟穀食氣、食丹石，身體已經被搞垮了。知道皇上抱病出征，他很是著急，拄著柺杖來到曲郵拜見劉邦，說：「英布作亂，我本應跟隨皇上出征，無奈病重，只能送陛下兩句話，希望陛下能聽得進去。」

劉邦看著這位老友，感慨良多，說道：「哪兩句話？你說吧，我一定好好記在心裡。」

張良彎下腰劇烈地咳嗽，咳了半天，才直起身子，鄭重其事地說：「第一，英布的軍隊勇猛敏捷，希望皇上不要急著和他爭一時的高低；第二，請令太子為將軍，監領關中的軍隊，以穩定後方。」

劉邦慨然應諾，安排叔孫通為太傅，徵發關中三萬軍隊，駐守灞上，衛戍京城和太子，並讓張良行使太子少傅的職事。

別了張良，劉邦率軍一路向東。

到了楚地，姪兒沛侯劉濞率軍加入，劉邦異常高興。

英布聽說劉邦來了，著實嚇了一跳。

他在造反之初就對手下的將領們說：「劉邦年事已高，必不能親歷沙

場，來的只能是其他將領。他的將領，也就淮陰侯韓信和梁王彭越稱得上勁敵，現在韓、彭二人已死，我還有什麼可怕的？」說完，肆無忌憚地起兵了。

一開始，他連戰連捷，地盤擴張得很快，向東攻打荊國，荊王劉賈出逃，死在富陵。占領了荊地，收編了荊軍，英布又渡過淮河，向東攻打楚國。楚元王劉交陳兵在徐、僮一帶（泗洪、泗縣）迎擊英布，但英布實在悍勇，一開戰，便把楚打得一敗塗地。

英布洋洋自得。

殊不知，他的一舉一動，全都是按照薛公所說的下策在進行。

而且，他沒能得意太久，就收到了劉邦提兵親征的消息。英布的頭皮有些發麻，但事到如今，伸頭是一刀，縮頭也是一刀，避無可避，就面對面與劉邦來一個生死了斷吧！

他鼓起勇氣，揮師向西迎擊劉邦。

但劉邦的親征到底大出英布的意料，英布軍銳氣大受打擊。十月，英布的軍隊在蘄縣以西的會甄和劉邦的軍隊相遇。現在的英布和劉邦是兩頭怕。

英布心中惴惴，面對劉邦，多有不安。而劉邦年老多病，銳氣已失，面對英布，又何嘗不怕落個喪師辱國的下場？而且，他時時牢記張良的忠告，不與英布爭一時長短，引兵縮入庸城，堅守不出。

他登上城頭，遠遠觀看英布的陣勢，竟是項羽當年的陣法，不由又驚又怒。

他還看到了陣前躍馬橫槍的英布，不由得高聲問道：「你放著好好的王侯生活不過，為什麼要造反？」

英布很白痴地答道：「我想做皇帝啊！」劉邦怒極，破口大罵英布無情無義、痴心妄想。大漢開國，海內初平，人心思定，無論是百姓還是軍

第三章　功臣末路：權力與忠誠的悲歌

隊，都厭惡打仗，英布雖是被迫，但他逆歷史潮流而動，驟然發動叛亂，名不正，言不順，無論從政治上還是從道義上，都處於劣勢。劉邦這一罵，英布的軍心大沮。而且，英布答劉邦，說自己是為了做皇帝才發起這場戰爭的，為一己之私利，動天下之兵戈，人皆大失所望；而漢軍是為了維護和平而戰，為正義而戰，士氣大振。

劉邦看機會來了，開城迎戰。

這一戰，英布軍大敗，渡淮水而遁。

英布不信邪，整軍再戰，竟是屢戰屢敗，兵士所剩無幾，最後領一百多人逃到長江以南。

長沙王吳臣是吳芮的兒子，英布的大舅子，他派使者遞話給英布，說：「你現在在江南並不安全，趕緊向我靠攏，我和你一起逃到南越國去，那裡天高皇帝遠，誰也找不到我們。」應該說，吳臣和英布是拴在一根繩子上的螞蚱。雖說吳臣沒有參加英布的叛亂，但英布造反，當滅九族，身為英布的妻族，他是擺脫不了被殺的命運的。

英布已經國破家亡，無路可逃，聽了他的話，趕緊奔到長沙，與吳臣一起逃往南越。

兩人末路狂奔，很快到了番陽。番陽是英布岳丈吳芮在秦朝時做縣令的地方，兩人在茲鄉百姓的民宅留宿。

晚上，吳臣指使番陽人將熟睡中的英布送上了西天。

其實，吳臣的妹妹、英布的妻子，在英布做項羽的九江王時，因為英布歸漢，已被項伯斬殺了。吳臣與英布的親戚關係已經斷絕了。現在，他是為了立功，這才將英布誘騙到番陽，砍下了他的腦袋，喜悅地去向劉邦請功。

英布一代梟雄，竟然以這種滑稽的方式離開了人世。

英布敗亡，劉邦心頭的一塊大石終於落下，高興之餘，順道回了一趟闊別了十五載的老家沛縣。

皇帝回鄉，自然熱鬧非凡。

沛縣的父老為了討劉邦歡喜，在用餐期間，特意召集了一百二十個少年現場獻歌獻舞。

劉邦也不知是醉了還是沒醉，停盞不飲，沉吟不已，半晌，忽然起身擊築高歌，歌云：大風起兮雲飛揚，威加海內兮歸故鄉，安得猛士兮守四方？

針對劉邦所唱，清人黃任賦詩云：天子依然歸故鄉，大風歌罷轉蒼涼。當時何不憐功狗，留取韓彭守四方？

樊噲能在鴻門宴中表現出彩，是其後人行賄嗎

開國功臣是一個非常特殊的團體。能躋身這個團體的，必為多謀善斷之士、能征慣戰之輩。這些人，隨便拉一個出來，都能攪動風雲，讓山河變色。其中，又以西漢開國功臣最為耀眼。

《漢書·卷十六》載：劉邦八載而得天下，始論功而定封，大封功臣，「侯者百四十有三人」。

功臣當中，最有名的為「漢初三傑」：張良、韓信、蕭何。

此外，曹參、彭越、酈商、灌嬰、張蒼、周昌、英布、陳平、周勃、夏侯嬰、樊噲等，無不永載史冊，大名如雷貫耳。

第三章　功臣末路：權力與忠誠的悲歌

這裡，單獨說說樊噲。

樊噲一生中最出彩的時刻就在鴻門宴上。

鴻門宴是劉、項爭霸中的一個重要事件。

當時背景，項強劉弱，劉邦赴宴謝罪，處處陷於被動，迫窘無以自處。

謀士張良、武士樊噲遂展開天衣無縫般的配合，將劉邦從暗藏殺機的鴻門宴上巧妙解救出來，成為千古傳奇。

我們來看《史記卷九十五・樊酈滕灌列傳》中樊噲的表現：

項羽在鴻門設宴，亞父范增一心要殺沛公，密囑項莊以舞劍助酒興為由，一劍砍下劉邦的腦袋。項羽的叔叔項伯受張良之託，拔劍出來與項莊對舞，劍劍均屏遮庇護著劉邦。營帳之外的樊噲聽到裡面劍器交格互擊之聲不絕於耳，知道事情危急到了極點，不由分說，持鐵盾直闖入內。營帳衛士阻攔不及，被他撞得跌跌撞撞。樊噲突然出現在帳中，項羽聳然變色，問來者為誰。張良答：「沛公參乘樊噲。」項羽讚道：「壯士。」賞賜給樊噲一大卮烈酒和一塊生豬肩。樊噲舉酒卮一飲而盡，拔劍切生豬肉啖食，頃刻而盡。項羽頗有些意外，問：「能復飲乎？」樊噲大義凜然地答：「臣死且不辭，豈特卮酒乎！且沛公先入定咸陽，暴師霸上，以待大王。大王今日至，聽小人之言，與沛公有隙，臣恐天下解，心疑大王也。」項羽聽了，無地自容，默然不語。劉邦託稱上廁所，從營帳後遁去。逃遁之時，劉邦留下來時車騎，獨騎一馬，由樊噲等四人步行跟從，抄小道歸走灞上。

司馬遷在這件事上的評價是：是日微樊噲奔入營譙讓項羽，沛公事幾殆。

意思即說，如果當日不是在樊噲闖入營帳責備項羽，劉邦估計會玩完了。

的確，樊噲在鴻門宴上譴責項羽之辭，堪稱字字千金，句句逼人，裡

面的三層意思，環環相扣、層層遞進：一、我早已把生死置之度外。二、劉邦先破秦入咸陽可稱王，但是他進城後秋毫未犯，只為等你項羽一個人。三、矛頭直指項羽——大王今日至，聽小人之言，與沛公有隙，臣恐天下解！

後世從此段落觀樊噲其人之行，察樊噲其人之言，直呼之為天神下凡。

而劉邦大封功臣之際，也封樊噲為舞陽侯。

但是，縱觀樊噲一生，除了鴻門宴上的出色表現外，似乎再無拿得出手的東西來說。

於是，史學界流傳著這樣一種說法：樊噲不過平庸之輩，畢生乏善可陳，只不過司馬遷寫〈樊噲傳〉時，曾到沛縣實地考察，和樊噲的曾孫樊他廣交上了朋友，則司馬遷在寫鴻門宴時，特別為樊噲增光添色，樊噲於是擁有了天兵神將的形象。

事實真是這樣的嗎？

按照《漢書》的〈樊噲傳〉以及〈功臣表〉，可以簡單瀏覽一下樊噲封侯後的家史：

一、樊噲卒於漢惠帝六年（西元前189年），諡為武侯，他的嫡子樊伉嗣侯，他的妻子呂須（呂后的妹妹）為臨光侯。

二、漢高后八年（西元前180年），呂后病逝，大臣誅諸呂，呂須和樊伉遭牽連，被誅。

三、漢文帝前元元年（西元前179年），漢文帝登基，復封樊噲庶子樊市人為舞陽侯，復故爵邑。樊市人行事荒唐，在位二十九年，卒，諡為荒侯。

四、漢景帝前元七年（西元前150年），劉徹立太子，樊市人之子樊他

第三章　功臣末路：權力與忠誠的悲歌

廣嗣侯。

五、漢景帝中元五年（西元前 145 年），有仇家告發，說：「荒侯市人病不能為人，令其夫人與其弟亂而生他廣，他廣實非荒侯子，不當代後。」指控樊他廣並非樊市人之子，不應該嗣侯。於是，樊他廣被奪侯貶為庶人，國除。

司馬遷生於漢景帝中元五年（西元前 145 年），則他與樊他廣交朋友時，至少是漢武帝元朔四年（西元前 125 年）以後的事了。

要注意了，司馬遷寫史，講究秉筆直書，威武不能屈，富貴不能淫，樊他廣要討好和賄賂他根本就是不可能發生的事。而從另一個角度來說，就算樊他廣要討好和賄賂司馬遷，他已經是一個庶人的身分，又拿什麼來討好和賄賂司馬遷？

再有，若說司馬遷在鴻門宴事件中對樊噲有所粉飾，那他寫樊噲早年做狗屠的下賤生活，寫樊噲兒孫那些不光彩的醜事，又做何解釋？

樊市人諡為荒侯，根據諡法：家不治，官不治；好樂怠政日荒。淫於聲樂，怠於政事日荒。樊市人當了二十九年舞陽侯，最後被諡為荒侯，這種醜事照錄不誤，還不是秉筆直書？

還有，樊市人到底有沒有生育能力？樊他廣是不是樊市人的妻子與樊市人的弟弟所生？司馬遷不動聲色、不予評價，但其依據官方處理結果進行陳述，已經表明了態度和立場。

《史記》記史文采飛揚，要說其中間或有一些文學的修飾、夾雜些主觀色彩，那還是有的。但若說司馬遷根據一己之愛憎，憑空虛構史事，那就是對一位偉大的史學家的誣衊；若說司馬遷收取了某人的好處，在著史時出現曲筆，則更是絕大的侮辱了。

可以舉一例：司馬遷有一個女婿，名叫楊敞，這個楊敞的祖上叫楊

喜，當年曾追蹤項羽到烏江岸邊，並在項羽死後，搶到了項羽的一條大腿，得劉邦封為赤泉侯。司馬遷寫項羽臨死前的故事繪聲繪色，彷若親臨，應該是從聽女婿轉述祖上親歷中來。他是這樣寫的：「是時，赤泉侯為騎將，追項王，項王瞋目而叱之，赤泉侯人馬俱驚，辟易數里。」故事緊張、激烈，霸王形象英雄蓋世、視死如歸，而司馬遷卻把女婿的祖上楊喜描畫成了一個很不光彩的角色，這不就很能說明問題了嗎？我相信，司馬遷寫〈樊噲傳〉，肯定也聽了樊他廣對祖上英雄史的陳述，但絕不會不加分辨地全盤照搬。

正因如此，司馬遷才會在〈樊酈滕灌列傳〉中坦坦蕩蕩地說：「吾適豐沛，問其遺老，觀故蕭、曹、樊噲、滕公之家，及其素，異哉所聞！

方其鼓刀屠狗賣繒之時，豈自知附驥之尾，垂名漢廷，德流子孫哉？餘與他廣通，為言高祖功臣之興時若此云。」

這件事，反過來說，司馬遷著史，在能力條件允許的情況下，都進行實地考察，大量採用口述史料，這正是其如此偉大的原因之一。

試問，後世史家有幾個人能這樣做？

樊噲人畜無害，也被劉邦下令處死

民間故事中說，大才子紀曉嵐乘船徐徐而行，後面有大船鼓帆趕上。兩船並行之際，站船頭上的赳赳武夫看紀曉嵐文質彬彬，有意試探，索筆寫下一上聯，拋將過來，並令船伕下帆靜等下聯。

紀曉嵐展紙一看，上面寫：「兩船並行，櫓速不如帆快。」

第三章　功臣末路：權力與忠誠的悲歌

　　字面意思是說紀曉嵐的船光靠搖櫓，船速不如揚帆行舟快，實則裡面含有魯肅、樊噲兩位名人的名字，而魯肅為東吳文臣，樊噲是漢劉邦手下的武將，魯肅不如樊噲，那是嘲笑文人不如武人。

　　看著這個愛好吟風弄月的武夫，紀曉嵐微微一笑，信口對道：「八音齊奏，笛清怎比簫和。」

　　笛清是北宋名將狄青的諧音，簫和則是漢初名臣蕭何諧音，狄青不及蕭何，既工整對出了上聯，又針鋒相對地應對了武夫的驕橫，即武將不能與文臣相比。

　　武夫一聽，大為羞慚，復令船伕升帆遠去。

　　魯肅、樊噲、狄青、蕭何都是歷史上赫赫有名的人。

　　很多人初識樊噲之名，是始於高中語文教材的古典範文〈鴻門宴〉。

　　該課文摘錄自《史記・項羽本紀》。

　　鴻門宴上，項莊舞劍，意在沛公，劉邦的性命受到了極大的威脅。

　　張良見情勢不妙，藉口小解，尿遁出帳，一個勁地向樊噲招手。

　　樊噲趕緊上前，問：「今日之事何如？」

　　張良語氣急促，說：「甚急！今者項莊拔劍舞，其意常在沛公也。」

　　樊噲一聽，左手執劍、右手擁盾，闖入軍門。

　　守衛在帳外的武士挺戟攔阻，樊噲臂大力沉，用盾左右相撞，幾個衛士東倒西歪，跌倒在地。

　　樊噲大踏步入帳，披帷西向而立，瞋目怒視項羽，頭髮上指，目眥盡裂，凜凜生威。

　　饒是項羽力可扛鼎、氣蓋山河，突然見了這位悍猛如天神的黑大漢，也不禁嚇了一跳，本能地按劍而起，叱道：「來者何人？」

樊噲人畜無害，也被劉邦下令處死

與樊噲同入的張良趕緊解釋說：「沛公的馬伕樊噲。」

馬伕？只是一個馬伕？項羽目光銳利如刀，不信，稱讚說：「真壯士！來人，賜酒。」

樊噲拜謝，舉起滿滿一杯酒，一飲而盡。

項羽愛其粗豪爽直，又扭頭招呼：「賜他豬肩。」

下人有意捉弄，捧上一塊血淋淋的生豬肩。

樊噲眉頭皺都不皺，將盾牌反蓋在地面，充當砧板，豬肩置其上，拔劍細切慢割，咀嚼有聲，面不改色。

項羽忍不住喝采，問：「壯士！能復飲乎？」

樊噲眉毛一揚，高聲道：「臣死且不避，卮酒安足辭！」

接著邊喝酒，邊侃侃而談，一點點化解了項羽的殺心，使劉邦得以成功尿遁。

可以說，劉邦能在鴻門宴上化險為夷、平安脫險，樊噲功不可沒。在相當長的時間內，劉邦也知恩圖報，把樊噲列入第一批受封侯爵的人選之中，建國後，更封其為左丞相。

樊噲是直臣、忠臣，為救劉邦，連動輒就要殺人烹人的項羽都不怕，對劉邦某些有損大局的事也直言不諱，置斧鉞加身於不顧。

當初，劉邦攻下秦都咸陽，看到宮裡美女如雲，一個個千嬌百媚，兩腿便不聽頭腦指揮了，像泥蟲一樣，癱軟在地，吩咐當天在宮內過夜。

蕭何、張良、周勃等人誰勸都不聽。

那可不行！

樊噲來了，不由分說，硬生生地把劉邦拉了出來。

因為這事，蕭何、張良等人個個向樊噲豎起大拇指。

159

第三章　功臣末路：權力與忠誠的悲歌

劉邦晚年有病，諸事不理，整日整夜宿在宮中不出。

眾人束手無策。

又是樊噲挺身而出，不顧不管，闖入寢宮，說服劉邦重回朝堂主持朝政。

可見，樊噲不但是劉邦的救命恩人，還處處維護劉邦，生怕劉邦走上歪道、邪道，是難得的耿直大忠臣。

劉邦也一直對樊噲愛護有加。

闖寢宮勸劉邦重回朝堂之事發生後不久，燕王盧綰起兵造反，劉邦讓樊噲帶兵平叛，把兵權交給樊噲，對樊噲信任有加。

可是，樊噲才轉身，劉邦翻臉比翻書還快，詔令周勃和陳平追趕樊噲。周勃的任務是接管樊噲的兵權，領兵平叛；陳平的任務是殺了樊噲。

這是怎麼回事？

如果說韓信、彭越、英布是功高見忌被殺，那樊噲的能力遠不及韓、彭、英三人，忠心程度又有目共睹，長期以來，劉邦視之為自己的心腹，說起來，劉邦和樊噲還是連襟。

因此，周勃、陳平認為劉邦一時糊塗，沒有完全聽從命令，只是將樊噲綁起來，準備帶回都城再做打算。

劉邦年老病重，還沒等樊噲回來就一命嗚呼，匆匆趕去陰曹地府向閻王報到去了。執掌了朝政大權的呂后當然不會讓自己的妹妹守寡，一聲令下，宣布無罪釋放樊噲，且官復原職。由此，樊噲死裡逃生，再享數十年榮華富貴。俗話說，伴君如伴虎。帝王之心，鬼神莫測；天威一怒，雷霆震驚。到底是什麼原因讓劉邦對樊噲起了殺心呢？奸佞小人的讒言唄。

劉邦晚年專寵戚夫人母子，奸佞小人誣告樊噲有殺害戚夫人母子的意圖。

劉邦一聽，惱羞成怒，恨不得馬上讓樊噲停止呼吸。於是一不調查、

二不審訊，就命令周勃、陳平擒殺樊噲。

由此可見，防火、防盜、防小人，乃是人世三大防。可是防火防盜都是眼睛看得到的東西，防小人卻是防不勝防。數十年朋友間的交誼、君臣的信任、連襟的親情，卻敵不過小人的幾句讒言，真是可怕又可悲。

第三章　功臣末路：權力與忠誠的悲歌

第四章
漢初之局：劉氏王朝的崛起

第四章　漢初之局：劉氏王朝的崛起

說說漢高祖的名和字

　　元曲作家睢景臣寫有一齣名叫《高祖還鄉》的套曲，該曲以一個熟悉漢高祖劉邦底細的鄉民的口吻，以遊戲的筆墨將劉邦「威加海內兮歸故鄉」之舉漫畫式地寫成一場滑稽可笑的鬧劇，活生生畫出了劉邦微賤時期的醜惡行徑，從而剝下封建帝王的神聖面具，還其欺壓百姓的真面目。且看他的詼諧潑辣、生動活潑的行文手法：

　　那大漢下的車，眾人施禮數，那大漢覷得人如無物。眾鄉老展腳舒腰拜，那大漢挪身著手扶。猛可裡抬頭覷，覷多時認得，險氣破我胸脯。你身須姓劉，你妻須姓呂，把你兩家兒根腳從頭數：你本身做亭長耽幾杯酒，你丈人教村學讀幾卷書。曾在俺莊東住，也曾與我餵牛切草，拽壩扶鋤。春採了桑，冬借了俺粟，零支了米麥無重數。換田契強秤了麻三秤，還酒債偷量了豆幾斛，有甚糊突處。明標著冊歷，見放著文書。

　　少我的錢差發內旋撥還，欠我的粟稅糧中私准除。只通劉三誰肯把你揪扯住，白什麼改了姓、更了名、喚作漢高祖！

　　這最後的一句「白什麼改了姓、更了名、喚作漢高祖」尤其生動傳神，讓人讀了連呼痛快。

　　可是，細一思索：不對啊。

　　這「漢高祖」可不是劉邦的名字啊，而且，在劉邦的有生之年，是不應該出現這個稱呼的！

　　「漢高祖」是劉邦的廟號。所謂廟號，就是皇帝死了以後在太廟立室奉祀時的名號。

　　而且，說劉邦的名字是「劉三」也不準確啊。

說說漢高祖的名和字

　　試想，睢景臣生活在元代，對劉邦的名字就不甚了然，甚至還鬧了個大烏龍，在劉邦未死之前就直呼他為「漢高祖」，那麼，生活在現代的人，尤其是普通人，在這個問題上更是茫然無知了。

　　東漢學者項岱認為：「高祖小字季，即位易名邦，後因諱邦不諱季，所以季布猶稱姓也。」

　　其實，項岱距離劉邦生活的年代已經過去兩三百年，其所說不過是自己的主觀臆想而已。真實的情況到底怎麼樣呢？一查《史記》便知。

　　劉邦駕崩於西元前195年，司馬遷出生於西元前145年，兩人生活的年代相差不算久遠，司馬遷掌握的史料既多，又去劉邦故鄉沛縣豐邑查訪過，更具備史家的實錄精神，《史記》可信度最高。

　　且看《史記》中關於劉邦和家人姓名的幾條記載：

　　一、《史記・高祖本紀》：「高祖，姓劉氏，字季。父曰太公，母曰劉媼。」這條記載沒提劉邦的名，但交代了他姓劉，字季。

　　在古代，所謂的「名字」指代了兩個概念，一個是「名」，另一個就是「字」，「名」和「字」是分開的。通常，嬰兒出生三個月後就由父親命名，男子二十歲時舉行冠禮（結髮加冠）就取字。比如大家普遍熟悉的諸葛亮，「亮」就是他的名，「孔明」就是他的字。古人在相互交往中，出於尊重對方，只稱其字，一般不直呼其名；而在向別人提到自己時，只說名，不表字。這既是蕭何等人都呼劉邦為劉季而不呼劉邦的原因，也是項岱所說的「諱邦不諱季」的原因。

　　司馬遷單交代劉邦的字而沒提劉邦的名，就是出於避諱的需求。

　　二、《史記・楚元王世家》：「楚元王劉交者，高祖（劉邦）之同母少弟也，字遊。高祖兄弟四人。長兄伯早卒，封其子信為羹頡侯。而王次兄仲於代。」這條記載告訴我們，劉邦一共有四兄弟，大哥字伯，二哥字仲，

第四章　漢初之局：劉氏王朝的崛起

四弟字遊。有意思的是，到了這裡，劉邦四兄弟的字都交代出來了，還特別點明了四弟劉遊的名：交。

三、《史記‧韓信盧綰列傳》：「盧綰者，豐人也，與高祖（劉邦）同裡。盧綰親與高祖太上皇相愛。及生男，高祖、盧綰同日生，裡中人持羊酒賀兩家。及高祖、盧綰壯，俱學書，又相愛也。」這則記載則告訴了我們，劉邦讀過書，和盧綰是同學。

《史記》之外，班固的《漢書》和荀悅的《漢紀》也補足了劉邦和家人姓名的資訊。

《漢紀》記：「漢高祖諱邦，字季。」明確交代了劉邦的名和字。

《漢書》記：「匈奴攻代，代王喜棄國。」結合上面《史記‧楚元王世家》中提到的「王次兄仲於代」一句，我們就知道劉邦二哥劉仲的名原來叫做劉喜。

行文至此，筆者其實想說的一句話就是，人們之所以搞不清楚劉邦的名字來由，甚至認為他早年有字沒名，都是因為古代書籍中「避諱」一事惹的禍。因為「避諱」，搞得很多東西都神神祕祕的，讓人一頭霧水。在古代帝王，尤其是開國帝王中，對「避諱」一事看得比較開的人，倒是民間故事中「忌諱」最多的朱元璋。在民間傳說中，朱元璋被描述成忌諱人家說「豬」（朱）字，也不准談論「光」、「亮」、「和尚」一類詞語。其實根本不是這樣。朱元璋小時候的賤名，發跡後的名、字，都可以在史書上查得清清楚楚，而且，朱元璋本人對自己曾經出家為僧的事並沒有刻意藏著掖著，倒是像李世民、趙匡胤這些人，他們的字你們查去，查得出算你厲害。

此人以人奶為食，福壽雙全

人們讚揚紫砂茶具時，總愛說一句「臺鼎之光，壽如張蒼」。

意思是說用上好的紫砂茶具泡茶，可延年益壽，跟壽星張蒼一樣。但是，很多人並不知道張蒼到底是個什麼樣的壽星。張蒼是春秋戰國末年的陽武人，即今天河南原陽縣人。他身高八尺，面如冠玉，生得一表人才，又聰明好學，「無所不觀，無所不通」，尤其擅長音律、法令、天文、曆算之學。

青年張蒼曾在荀子的門下學習《春秋左氏傳》，與李斯、韓非等歷史神人是同門師兄弟。出師後，在秦朝擔任御史，明習天下圖書計籍。劉邦率領反秦起義軍經過陽武時，張蒼審時度勢，毅然參加了起義軍。

從後面的歷史發展來看，脫離秦朝陣營，加入劉邦陣營，絕對是張蒼人生中最正確的一次選擇。

但是，命運卻和張蒼開了一個玩笑。

在隨軍前往攻打南陽時，張蒼自作主張行事，違反了劉邦的軍令。

這還了得？

當時的劉邦並不知道張蒼是個人才，一拍案桌，指派王陵進行審訊。

王陵辦事認真，一來二去，弄清了事情原委，張蒼違反軍令屬實。

軍令如山，違令者斬！

這斬還不是普通的斬頭，而是腰斬，用鍘刀把人「咔嚓」攔腰斬斷。

行刑之日，張蒼被剝光衣服，面容慘白，赤身裸體，絕望地俯伏在地，無限恐懼地等待著鍘刀落下的那一刻……

第四章　漢初之局：劉氏王朝的崛起

當日，晴空萬里，陽光明媚。

陽光灑在張蒼白雪亮的背脊上，白花花的，幾乎要亮瞎人的眼睛。

王陵看到這動人的身體，再看張蒼容顏俊秀，不由動了惻隱之心，決定刀下留人，迅速向劉邦報告，請求寬大處理。

也是張蒼命不該絕，那天劉邦的心情似乎是受了好天氣的暗示，特別好，大筆一揮，批准了王陵的請示。

張蒼於是得赦，從此「父事」王陵，知恩圖報。

經此一劫，張蒼處事謹慎，恪守法紀，忠於職守，不斷得到提拔與重用，最終官至西漢丞相。張蒼對漢朝最大的貢獻就是制定曆法。

大漢開國，以蕭何為首的丞相府總理行政事務，蕭何制定法令、韓信擬訂軍法、叔孫通確定禮儀，張蒼則以他所學之長主持統一度量衡程序與制定曆法兩項工作。漢承秦制，張蒼採用秦國所用的顓頊曆為漢曆，實行了近百年，直到漢武帝時代才被太初曆所替代。

張蒼門生眾多，最有名的是洛陽人賈誼。

漢文帝後元三年（西元前 161 年），張蒼年過九十歲，以老病免除丞相職務。

張蒼在生活上是非常講究的，《史記・張丞相列傳》記載，他娶納的妻妾數以百計，懷孕了以後就不再寵幸，且「老，口中無齒，食乳，女子為乳，蒼百餘歲而卒」，因為年紀老了，口中沒了牙齒，專以食人奶為生，僱女子為奶媽，活了一百多歲才去世。

一生享盡榮華富貴，又豔福無邊，壽澤過百。

張蒼因此成為很多人豔羨的對象。

但也有不少有德之士鄙視張蒼的晚年生活，指責他好色縱慾不說，還

利用金錢和權勢奪取本該屬於嬰兒食物的人奶來求得自己的長壽，既侮辱和損害了女子的尊嚴和權益，又間接地餓死了不少幼小生命，實在是士人中的敗類。

為何漢景帝死後要萬人殉葬

殉葬制度是一種非常殘酷的制度。在思想愚昧落後的古代，人們相信人死以後靈魂會繼續生活在另一個世界。

那麼，有權勢的統治階層和貴族階層，就希望自己死後的社會地位不變，在喪事的辦理上嚴格按照「事死如事生，事亡如事存」的禮制進行，即主人死了，就要殺死其奴僕殉葬，以供在另一個世界繼續奴役驅使、作威作福。

從商朝開始，到春秋戰國、秦朝，皆有殉葬習俗。在河南安陽發掘的奴隸主墓葬中，多多少少都會發現有殉葬奴隸的屍骨。

《墨子・節葬》篇說：「天子殺殉，多者數百，寡者數十；將軍大夫殺殉，多者數十，寡者數人。」

秦國秦武公用活人殉葬的人數，按《史記・秦本紀》記載，「從死者六十六人」。

到了秦穆公，《史記・秦本紀》則記載「從死者百七十七人」。

在陝西鳳翔發掘的秦景公墓，發現有一百多位殉葬者。

秦始皇的殉葬者人數最多，先是秦二世下詔，命令後宮嬪妃未生子女者一律殉葬。《史記・秦本紀》記：陵墓造好後，為了不讓打造陵墓的工

第四章　漢初之局：劉氏王朝的崛起

匠洩漏墓中機密，秦二世下令關閉墓門，將他們全部鎖死在裡面，秦始皇墓中的殉葬者可以萬計。

漢、唐兩朝皇陵的重要特點不是以人殉葬，而是陪葬制度，即讓皇親國戚和達官顯宦死後陪葬在皇陵附近。

宋代以後，契丹、党項、女真、蒙古等邊疆民族先後入主中原，他們均有人殉的傳統，促使中原人殉再度興起。因此明初又開始實行宮人殉葬制度，清人趙翼《廿二史札記》稱：「太祖崩，宮人多從死者……歷成祖、仁宗、宣宗皆然。」

不過，明朝第六代皇帝明英宗是反對以人殉葬的，他臨終時遺命：「用人殉葬，吾不忍也，此事宜自我而止。」從此，有明一代，皇室再無人殉葬。

可是，與契丹、党項、女真、蒙古等邊疆民族一樣，清朝貴族也是推崇人殉制度的。

清太祖努爾哈赤、清太宗皇太極、清世祖福臨、豫親王多鐸、攝政王多爾袞、輔政王濟爾哈朗等都動用了數目不等的妻妾奴僕進行殉葬。

中國古代以人殉葬的制度終於清朝康熙時期。

上文提到過，自漢至唐宋的帝王大多數都不主張活人陪葬。

比如漢武帝劉徹在位時，便有人上疏提出廢除人殉制度。《漢書·食貨志》（卷二十四）記載，時儒生董仲舒上疏建議朝廷打擊當時的殉人現象。這一建議得到了劉徹的認可，並影響到隨後諸位皇帝的執政行為。漢宣帝劉詢對人殉制度的反對最堅決。繆王劉元曾要求他的侍女殉葬，劉詢隨即便廢除了劉元封國的國君稱號。

不過，漢初的幾位皇帝，從漢高祖劉邦到漢景帝劉啟，都實施了殉葬

制度。

尤其是漢景帝劉啟,其殉葬人數高達數萬,可能已超過了以殘暴著稱的秦始皇。

這,就很讓人吃驚了。

要知道,漢景帝的名聲是很不錯的,廉政愛民,繼承和發展了父親漢文帝劉恆的事業,父子兩代開創了「文景之治」;又為兒子劉徹的「漢武盛世」奠定了基礎,完成了從文帝到武帝的過渡,極大地推動了社會經濟、文化的發展。史上難得的好皇帝,怎麼也會做如此慘無人道的事情?

太不可思議,太不可想像了。

在人們的印象裡,漢景帝仁慈恭儉,推行清靜不擾民的政策,從而使得海內富庶,國力強盛。

但是,誰能想得到,對於自己陵墓的修建,他卻是極盡奢華。

從相關史料可知,漢景帝的陽陵始建於漢景帝前元四年(西元前153年),漢武帝元朔三年(西元前126年)竣工,修建時間長達28年,陵園占地面積20平方公里。

1997年6月開始,陽陵考古隊為配合高陵縣涇河工業園區的建設,大規模地考古鑽探陽陵陪葬墓區,發現陵園內有86座從葬坑,共占地66萬平方公尺。

在南區的14座葬坑,考古學家們進行部分試掘或整體發掘後發現,這些坑中有排列密集的武士俑群,有堆放糧食的倉庫,還有牛、羊、豬、狗、雞等陶質動物,以及全面展現了漢代軍旅生活場景的金屬器物,如銅簇、弩機、帶鉤、馬銜、「半兩」錢、鐵矛、劍、鑿、鐠等,此外,還有陶井、灶等。

第四章　漢初之局：劉氏王朝的崛起

　　位於帝陵西北約 1.5 公里處、被稱為「刑徒墓」的陪葬墓，面積達 8 萬平方公尺，估計葬於此地的刑徒在萬人以上。1972 年發掘了其中的 29 座，裡面的墓葬排列毫無次序，葬式各不相同，墓坑多呈長方形或不規則形狀，都沒有葬具。墓葬中的死者屍骨凌亂，相互枕藉，骨架上大多戴有「鉗」、「剸」等類鐵製刑具，有的還有明顯的砍斫痕跡，屬於非正常死亡，完全是一幅血腥殘殺的場面，屬於殉葬人員無疑。

　　一句話，漢景帝殺害這麼多人來陪同自己一起步入黃泉，主要還是因為對死亡太過畏懼了。

　　但是，他如果真相信有另一個世界存在的話，那他不害怕到了那個世界，這數萬陰魂會找他報仇雪恨嗎？

不作就不會死的慄姬

　　漢景帝劉啟的妃子慄姬是劉啟早年還在做太子時就納的妃子，為劉啟生下了三個兒子：劉榮、劉德、劉閼。

　　劉啟登上帝位後，立太子妃薄姬為皇后，且新添了好幾位千嬌百媚的寵妃，慄姬的地位並不見好。但劉啟在登位後的第四年，就立慄姬所生的庶長子劉榮為皇太子，世稱慄太子。

　　如果慄姬稍有點腦子，即使她的地位不顯，只要她靜得下心等待，等兒子劉榮當上了皇帝，那麼，所有的尊榮她也就都能得到了。

　　可是慄姬的表現讓人失望。

　　景帝劉啟的同母姐姐館陶長公主劉嫖和劉啟關係很好，為了進一步鞏

固自己家族的地位,想把自己的女兒許配給太子劉榮做太子妃。

劉嫖認為,自己是長公主,這椿親事門當戶對,慄姬沒有理由拒絕。

可慄姬就是義無反顧地拒絕了。

慄姬為什麼要拒絕?

原來,劉啟所寵幸的那幾個美人都是劉嫖進獻的。為此,她恨透了劉嫖!

劉嫖顏面掃地,這個梁子算是結下了。

此仇不報非君子!劉嫖轉移了要交好的對象,把目光投向了景帝劉啟的寵妃王。

王非常配合,迅速和劉嫖為子女定下了親事,不是一椿,而是兩椿:自己的長子劉徹(即後來的漢武帝)娶劉嫖女兒陳阿嬌、劉嫖次子陳蟜娶自己的三女兒隆慮公主。

為了讓女兒陳阿嬌成為一國之母,也為了報復慄姬,劉嫖從此經常在景帝劉啟面前惡意中傷慄姬,並盛誇劉徹。

劉嫖的語言殺傷力是很大的,但劉嫖覺得還不夠,又使用了一招最狠的「祝唾其背」。

即誹謗慄姬施用巫蠱之術,讓侍從吐口水詛咒後宮諸妃。俗話說,謊言重複了一千遍也會成為真理。景帝劉啟因此厭惡起慄姬來。不過,定儲是關乎國本的大事,劉榮既已經被立為了皇太子,國家基本政策不可輕易變動,景帝並未將慄姬治罪,在自己身體狀態不佳時還叮囑慄姬:「我百年以後,你務必要善待其他的妃子與她們的兒子。」景帝話外之意就是想立慄姬為后並交代後事,如果慄姬識大體,她應該謙虛謹慎地允諾,並夾起尾巴小心做人。可是,她竟然趾高氣揚起來,不但不答應照顧其他姬妾子女,甚至對景帝大加指責,指責他不該和其他女人廝混。景帝性情再好,也

第四章　漢初之局：劉氏王朝的崛起

難以隱忍了，大手一揮，吩咐她出去。

善解人意的王從而知道景帝有廢掉太子的意思了，努力尋找契機。

不久，薄皇后被廢黜，王暗中指使大臣奏請立慄姬為皇后。

這一招相當陰險毒辣。

果然，當大臣奏請立慄姬為皇后時，景帝的小宇宙霎時爆發，下令廢掉太子劉榮，改封臨江王。隨後，立王為皇后，立王的兒子劉徹為太子。

劉榮被廢，慄姬憤恨難平，幾個月後，在憂憤中死去。

而本該成為帝國繼承人的劉榮也被迫自殺。

慄姬就因為太「作」，不僅葬送了自己，也葬送了兒子劉榮，令人扼腕長嘆。

神相許負為周亞夫占卜

劉邦費盡心機地清除了韓信、彭越、英布等異姓諸侯王，並在臨死之前與群臣斬白馬而盟「非劉姓而王者，天下共誅之」，以為大漢江山從此坐穩，可以高枕無憂了。他哪曾想到，同姓王也是靠不住的。他死後不足三十年，他分封的兒子、姪子，一共有七個人起來造反了。這就是西漢史上有名的「七王之亂」。

「七王之亂」僥倖沒有演變為足以讓西晉滅亡的「八王之亂」那種不可收拾的局面，全因為西漢有一個不世出的名將 —— 周亞夫，是周亞夫幾乎以一己之力，力敵七國，撥亂反正，扭轉了敗局，將西漢王朝這乘老爺車重新推回了既定的歷史軌道。

偉哉，周亞夫！挽狂瀾於既倒，扶大廈之將傾！

周亞夫，沛郡（今江蘇省沛縣）人，為西漢功臣絳侯周勃的次子。

周勃死後，由長子周勝之襲父爵為絳侯，周亞夫做河內郡守。

周勃和蕭何、樊噲等人一樣，是最早的從龍之臣。

劉邦在做沛公起兵時，周勃就以中涓的身分緊緊追隨。劉邦攻打胡陵、豐縣、碭縣、下邑、蒙邑、虞縣，周勃均有參與，並在襲擊章邯的戰車騎兵中建下奇功。在平定魏地，攻打爰戚、束緡縣、慄縣、齧桑等戰中，周勃總是最先登上城池。此後，隨劉邦入武關、滅暴秦，以大功賜爵威武侯。

劉邦由漢中進取關中，擊趙賁，敗章平，圍章邯，周勃均有不俗表現。楚漢成皋之戰中周勃先留鎮關（今陝西省商洛市西北）重地，後率軍投入成皋（今河南省滎陽市氾水鎮）正面戰場，先後攻取曲逆（今河北省順平縣東南）等地，占領泗水、東海兩郡（今皖北、蘇北一帶），凡得二十二縣，並從劉邦北上攻打叛漢之燕王臧荼，平定了天下。漢高帝六年（西元前201年），劉邦即位為帝，賜給周勃列侯的爵位，分剖信符，讓周勃的爵位世世代代不斷絕。把絳縣（春秋時晉國故都，今山西省侯馬市東北）八千二百八十戶作為周勃的食邑，號稱絳侯。

不久，周勃平韓王信叛亂有功，大破匈奴鐵騎於平城（今山西省大同市北），接應被圍在白登的劉邦，立下第一戰功，升為太尉。

代相陳豨勾結匈奴發動叛亂，周勃領軍定雁門郡十七縣、雲中郡十二縣、代郡九縣，斬陳豨於當城（今河北省蔚縣東北）。

陳豨剛亡，燕王盧綰又起兵造反，周勃率十萬大軍猛攻燕都薊城。

盧綰棄城遠遁，周勃乘勝追擊，沿路平定上谷十二縣、右北平十六

第四章　漢初之局：劉氏王朝的崛起

縣、遼東和遼西二十九縣、漁陽二十二縣。

劉邦死前，曾預言「能安定劉氏天下的人必定是周勃」。

果不其然。劉邦駕崩，呂后專權，呂氏一門亂政。

周勃與陳平等人隱忍不發，等待時機。

漢高后八年（西元前 180 年）八月一日，呂后病死。周勃當機立斷，智奪呂祿軍權，一舉謀滅呂氏諸王，擁立代王劉恆為帝，是為漢文帝。

誅諸呂，安劉氏，周勃居功至偉，拜右丞相（漢初有設左右丞相，以右相為尊），並賜金五千，加邑萬戶，一下子權勢熏天。

然而，與韓信、彭越、英布等人遭遇相似的狗血情節出現了——有人上疏告發周勃謀反。

漢文帝馬上翻臉不認人，將周勃下獄。

在獄中，一代猛將周勃備受獄吏的欺凌和侮辱，身心俱疲，精神幾至崩潰，只好傳話家裡，以千兩黃金厚結獄吏，並請自己的兒媳婦、漢文帝之女、長子周勝之妻為自己作證，又動用了宮中的關係，讓漢文帝的母親薄太后為自己說話，這才得以脫離牢獄，恢復了人身自由。

出獄之日，周勃感慨萬千地說：「老夫曾經率領百萬大軍，竟然不知道獄吏是這樣尊貴！」

周勃遭受了這場驚嚇，雖然平安回到封國，卻沒多久就病倒離世了。

在這樣的背景下，在河內做郡守的周亞夫做人極其低調，並沒有做王侯、當丞相的野心。

然而，某一天，他出外巡視至鳴雌亭，發生了一件奇怪的事。

在鳴雌亭，他遇到了滿頭白髮的預言大師、女神相——許負。

許負見了周亞夫，絮絮叨叨地說：「看您的命相尊貴，遠不止郡守，

再過三年，便當封侯。封侯八歲，身為將相，手持國柄，貴重一時，人臣中再無勝過將軍者。只可惜……可惜其後九歲，君將陷牢獄之災，而後餓死。」

許負雖為神相，周亞夫卻絲毫不信，笑道：「我絕對不可能被封侯的，因為我的長兄已經繼承了父親的侯爵，即使他死了也得讓姪子繼承，怎麼也輪不到我。而且，按妳所說，若我既得封侯，又兼將相，貴極人臣，又怎麼會餓死呢？」

許負伸出兩根乾枯的手指頭，顫巍巍地指了指周亞夫嘴邊的兩條縱紋，說：「《神相鐵關刀・相口祕訣》上說：『紋理多而色潤硃紅，此乃水之旺格，而富貴福壽預可期也。然若過潤而誇張，自圖唇外，紋如縱理，則主飢餓而繫多刑。』你這裡有豎紋入口，是餓死之相。不管現在是怎樣富貴顯赫，都逃脫不了餓死的命運。」說完，一邊搖頭嘆息，一邊拄著枴杖走了。

周亞夫心雖不信，卻不免浮想聯翩，呆立當場。

不管許負是有意還是無意，過了三年，她的預言應驗了一部分。

周亞夫的哥哥周勝之犯了殺人罪，被剝奪了侯爵之位。

漢文帝念及周勃為漢朝建國立下赫赫戰功，且高祖劉邦當年分剖信符，要使周勃的爵位世世代代不斷絕，便下令群臣推選周勃兒子中最好的來繼承爵位。

周亞夫是周勃的次子，大家一致推舉了周亞夫。

由此，周亞夫就繼承了父親的列侯爵位。

這還不算，更神奇的還在後面。

第四章　漢初之局：劉氏王朝的崛起

皇帝遭悍將怠慢，巧妙化解

漢文帝後元六年（西元前 158 年），匈奴大舉侵犯漢朝北部邊境，文帝急忙調邊將鎮守防禦。為了警衛京師，文帝派三路軍隊到長安附近抵禦守衛。

其中，宗正（九卿之一，執掌王族事務）劉禮駐守長安東南的灞上，祝茲侯徐厲駐守長安西北的棘門，河內郡守周亞夫駐守長安西面的細柳。

三路大軍，繞渭水三面拱衛京師。

擇了個天氣晴和的日子，漢文帝親自到三大營勞軍。

在灞上和棘門兩營，漢文帝受到了自將軍以下的官兵的夾道歡迎。

漢文帝的車駕在將士的掌聲、軍樂聲和山呼萬歲聲中緩緩開過，漢文帝看著匍匐跪倒在兩旁的高級將官，內心得到了極大的滿足。

然而，在細柳營，漢文帝竟然遭受了一場前所未有的尷尬。

細柳營中的官兵全部身披堅甲，手執利刃，拉滿弓弦，營前五里戒嚴。

天子的車駕被遠遠喝令停止前進。

車內的漢文帝心中「咯噔」一下：普天之下，莫非王土；率土之濱，莫非王臣。怎麼？還有朕不能到的地方？還有敢阻止朕車駕前進的臣民？真是吃了熊心豹子膽了！

讓導駕先驅前去傳話，告訴他們，這是天子的車駕到了。

先驅者於是大呼小叫地對營前的軍士說：「天子就要到了！」

這本是一句極具殺傷力的話，也是一張無形的通行證。

然而，這天卻出了點意外。

軍門都尉的回答是：「軍中只聽將軍命令，不聽天子詔令。」

先驅者傻眼了。

只聽將軍命令，不聽天子詔令？這不是反了？

趕緊回去向漢文帝彙報。

漢文帝也倒吸了口涼氣：怎麼辦？就此打道回府？那我堂堂大漢天子的顏面何在？不行，天子的身分既已表明，諒他們也不敢把我們怎麼樣，大夥往裡面闖！

營前的士兵看見有人要闖營，迅速在轅門前擺放了一排排拒馬樁，並且，營內又開出無數佇列整齊的士兵，持盾揚槊，嚴陣以待。

這營是進不去了。

要不要派人到灞上和棘門兩營徵調救兵？先驅者看著漢文帝，眼裡充滿了徵詢的神色。去灞上和棘門兩營徵調兵馬，豈不是要在這長安周圍打起仗來？這……這事要是傳出去，豈不是笑掉天下人的大牙？況且，這細柳營的主帥周亞夫也還沒有造反的跡象，這樣大動干戈，至於嗎？

漢文帝一擺手，制止了先驅者，派使者持天子符節，求見周亞夫。

周亞夫周將軍豈是你想見就能見到的？軍門都尉攔住了使者，自己接過符節進營代為通報去了。

車內的漢文帝冷笑不已，心想，如果你周亞夫沒有反心，見了我的符節，還不快滾出來接駕！

然而，經過了一場漫長的等待，營門終於打開了，出來的並不是周亞夫，而是剛才那個趾高氣揚的軍門都尉！

漢文帝差點氣暈過去。

周亞夫的身影根本就沒有出現，那守門校尉將符節交還使者，高聲叫

第四章　漢初之局：劉氏王朝的崛起

道：「將軍有令，打開轅門，放天子車駕入營。」

漢文帝心中憤恨地想：你周亞夫到底還認不認我這個天子？

大門打開，皇家的車駕還未啟動，那校尉又厲聲喝道：「軍中規定，軍營裡車馬不得奔馳。」

看著營內旗幟如雲、劍氣森森的架勢，漢文帝一行只好忍氣吞聲，緊扣馬韁，徐徐前行。

好不容易到了中軍帳，終於見到了營中主帥周亞夫。

周亞夫面容嚴肅，不怒自威，頂盔戴甲，如獅如虎，威風凜凜，殺氣騰騰。見了漢文帝，他也不下跪，只是躬身作揖，正色說道：「甲冑之士不拜，請陛下允許臣下以軍中之禮拜見！」

好一個周亞夫！好一個甲冑之士不下拜！

皇家車隊的所有人都被周亞夫的狂妄和無禮震翻了。

他們沒有一個人敢吱聲，靜靜地等待著漢文帝對周亞夫的切責。

漢文帝的神色極為古怪，先張後弛，先怒後喜，最後表情嚴肅，手扶車前的橫木，向軍營將士點頭表示敬意，並使人傳語稱謝，說：「天子懷著敬意慰問諸軍。」周亞夫由是帶領眾將士肅立兩旁，行禮稱謝。

接下來，漢文帝按禮勞軍，並在周亞夫的導引下，檢閱了營中諸軍。勞軍結束，出了細柳營數十里外，天子車駕眾隨從仍舊驚慌不已，心情久久不能平靜。漢文帝大發感慨道：「嗟乎，此真將軍矣！適才檢視棘門、灞上二營，戒備鬆弛至此，如同兒戲。一遇襲擊，將領們都要當俘虜。像這周亞夫，誰能侵犯？」

繼劉邦在沛縣唱〈大風歌〉之後，漢文帝面對匈奴的連年騷擾，也曾悲愴無限地高呼過：「嗟乎！吾獨不得廉頗、李牧時為吾將，吾豈憂匈奴哉！」

現在，他覺得他已經找到了大漢帝國的廉頗和李牧了，這個人就是細柳營的主帥周亞夫！

大漢帝國有周亞夫在，匈奴不足為懼矣！

過了一個月，匈奴兵退去。

漢文帝命三路軍隊撤兵，升周亞夫為中尉，統率京師衛戍部隊，負責京師的警衛。

漢文帝搬石頭砸了自己的腳

漢文帝這些年來一直叫嚷著打匈奴、打匈奴。其實，匈奴之外，他還有一個難言之隱，那就是國內眾諸侯王的隱患。

劉邦在位期間已在呂后的幫助下除去了幾個尾大不掉的異姓諸侯王，自以為已經清除了內患。

但同姓的諸侯王同樣對帝國與皇權存在著極大的威脅。前文提到過，這些諸侯王的分封，都是按照周朝原先的封建制度進行的，諸侯國既可擁有治理王國的行政司法權，也可以建立百官機構，還擁有支配封國賦稅的財政權，此外，還擁有組建、訓練地方軍隊的權力。

按照漢初的政治體系，地方上郡縣制是與諸侯國並行的，其地方軍制也是並行的。郡縣地方軍由郡尉統領，直接受中央最高軍事長官太尉節制，但諸侯國自行組建和訓練的軍隊和軍事指揮官全部由各諸侯國自行安排。

漢初全國共有五十四郡，中央政府直轄僅有十五郡，其餘三十九郡分

第四章　漢初之局：劉氏王朝的崛起

屬各諸侯王的封地。

所以，一旦有諸侯王對朝廷心懷不滿，或覬覦朝廷寶器，驀然發動叛亂，對朝廷的打擊是極為致命的。

另外，漢文帝以外藩（代王）身分繼位，在朝廷缺乏政治基礎，為了坐穩龍椅，只能大量封賞有功宗室以示酬答。因為封得太急，沒控制住數量，他竟然一口氣封了十七個，幾乎是劉邦所封同姓王的一倍。

但漢文帝的封賞行為並未能從根本上解決問題。試想，你本身也不過是一個普通的外藩王子，一朝時來運轉，就坐上了九五大位，而我們大家都同為皇帝嫡系血親，為什麼只能仰你鼻息？不服，不服，我們不服！

很多諸侯國隨著自身勢力不斷壯大，就開始蠢蠢欲動了。

最先跳出來鬧事的，是漢文帝所封濟北王劉興居。

劉興居在平定諸呂之亂中立過些功勞，但在周勃等人議立新君之際他大力推薦自己的哥哥齊王劉襄，這使登上了帝位的漢文帝異常不滿，只割了齊地的濟北郡給他，封他做濟北王。劉興居由此對漢文帝產生了深深的敵意。

漢文帝前元三年（西元前177年），匈奴策馬南下，漢文帝御駕親征，前往太原督戰。

劉興居一看時機來了，就起兵西向，舉起了擁立兄長齊王劉襄為帝的旗幟。

漢文帝嚇了一大跳，無暇理會匈奴人，火速揮師向南，猛攻劉興居。幸好劉興居只據一郡之地，國弱民寡，無力與中央軍抵抗，兵敗被俘，國滅自殺。

第二個跳出來跟漢文帝叫板的是淮南王劉長。

漢文帝搬石頭砸了自己的腳

這個劉長是劉邦最小的兒子，當年淮南王英布起兵造反，劉邦一氣之下撤了英布的王侯爵位，改封自己年僅三歲的兒子劉長為淮南王。

小嬰兒劉長到了漢文帝當政的前元六年（西元前 174 年），已經長大成人，他飛揚跋扈，目無法紀。為了實現徹底的自治，他趕走了朝廷為淮南國所置的官員，自己說了算，重新任命並封爵關內侯以下九十四人，無法無天！漢文帝為了息事寧人，只是簡單斥責了他幾句，他就遣使者勾結匈奴與百越，圖謀造反。漢文帝將他逮捕至長安，不忍手足相殘，只革除了他的王爵，發配蠻荒蜀地。劉長情鬱於中，行至半途，絕食而死。

劉興居和劉長的叛亂，令漢文帝感到了來自諸侯王間的巨大威脅，他為此憂心忡忡，吃不香、睡不好。

許多先天下之憂而憂的臣子也因此踴躍地出謀劃策，尋找解決這一大難題的路徑。

其中以一代文豪賈誼所上的〈治安策〉最為有名。

在〈治安策〉中，賈誼一針見血地指出，危害西漢王朝政治安定的首要因素，是諸侯王的存在，以及他們企圖叛亂的陰謀。他分析說，諸侯王的叛亂，是同姓還是異姓並無根本上的區別，同姓諸侯王雖名為臣，既均有布衣昆弟之心，亦皆有稱帝為皇之野心。進而指出，這些諸侯王在封國內擅封爵位、赦免死罪、甚至僭用皇帝禮儀，致使朝廷法令不通，這實際上已是叛亂。

他提出解決問題的策略是：現在諸侯王勢力強大，好比是大骨頭，漢王朝如果不用權、法大斧去砍，而想以仁、恩小刀去切，那麼，該刀將或缺或折，是無濟於事的。因此，應該根據「大都強者先反」的歷史教訓，「眾建諸侯而少其力」。主張在原有的諸侯王的封地上分封出更多的諸侯，從而分散削弱諸侯王的力量。具體做法是：在老一代諸侯王死後，將他的

第四章　漢初之局：劉氏王朝的崛起

封地分割為若干塊，分封給他的幾個兒子。這樣，可以讓諸侯王的子孫們放心，他們知道會按制度受到分封，就不會反叛朝廷了。

諸侯王的封地，一代一代分割下去，愈分愈少，直到「地盡而止」，其力量自然也就被削弱了。

應該說，賈誼的辦法倒也不失為一個良策，但此法宜緩不宜急——得等老一代諸侯王老死，你得有足夠的耐心。

到了漢文帝前元十六年（西元前164年），終於有一個諸侯王老死了，這個諸侯王是齊王劉則，沒有子嗣位，漢文帝於是輕輕鬆鬆地把最大的齊國一分為六。趁這機會，又把淮南國一分為三，分封給劉長的三個兒子；另把代國一分為二。

看看其他諸侯王沒有反應，漢文帝又把自己的兒子劉武封為梁王，全並梁國之地，以控制中原，震撼諸侯，屏障中央。

按這樣的步驟，漢文帝能不能將諸侯王的封地一代代分割，直至「地盡而止」，順利削藩呢？

這個，是不可能的。

因為，漢文帝是人，不是神，他也會生老病死，其他諸侯王老去、死去，漢文帝也會跟著老去、死去。

漢文帝後元七年（西元前157年）六月，漢文帝走到了他生命的盡頭。

臨終前，漢文帝還惦記著未竟的削藩大業。他擔心太子劉啟不能貫徹自己的路線，一旦操之過急，引發諸侯王的反彈，就會導致天下大亂、烽煙四起，亂局將難以收拾，便叮囑劉啟說：「即有緩急，周亞夫真可任將兵。」將安邦定國的重任寄託在了周亞夫身上。

該年六月初九，劉啟即位，是為漢孝景帝。

漢景帝謹遵父命，拜封周亞夫為車騎將軍（漢代僅次於大將軍、驃騎將軍的軍銜，在前、後、左、右諸將軍之上），統一指揮南北禁軍。

應該說，漢文帝對漢景帝的擔憂是有道理的。

果不其然，在削藩問題上，漢景帝聽從了法家代表人物、自己的老師、「智囊」晁錯的建議，決定加快步伐，大刀闊斧地進行。

晁錯的意見是：「削之亦反，不削亦反，削之禍小，不削禍大。」

君臣二人準備先從吳國削起。

七國亂起，周亞夫兜了個圈到洛陽

吳王劉濞是漢高祖劉邦二哥劉喜的兒子。

當年劉邦封劉喜為代王，要他去抵抗匈奴，累積一些軍功。豈料，這傢伙才到代地，就被匈奴鐵騎嚇破了膽，竟然棄軍而逃。

劉邦臉上無光，大為惱火，撤了他的王位。

但劉喜的兒子劉濞卻是個英雄人物。漢高帝十一年（西元前196年），劉邦親征淮南，劉濞主動率軍參戰，並且在戰鬥中一往直前，奮勇殺敵，讓劉邦刮目相看。

劉邦也因之封他為吳王，王江東三郡共五十三縣。地盤僅次於劉邦長子齊王劉肥所封七十二城，為諸侯中第二大國。

現在，齊國已經被分割成了六個小國，最大的諸侯國就是吳國了。

漢景帝和晁錯的削藩，吳國首當其衝。

劉濞當然不肯坐以待斃。

第四章　漢初之局：劉氏王朝的崛起

這老頭子雖然已經六十一歲了，脾氣卻大得很，他與膠西王劉卬約定以聲討晁錯為名，共同起兵，並奪天下，「兩主分割」。爾後，發使串聯楚、趙諸國，相約一起反叛。

漢景帝前元三年（西元前154年）正月，吳王劉濞在都城廣陵（今江蘇省揚州市）向各諸侯王發出了宣言書，以「清君側」為名，攻擊晁錯「無功天下，竟侵奪諸侯地，使吏彈劾囚繫訊治，專以侮辱諸侯為能事，不以諸侯人君禮遇劉氏骨肉，絕先帝功臣，進任奸佞，惑亂天下，欲危社稷」，率先起兵。

同月，膠西王劉卬帶頭殺了朝廷派到王國的官吏。

接著膠東王劉雄渠、苗川王劉賢、濟南王劉辟光、楚王劉戊、趙王劉遂，也都先後起兵，共同向西進攻。這就是歷史上著名的「吳楚七國之亂」。

七國叛亂的消息傳到朝廷，漢景帝傻眼了！

他沒想到事情會搞得這麼大，趕緊找晁錯來商議對策。

晁錯的辦法很簡單：由景帝御駕親征，自己留守京城長安。

在晁錯看來，七國叛兵不過都是烏合之眾，只要天子御駕親征，自然一哄而散。

可是，七國叛兵並不是一兩千人，也不是一兩萬人，而是幾十萬人！

其中單單吳國就有三十多萬人，要皇帝御駕親征，豈不是讓皇帝去送死？

漢景帝大失所望。

屏退了晁錯，他又找來另一個「智囊」人物袁盎相商。

袁盎是晁錯的政敵，曾任過吳國相，接受過吳王劉濞的賄賂。晁錯審查過這樁貪汙受賄案，要治袁盎的罪，是漢景帝法外開恩，從寬發落，袁

盎才躲過一劫。吳王叛亂，晁錯還想舊事重提，揪住袁盎曾任吳國相這一歷史汙點，將他一腳踩死。

所以，袁盎見了漢景帝，為了自保，就殷勤獻計，說：「吳楚所發書信，說是晁錯擅自抓住諸侯過錯，削奪封地，因此以反為名，要殺晁錯，恢復原來封地就罷兵。當今之計，只要斬晁錯，派使者宣布赦免吳楚七國，恢復被削奪的封地，就可以不流血而罷兵了。」

漢景帝聽了，沉默了半晌，說：「果真如你所說，為了天下，我不會愛惜某一個人。」

改日，漢景帝派人召見晁錯，將他拉往菜市口，處腰斬之刑。晁家上上下下也未能倖免，全數被處死，示眾，以宣天下。

腰斬了晁錯，漢景帝便派袁盎前往吳王軍中談判。

吳王劉濞已打了幾個勝仗，奪得了不少地盤，見袁盎捧了詔書前來，仰頭大笑，說：「我已為東帝，還拜什麼詔書？」

談判已無可談之資，所謂的「清君側」不過是一句欺騙世人的謊話。

漢景帝悔恨交加，方才省悟：朕錯斬晁錯矣！

既然吳王劉濞的目的是要將自己掀下皇帝的寶座，那麼，沒什麼好說的，只好痛痛快快和他打一場了。

周亞夫，朕就靠你了。

漢景帝火速召見了周亞夫，向他垂詢對付吳楚七國的辦法。

時至現在，形勢危急，周亞夫坦誠相告，說：「楚軍剽悍敏捷，與他們正面交鋒很難取勝，我建議放棄梁國，先斷絕吳、楚軍隊的糧道，這樣才可以制伏他們。」

周亞夫的話讓漢景帝的心頭像壓上了一塊大石頭。當年，漢文帝分割

第四章　漢初之局：劉氏王朝的崛起

齊、代、淮南三國，為日後削藩做準備時，走了一著妙棋，即合併廣梁國之地，將漢景帝的弟弟劉武封為梁王，以控制中原，拱衛中央。

而梁王是太后最為寵愛的兒子，吳軍東來，多半會先破梁國而再行西進，周亞夫卻要置梁國不顧而繞後斷敵糧道，太后知道了，還不得跟自己玩命？

但考慮到國難當頭，大漢江山已到了生死存亡的關鍵時刻，必須以壯士斷腕的魄力，行非常之計，才能脫險解困。漢景帝咬咬牙，同意了周亞夫的部署，將周亞夫從車騎將軍破格提拔為太尉，出任平叛總指揮，領三十六將，全盤排程漢軍主力迎戰吳楚聯軍。

吳楚聯軍已攻至梁國，破棘壁（今河南省睢縣東南），斬殺梁軍數萬人，勢不可當。梁王劉武退守梁都睢陽，憑城堅守，以待援軍。

同時，吳楚聯軍別部入下邳，向北略至城陽（今山東省莒縣一帶）。

為了配合周亞夫主力抵抗叛軍，漢景帝又遣曲周侯酈寄擊趙，燕相欒布攻齊；另拜竇太后從兄之子竇嬰為大將軍，屯兵滎陽，扼南北要道，嚴格監控齊、趙叛軍的動向。

周亞夫則引諸將乘坐著六輛驛車，馬不停蹄地趕往滎陽與大軍會合。

周亞夫才走到灞上，就被一個名叫趙涉的小吏攔住去路。

趙涉對周亞夫說：「吳王平素富有，多蓄養死士，現在得知將軍將去前線，必定會在崤山、澠池之間的險阻之處暗中埋伏，預謀刺殺，將軍豈得不防！況且軍事行動最講究祕密，將軍為什麼不改變路線，從此處向右走，經藍田，出武關，直抵洛陽！這樣繞著走，雖然路途遠了一點，但時間上不過差一兩天，可以直接進入洛陽武庫，擂響戰鼓，出其不意，參與叛亂的諸侯王還以為將軍是從天而降呢！」

周亞夫一聽，連聲稱妙，於是改變了主意，往南而走，日夜兼程，兜

了一個大圈子，順利抵達洛陽。

滎陽是自東往西走入關中的咽喉之地，吳王劉濞並沒有搶先攻占滎陽，而沉迷在梁地的爭奪戰之中，致使周亞夫可以從容在滎陽布防。

周亞夫按照趙涉的建議，擂響戰鼓，吳楚聯軍果然心驚。周亞夫高興地對左右說：「七國共同叛亂，我乘坐驛車安全到達此處，真是出乎意料。現在我已駐守洛陽，滎陽以東沒有什麼可擔心的了。」

回頭派人到崤山、澠池之間搜尋，果然抓住了許多吳國安排的刺客。周亞夫感激之餘，向漢景帝奏請由趙涉擔任護軍。

周亞夫以無招勝有招，迅速奠定勝局

其實吳楚聯軍之中，也不是沒有明白人。這些明白人都曾勸說劉濞不要屯兵於梁都睢陽之下，而應當機立斷，棄子爭先，速取滎陽。

其中，擔任吳國大將軍的田祿伯是這樣說的：「打仗講究正奇結合，現在大軍全部集結一處，向西進攻，此為正兵，並無奇兵相配合，難以成功。不如給我五萬人馬，另外沿長江、淮河逆流而上，收淮南、長沙，入武關，與大王在關中會師，這是當年劉、項入關的戰略，堪稱上上之策。」

的確，若實施此計，成功率極高，可是……

吳王劉濞的兒子劉駒發話了，他說：「父親您現在是在搞造反，怎麼可以分兵讓別人帶領？您想想，您可以造別人的反，那麼別人也可造您的反，一旦出現這種局面，那該如何是好？況且，把一支軍隊交給別人全權指揮，走的是另外一條路線，變數極多，而且又白白地削弱了自己的力

第四章　漢初之局：劉氏王朝的崛起

量！」

是啊！派出的兵，潑出的水，陳勝當年不就是分兵給了武臣等人，白白地削弱了自己的力量，最終招致了滅亡。而且，讓我走滎陽一線，你田祿伯從武關入關中，是不是想成為第二個劉邦？拿我當什麼了？

項羽？

吳王全盤否定了田祿伯的方案。

吳國的新生代青年將領桓將軍則建議說：「吳國多步兵，步兵利於在險阻的地方作戰；漢多車騎，車騎利於在平原地區作戰。希望大王所過城池皆不取，揮兵直進，迅速向西占領洛陽武庫，利用敖倉的糧食供應軍隊，憑藉山勢和黃河天險號令諸侯，這樣，就算沒有進入函谷關，天下卻已經被您平定。如果大王進軍緩慢，因沿途攻占城邑而延誤時機，漢軍戰車、騎兵到來，衝入梁國和楚國的郊野，則大勢去矣。」

桓將軍此計，也堪稱上策。吳王作為一個逆臣反賊，要成就大事，就必須速戰速決，讓天下人在來不及反應之際就接受自己篡國的既成事實，否則，年深日久，萬民生怨，將士離心，就只有死路一條。

吳國一眾老將思想保守，想到項羽當年被梁王彭越倒騰得左支右絀、困苦不堪的舊事，不敢行此大險之計，紛紛阻止說：「這個青年人，讓他去衝鋒陷陣還可以，哪懂得全域性策略！」

這樣，吳王劉濞就傾兵於梁國，決意清掃梁地，免受後顧之憂，再從容西進。

因為有這樣的決心，梁王劉武被攻打得死去活來，睢陽數度險遭攻陷。

這樣，周亞夫雖已穩守滎陽，但梁王劉武已岌岌可危，性命不保了。

梁王劉武一天數十次向周亞夫求救，使者相見於道。

周亞夫見死不救，置若罔聞。

梁王劉武急得直跳腳。

跳腳也沒有用，在周亞夫既定的計畫裡，本來就已經放棄了梁國。

周亞夫命大將軍竇嬰留守滎陽，命酈寄、欒布等人迅速擊齊、趙，自己向東到達昌邑城（在今山東省鉅野縣西南），堅守不出。

這個周亞夫，到底想搞什麼鬼？

梁王劉武想不明白，吳王劉濞也想不明白。

既然兩人都想不明白，就繼續在睢陽吵架！

可這一吵架，梁王再也受不了了，他也弄清楚了一件事：就算自己向周亞夫喊破喉嚨，他也是不會搭理自己的，怎麼辦？找皇帝哥哥，找太后。

他派人向漢景帝、向太后告狀，告周亞夫見死不救，不適合做三軍總指揮，要皇帝哥哥要麼催促周亞夫向自己增援，要麼撤掉周亞夫！

不救梁國，周亞夫早已有言在先，是和漢景帝打過招呼的。可是，迫於梁王和太后的壓力，漢景帝只好傳詔周亞夫，要他改變原計劃，火速增援梁國。

周亞夫卻擺出一副「將在外，君命有所不受」的派頭，抗詔不遵，按兵不動。

梁王劉武火氣很大，卻又無可奈何，只好狠下心和吳王劉濞玩命，硬碰硬到底。

吳王劉濞覺察到了周亞夫沒有救援劉武的心思，就徹底放心了，拋下後顧之憂，盡心盡力攻城。

在他們雙方交戰正酣之際，周亞夫出手了。

不過，他不是發兵救援劉武，而是派了一支輕騎兵，自昌邑出發，向

第四章　漢初之局：劉氏王朝的崛起

東南方向狂奔八百里，迂迴至吳楚聯軍的大後方，一舉攻占了其水陸交通要道淮泗口（泗水入淮河之處，在今江蘇淮陽市北洪澤湖內），成功切斷了叛軍的糧道補給線，並劫走了大量糧食。

吳王劉濞得到消息，叫苦不迭，但手下多為步兵，無力回救。

而周亞夫終於露出了猙獰可懼的面目，率大軍南下屯駐於下邑（今安徽省碭山縣），深溝高壁，縮小包圍，擠壓吳楚叛軍的側背。

糧道被斷，生存空間又受到擠壓，吳王劉濞感到了前所未有的恐慌。

怎麼辦？

吳王劉濞決定先置梁都堅城不攻，三十餘萬大軍同時調轉槍口，打算給周亞夫致命的一擊！

劉濞的這個反應，完全在周亞夫的意料之中，他的應對之招很簡單：堅壁不出。

堅壁不出，其實並非什麼應對之招，根本就是無招。

可是，當下的形勢，正是無招勝有招！

試想，吳楚聯軍狂攻梁都數月不下，已經師老兵疲，且糧運不繼，軍心已沮，要攻梁都尚且已無取勝的可能，又怎麼能占得了周亞夫新銳之師的便宜呢？

只要堅壁不出，吳楚聯軍便已處於兵敗的境地，又何必空損兵力呢？

吳楚聯軍求戰不得，只好鼓勇瘋狂搶營奪寨。周亞夫的軍營堅如磐石，箭矢從營中傾瀉而出，叛軍在布滿鹿角、馬釘、拒馬樁的營地前紛紛中箭倒地，哀號連連，死傷慘重。

劉濞連攻數日，難逾寸步，越加心驚。

按照這麼發展下去，自己一軍必定崩潰。

劉濞不信邪，把全部棺材本都甩了出來，孤注一擲，三十萬人馬一齊狂攻。

那一夜，叛軍攻勢如潮，部分漢軍被這種瘋狂的景象所懾，竟然掉頭就走，營中發生了混亂。

嘈雜聲傳到周亞夫所在的中軍帳，帳中諸將莫不變色。

周亞夫卻安坐不動，臉色如常。他堅信自己的治軍能力，堅信這不過是小部分士兵的潰亂，也堅信叛軍攻不進營來。

果不其然，混亂很快就自然地平息了。在漢軍強大的防守下，叛軍無功而退。

改日，叛軍又大舉進攻軍營的東南面，聲勢浩大。

這分明是在使聲東擊西之計。

周亞夫淡淡一笑，知吳王劉濞已經黔驢技窮矣。

他不向東南面增援，反而調兵遣將，加強西北面的防禦。

吳王劉濞真的率主力偷偷摸摸地從西北面展開進攻，但漢軍已有了準備，惡鬥了兩個時辰，劉濞只好灰溜溜地退走了。

吳王劉濞的三板斧已經砍過了，接下來該是他全面撤軍的時候了。

周亞夫吩咐士兵飽餐一頓，執戟露刃，單等叛軍的營盤一動，就全線出擊，尾隨掩殺。

可憐的吳王劉濞，步步都在周亞夫的計算之中。大軍剛剛開撤，就遭受了猛烈的逐殺，三十萬大軍驚作鳥獸散。

吳王劉濞領數千人倉皇南竄，渡淮越江至丹徒（今江蘇省鎮江市東丹徒鎮），擬收集散亡士卒，依附東越自保。但他此刻已成過街老鼠，人人喊打。東越王以勞軍為名，暗中設伏，將他擒殺，傳首長安。

第四章　漢初之局：劉氏王朝的崛起

一場轟轟烈烈的「七王之亂」就此被周亞夫平定，朝廷內外，也無不被周亞夫的用兵才華所折服。只有梁王劉武對周亞夫的見死不救耿耿於懷，結下了不可化解的仇恨。

明君一個玩笑，名將絕食吐血而死

漢景帝前元五年（西元前 152 年），丞相陶青病退，漢景帝看好周亞夫，提拔周亞夫為丞相。

拜相的這年，周亞夫可能沒有意識到，這恰恰是女神相所說封侯後的第八年。

封侯拜相，人生殊榮，風光無限，那麼，既已到了權勢巔峰，會不會盛極轉衰，出現許負所說，九歲之後，陷牢獄之災，活生生地餓死呢？

這個可能性非常大。

周亞夫是一個名將，一個軍人，名將只能排兵布陣，軍人只會衝鋒陷陣，但對於政治，則多少顯得有些門外漢了。

這從他完全不顧及梁王劉武、漢景帝、竇太后等人的感受，決意放棄梁國之事，就可以窺見一斑。

雖說這是策略上的需求，但已不可避免地為周亞夫以後的悲劇埋下了伏筆。

梁王劉武每次入朝，都會在太后、漢景帝面前大說特說周亞夫的壞話。

梁王劉武嚼舌根子的次數一多，周亞夫在太后、漢景帝心中的壞形象就慢慢地立起來了。

偏偏，周亞夫還不識時務，犟強而死板地堅持他那些原則。

雖然漢景帝很早就立了長子劉榮為太子，但由於對劉榮的母親慄姬感情轉薄，就恨屋及烏地討厭起劉榮來，放出了要改立太子的風聲，打算改立七歲的小兒子劉徹（即後來的漢武大帝）為太子。

在封建制度中，子女的繼承問題中最重要的事就是權力的繼承。

對於父親的遺產，可以實行諸子均分制，每一個兒子都享有一份。

但對於遺產中只能由一個兒子獨享、不能均分的寶座或世襲爵位，該怎麼辦呢？

這個問題分配得合理、解決得當，可以保持國家或家族的完整；反之，則會引發骨肉自相殘殺，最終導致國家或家族的崩潰。

周王朝周公提出的方案是宗法制度，即「嫡子繼承制度」，傳嫡不傳庶，傳長不傳賢。

周亞夫就堅持這個原則，說太子無過，聖上如果廢長立幼，必定國將不國，天下大亂。

太危言聳聽了吧？

漢景帝認為，立誰不立誰，完全是老子的家事，根本輪不到你周亞夫這些人來指手畫腳、說三道四。

周亞夫卻固執地認為，皇帝的家事就是國家的公事，既是國家的公事，則立儲就必須要聽大家的，不能任由皇帝按照自己一個人的偏愛而隨意定奪。在朝廷上他據理力爭，君臣由此撕破了臉。

漢景帝說的是對的，立太子是身後遺囑裡的一部分內容，是他自己的家事，完全由他一個人說了算。最終，他還是義無反顧地廢掉了劉榮。

劉榮被廢，儲君位置暫時空出，梁王劉武仗著自己在平定「七國之亂」

第四章　漢初之局：劉氏王朝的崛起

中立有大功，且背後得到竇太后力挺，便漸生染指中宮之想。

為了奪儲，他大行清除異己之事，派刺客到長安，將以袁盎為首的十幾個反對自己的大臣一股腦暗殺了。

這事玩出火了。

漢景帝下令嚴查，很快就查到了劉武的身上。

劉武就算再笨，也該知道儲君之位徹底沒戲了，當下最最重要的，就是保命要緊。

他到處找人託關係幫自己說情。

其中出力最多的是王皇后的弟弟王信。

王信鍥而不捨地開導和說服了漢景帝，總算救下了劉武一條小命。

劉武投桃報李，支使母親竇太后向漢景帝為王信索封，要漢景帝封王信為侯。

周亞夫本來就對劉武的所作所為極不順眼，看見他又要為王信索封，堅決反對。

他搬出了反對的依據——劉邦與群臣所訂的「白馬之盟」，他對漢景帝說：「高皇帝有約：『非劉氏不得王，非有功不得侯。不如約，天下共擊之。』如今王信雖為皇后之兄，並無戰功，封侯違背了高皇帝的約定。」

於是，王信封侯之事就不了了之。

這樣，不但劉武、竇太后對周亞夫恨到了極點，王信和王皇后也對周亞夫大為不滿。

漢景帝中元三年（西元前147年），匈奴王徐盧等五人歸順漢朝，漢景帝非常高興，想封他們為侯，以鼓勵更多人跟著歸順漢朝。

什麼？又是封侯？周亞夫又跳出來反對，說：「這些背叛國家的人如

明君一個玩笑，名將絕食吐血而死

果得到封侯，那以後我們如何處罰那些不守節的大臣呢？」

應該說，漢景帝此舉是策反和瓦解匈奴人的明智之略。偏偏周亞夫又來攪局，漢景帝大為不快，說：「丞相的話迂腐不可用！」堅定不移地將那五人都封了侯。

失落的周亞夫終於覺察出了自己在皇帝心目中的地位是那麼不值一文，黯然神傷，託病辭職。

漢景帝痛痛快快地批准了他的要求。

退休後的周亞夫深居簡出，生活平靜而安逸。

如果沒有什麼特別的意外，周亞夫將會在這種平靜而安逸的生活中老去、死去。

但意外還是發生了。

四年之後的秋天，漢景帝突然想起了這位曾經力挽危局的老臣，要在宮苑之中召見他，賜他用餐。

用餐前，漢景帝想試探試探他的老脾氣是不是改了，故意命人在他的面前不擺放筷子。

周亞夫大怒，認為是管事的人狗眼看人低，不尊重已經退休的臣子，軍人脾氣發作，呼喝著要筷子。

漢景帝卻笑嘻嘻地對他說：「有酒有肉，你還有什麼不滿意？」

周亞夫這才明白是漢景帝故意捉弄自己。君臣之間開這種不大不小的玩笑，原本也沒什麼。像後世的乾隆和紀曉嵐、和珅，就經常開對方的玩笑。

不說後世，就說漢高祖劉邦，對待韓信、酈食其、陳平這些一等一的人才，也是相當不禮貌，就差沒吐痰了。

九江王英布，與劉邦的漢王地位差不多，來投劉邦，劉邦卻若無其事

地洗他的臭腳丫子；大臣周昌甚至被劉邦騎在脖子上，那真是君不君、臣不臣。

如果周亞夫是個圓滑的人，這事，最多打幾個哈哈就過去了。

但周亞夫不，絕不！

他是個有原則的人，士可殺不可辱！他霍地站起來，將頭上的帽子摘下，往地上一扔，氣呼呼地離席回家，讓漢景帝僵坐當場。

漢景帝盯著周亞夫的背影，憤恨地說：「這種人，怎麼能輔佐少主呢？」

君臣就此交惡，再無修好的可能。

如果事情單單這樣，周亞夫的生活還不至於脫離原來平靜而安逸的軌道。偏偏他的兒子念及父親年事已高，偷偷買了五百副甲盾，準備當作父親的陪葬品。甲盾，屬於軍事裝備，是國家明令禁止個人買賣的。

周亞夫的兒子不但買了，還在價格的事上和賣家吵了起來，一來二去，驚動了官府。

漢景帝又驚又怒：好你個周亞夫，想要謀反不是？派人嚴查此事。

周亞夫壓根不知道兒子瞞著自己弄了這麼一齣，突然被官府找去問話，莫名其妙，無從對答。

負責查問的人以為他在賭氣，便將問話的結果向漢景帝報告了。

漢景帝很生氣，後果很嚴重，將周亞夫交給最高司法官廷尉審理。

周亞夫遇捕，當場拔劍，要自殺。

夫人攔腰抱住，苦苦相勸。

周亞夫冷靜下來，或許想起了許負的預言，覺得這並非終結自己生命的方式，嘆了口氣，拋下了長劍。

於是，二十年前父親周勃被廷尉審理的一幕又發生在了周亞夫的身上。

廷尉氣勢洶洶地責問周亞夫：「君侯何故謀反？」武將用一些兵器陪葬，其實用不著這麼誇張的。周亞夫據實答道：「我兒子買的都是殉葬品，怎麼可以說謀反呢？」廷尉冷笑道：「你即使不在地上造反，也是想到地下造反！」周亞夫受此屈辱，怒極，同時也知道了是漢景帝要置自己於死地，便決定按照許負的預言，絕食，餓死自己，以示抗議。過了五天，周亞夫吐血而死。

第四章　漢初之局：劉氏王朝的崛起

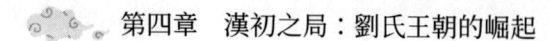

第五章

強漢之威:四方臣服的盛世

第五章　強漢之威：四方臣服的盛世

李廣若非做此傻事，早已封侯

漢景帝前元三年（西元前154年），吳楚「七國之亂」爆發，漢景帝將車騎將軍周亞夫破格提拔為太尉，出任平叛總指揮，領三十六將，全盤排程漢軍主力迎戰吳楚聯軍。

該年四月，周亞夫率大軍屯駐於下邑（今安徽省碭山縣），對吳楚聯軍發起了勢若千鈞的一擊。

此戰，吳楚聯軍三十萬人馬潰不成軍，漢軍取得了全面勝利。周亞夫所領三十六將中，有一員驍將悍勇異常，箭術無雙，陷陣斬將，走馬奪下叛軍帥旗，一舉奠定勝局。

此人就是歷史上威名赫赫的飛將軍李廣。

李廣，隴西成紀（今甘肅省天水市秦安縣）人，先祖李信為秦朝名將，曾領兵數千長途奔襲，大敗燕太子丹。

李廣的遠祖李超、曾祖李仲翔、祖父李伯考在漢初均為駐守邊郡的將軍，而到了李廣父親李尚一代，卻成了一個小小的成紀縣令。李氏一家由此從槐里遷徙到成紀。

李氏一家，世代將門，有一項家傳絕學：箭術。

弓箭作為一種遠距離射擊的實效武器，在冷兵器時代一直被列為兵器之首。

明代學者茅元儀在《武備志》中就明確指出：「弓者，器之首也，故言武事者，首日弓矢。」

另外，《五雜俎》（明・謝肇淛）、《武編》（明・唐順之）、《堅瓠集》（清・褚人獲）等古代著作無不對弓箭在戰爭中所起的作用推崇備至，名列

在十八般兵器的第一位。

傳說，黃帝戰蚩尤於涿鹿，就是純用弓矢致勝的。

弓箭既然這樣重要，則其應用自然相當普遍。

按照《禮記‧射義》上的說法，「射」是公卿大夫必須通曉的「六藝」之一，不僅在國君會盟、宴會上被視為一種很上等級的禮儀，而且舊時的貴族如果家中生下男孩，均要向天地四方射出六箭，以示男子所要征服的世界，足見箭術在人們心中的地位。

到了漢代，關於弓箭的射擊技巧和理論已上升到了一個高度，《漢書‧藝文志‧兵書略》：《逢門射法》二篇、《陰通成射法》十一篇、《李將軍射法》三篇、《魏氏射法》六篇、《強弩將軍王圍射法》五卷、《望遠連弩射法具》十五篇、《護軍射師王賀射書》五篇、《蒲苴子弋法》四篇等，已經形成了完整的理論體系。其中的《李將軍射法》即為李廣所著。

但這樣一項技藝，要掌握好並不容易。

一個很簡單的道理，你看現代的弓箭，如競技反曲，加裝了瞄準器、減震器、穩定器等，複合弓的話，還使用了滑輪、偏心輪等，使得射手用很小的力就可以控制弓力很大的弓，再配合機械撒放器，大大提升了射擊的精度，箭則加裝了鏃還有羽翼，提高了穿透力和穩定性。即使這樣，箭術最厲害的國際級的選手瞄準設定在 30 公尺處直徑 80 公分的靶，36 枝箭也極少能箭箭命中。我們觀看奧運會的弓箭比賽，比賽靶面直徑為 122 公分，運動員與靶面距離為 70 公尺，可是，射出的箭，能中靶心的少；如果受到風的影響，連靶面也射不中的也時有出現。

可以想像，在李廣那個時代，要做到百步穿楊、百發百中，是何其之難！

可是，李廣做到了。他不僅可以在釋弦發箭之間，例無虛發，而且弓力驚人，野豬、猛虎之類的野獸，一箭便足以斃命。史書上記載，李廣身

第五章　強漢之威：四方臣服的盛世

材魁梧，兩臂如猿，力大無窮，平生專以射箭為消遣，一直到死。李廣不善言談，即使他的子孫或別人向他學習射術，也從來沒人能趕上他。也因為不善言談，每有閒暇，就與別人一起在地上畫軍陣、比射箭，按射中較密集的行列還是較寬疏的行列來定罰酒。

他駐守過各郡，只要聽說當地有猛虎傷人，必定親自背弓負箭前去將之射殺。

每次猛虎從山林、草叢中出現，他都不急著發箭，用他的話來說，就是只要覺得射中的機會不大，就一定不會發箭；若要發箭，必要一矢中的！

所以，他射虎屢次被虎所傷。

最險的一次是在右北平，李廣早早就看見老虎出現了，手中的硬弓已拉滿如圓月，就是遲遲不發，目光一直注視著猛虎，等待猛虎進入到自己滿意的射程。哪料那虎在高低起伏的岩石中奔騰跳躍，一下子就奔到了眼前，凌空撲下。說時遲，那時快，李廣一箭射出，那虎慘叫一聲，從半空中重重跌落，但前伸的虎爪卻在李廣的面門上劃出了五道深深的血痕，血流如注。

那一次，李廣真是九死一生，驚險異常。

跟隨李廣獵虎的人，全都嚇傻了。

射虎是這樣，打仗，李廣也是這樣。兩軍對戰，如果敵人在百步開外，李廣絕不會放箭，必得等敵軍進入幾十步之內，才肯發動攻擊。

就因為這個緣故，李廣領兵打仗數次被困受辱。即便如此，他的壞脾氣也一直都改不了。唯有一次，李廣外出打獵回來，時值暮夜，月色晦暗，風吹道邊亂草，簌簌作響。李廣扭頭一看：不好！草中竟然高踞一頭猛虎。李廣當下不再猶豫，彎弓搭箭，嗖的一聲，遠遠將羽箭射出，漆黑裡竟有火星濺起。

李廣大奇，近前一看，竟是一塊堅固無比的大石頭，而羽箭的箭鏃，竟已沒入石中！

箭，通常分為箭鏃、箭桿和箭羽三部分。最初的箭鏃是由獸骨、石頭或蚌殼等製成，殷商時期出現了銅箭鏃，到了秦代，人們已經嘗試用鐵製作箭鏃，而隨著西漢冶煉業的發展，箭鏃普遍由純鐵鍛造。

李廣一看，箭鏃竟沒石而入，連自己都不由得佩服自己。

便接著再試幾箭，卻始終不能射進石頭裡了。

唐代詩人盧綸所作〈塞下曲〉「林暗草驚風，將軍夜引弓。平明尋白羽，沒入石稜中」，所詠便是李廣射石之事。

李廣早在漢文帝前元十四年（西元前 166 年）就和弟弟李蔡以良家子的身分從軍。

那一年，匈奴老單于親自率領十四萬匈奴鐵騎南下，穿越毛烏素沙漠，渡過黃河，突入朝那（今寧夏回族自治區彭陽縣城西）、蕭關（今寧夏回族自治區固原縣東南）二處的長城要塞，斬殺漢北地都尉孫卬，陷北地郡重鎮彭陽（今甘肅省鎮原縣東南），深入到關中腹地，將秦始皇巡視北地的帝王行宮回中宮（今陝西省隴縣西北）付之一炬，並一度突進到漢朝行宮甘泉宮（今陝西省淳化縣）附近，距漢都長安不足百里！

漢文帝劉恆被迫集結各路大軍，進行積極防禦。李廣兄弟驍勇善戰、精於騎射，斬敵首級很多，讓漢文帝留下了很深的印象。

此戰結束，李廣、李蔡均被任為中郎，秩比六百石。

不久，兩人又都獲得了武騎常侍的加銜，秩八百石。

中郎只是皇帝的普通扈從，常侍卻可直入禁中，屬於皇帝的貼身侍衛。

可以說，這是一份非常有前途的職業。

第五章　強漢之威：四方臣服的盛世

漢文帝對李廣衝鋒陷陣、抵禦敵人以及格殺猛獸的壯舉極其讚賞，曾感慨地說：「太可惜了！你沒遇到時機，如你趕上高祖時代，封個萬戶侯不在話下！」

這時候的李廣，才十五六歲，英雄年少，對前途、對未來，有著無限的遐想。

也許，在他的心中，並不懊喪未逢高祖時代，誰又能斷定，這大漢盛世就沒有我李廣的用武之地？

然而，現實很殘酷，在漢文帝時代，李廣還真沒有太多的用武之地。

尤其是漢文帝又與匈奴恢復了和親政策，李廣便長期處於閒置狀態。

不過，李廣並不急，他在耐心地等待著機會。

文帝崩，景帝即位，李廣任隴西都尉，秩比二千石。回隴西任職，算得上是衣錦還鄉。

隴西都尉，已經是隴西郡的最高軍事長官了，而李廣才二十出頭。

少年，前途不可限量。鄉人見了他，都這樣說。

這段時間，匈奴與漢朝總體上還保持著和平，但小規模的劫掠還是時有發生。李廣在隴西一帶大力打擊這種劫掠行為，因為他太生猛，匈奴人被打得在隴西郡幾至絕跡。

隴西既然已經安定，李廣很快又被調回京師改任郎騎將。

郎騎將是郎中令的屬官，秩比二千石，似乎是平調，但從地方回到中央，實則已升了一級。

從漢文帝前元十四年（西元前 166 年）到漢景帝前元三年（西元前 154 年）這長長十二年的時間裡，李廣勇猛善戰和神射之名已傳遍了天下，但在戰功方面卻乏善可陳。

他迫切地需要一場大戰來證明自己。

吳楚「七國之亂」，正為他提供了這樣一次機會。

李廣也抓住了這個機會，馬踏中軍，斬將奪旗，在軍中大放異彩。

按理說，戰後論功，他多少也會得到一些封賞。

可是，因為缺乏政治經驗，他做出了一件奇蠢無比的事，致使這次的戰功泡湯。

原來，梁王劉武被李廣所展示出來的名將風采和名將氣質所折服，私下裡授予了他大將軍印信。

前文提到過，這梁王是個有奪儲野心的人，他這麼做，也就是為自己以後奪儲做準備。

這件事可不得了，李廣身為朝廷官員，接受地方諸侯的封授，相當於與地方諸侯結黨，不僅違反了漢律，而且性質惡劣，情節嚴重。

幸好，漢景帝和弟弟劉武的關係不錯，沒有深究此事，只下令將李廣的戰功與罪過相抵，不處罰也不封賞，調任上谷郡（郡治沮陽，在今河北省懷來縣東南）為太守。

李廣為何難封

入隴西郡搶掠的匈奴人已被李廣打得哭爹叫娘，而到上谷搶掠的匈奴人還沒吃過李廣的苦頭，異常猖獗。

猖獗就打，打到你服為止。

在上谷任職的日子裡，李廣天天與匈奴人交戰。

第五章　強漢之威：四方臣服的盛世

那些靠搶掠為生的匈奴人被打得叫苦連天、欲哭無淚。

照這麼打下去，匈奴人很快也要在上谷絕跡了。

可是，一個名叫公孫昆邪的「典屬國」不知安的是什麼心，竟然找到漢景帝，一副很擔心李廣的樣子，流著眼淚說道：「李廣才氣，天下無雙，但太愛逞強，屢和敵人正面作戰。這件事，陛下您該管管，不然，他恐怕很快就要喪命了。」

典屬國是漢朝最高外交長官大行令的副手，秩二千石，凡邊疆各族降服於漢，仍儲存其國號者，稱為屬國，由典屬國掌管其事。

李廣身為一員戰將，只有在衝鋒陷陣中才能展現他的價值，公孫昆邪卻不願意看到李廣出現在戰場上，這不知是愛護李廣呢，還是在害李廣？

也許，他身為外交人員，並不希望雙方這樣打打殺殺而導致大規模的軍事武裝衝突發生吧？漢景帝同意了他的建議，將李廣調回離長安較近的上郡（今陝西省榆林市）為太守。

這樣，李廣在接下來長達十餘年的時間裡，依然沒有一件可以拿得出手的戰功，官職也就一直保持在太守一級。

不過，到了漢景帝中元六年（西元前144年），年近不惑的李廣似乎等到了建功立業的時機。

這年六月，數萬匈奴騎兵突襲雁門郡（治善無，今山西省右玉縣），掠至雲中郡武泉縣（今內蒙古自治區呼和浩特市東北），進而侵入李廣所轄上郡。

李廣很是憋了一口氣，摩拳擦掌，要好好教訓教訓這些不知天高地厚的匈奴人。

然而，李廣還沒來得及動手，漢景帝便為李廣軍中派來了一個太監，

名為跟隨李廣學習帶兵打仗，實際上是來監軍。

有了監軍，李廣的行動就沒那麼自由了。要打仗，得向監軍請示；有軍功，得先禮讓監軍老人家。

不過，監軍老人家對打仗並沒多少興趣，每天遊手好閒，時不時帶幾十個騎兵到野外打獵。

一天，正在野外打獵的他們意外地發現了三個特別的獵物──三個徒步行走的匈奴人。

太監欣喜若狂，立刻下令幾十名漢軍騎兵四面包抄，擬將那三名匈奴人捉獲。

哪料得到，這三名匈奴人箭法了得，劈里啪啦地一陣射，數十名漢騎死的死、傷的傷，被放倒了一大片。

太監見情勢不妙，趕緊腳底抹油地溜了回來。

李廣聽了太監的彙報，神色凝重，斷言道：「這一定是匈奴軍中的射鵰手，我們趕緊去追，若讓他們走了，我們大軍的營地就暴露了。」匆匆點起了百名騎兵策馬追趕。

射鵰手，即匈奴人中箭術最為高明的大力士。要知道，空中飛鳥，雕最為難射。草原上的大雕，掠過兩三百公尺的高空，尋常弓箭手哪能把箭射得這麼高？而且雕的羽毛油亮光滑，如若羽箭不是垂直射入雕的身體，就會在雕羽上打滑，難以傷及雕身。所以射鵰手不僅要箭術如神，還要臂力出眾，拉得動強弓。

匈奴人中的射鵰手，就是匈奴軍隊中的「特種部隊」，專門負責偵探、狙擊等特殊任務。

區區三個匈奴人就射殺了漢騎數十人，不是匈奴軍中的射鵰手又是

第五章　強漢之威：四方臣服的盛世

什麼？

他們出現在營地附近，想必已經刺探到了我軍的行蹤，一旦讓他們走了，還不得引匈奴大軍大舉前來對我軍營地發起猛烈的攻擊？

為了擒殺這三個射鵰手，李廣顧不上召集軍隊，只帶百餘親兵就匆匆出營了。

那三個射鵰手步行，很快就被李廣他們追上了。

發現後面有追兵，三個射鵰手絲毫不亂。

在他們看來，這急匆匆追來的百十人，跟之前那幾十人並沒有什麼區別。

他們貫弓引滿，只等李廣他們進入射程，就大開殺戒。

但他們錯了，大大地錯了。

他們哪知道，今天，他們遇到的竟是天下無雙的箭神！

李廣騎在馬上，拉弓無從借力，弓力自然大打折扣，但儘管如此，李廣用硬弓，還要比他們強上一倍有餘。他們看李廣在自己射程之外，沒有發箭，李廣率先釋弦，嗖嗖兩箭，兩名射鵰手應弦倒地，剩下一個大驚失色，知道勁敵來了，扭頭就走。

哪裡去？

李廣指揮大家一擁而上，將他扭倒在地，綁了個結實。

但李廣他們沒高興太久，他所擔心的事發生了──遠方煙塵大起，蹄聲如雷，竟然出現了數千匈奴騎兵。

天啊！

不知是誰，低低地叫了一聲。

所有人的臉上都露出了畏懼的神情，包括李廣。怎麼辦？要不要趕快逃跑？李廣竭力使自己冷靜下來，這數千匈奴大軍分明是想來偷襲上郡

的,一旦我們驚走,就會招致他們尾隨追擊,不但我們這百來人被追殺殆盡,後方大營毫不知情,也會被他們一擊而潰,損失將不可估量。

那麼,該如何應對呢?僅僅在一念之間,李廣就做出了一個大膽的決定,一個近乎瘋狂的決定:不但不逃,反而衝著匈奴大軍策馬前進。他對大家說:「我們離開大軍幾十里,照此情況,我們百名騎兵只要一跑,匈奴就要來追擊射殺,我們立刻會被殺光。現在我們停留不走,匈奴定會以為我們是大軍派來誘敵的,必不敢攻擊我們。」

大家心裡雖然害怕,但覺得除此之外,別無他法,只好硬著頭皮,跟隨李廣朝匈奴大軍奔去。

奔騰正急的數千匈奴騎兵看著這稀稀疏疏的百來騎漢兵向他們跑來,大為詫異,不知這些漢兵要做什麼,勒住了奔馬。

他們停止了前進,李廣他們也停止了前進,雙方之間的距離不足兩里。

李廣他們不但停止了前進,而且全部下馬解鞍,席地而坐。看到這副奇怪的情景,匈奴人不由大為恐慌:天啊,到底是什麼讓這些漢人這樣有恃無恐?這裡面一定有蹊蹺!

幾千匈奴人,誰也不敢輕舉妄動,他們警惕地環視著四周,覺得這是一個巨大的陷阱,這百來個漢人不過是小小的誘餌。

不,不,我們不能上當!一名騎白馬的匈奴將領出陣監護和約束自己的士兵,讓士兵們沉住氣,靜觀其變。可是,漢人似乎不喜歡他這樣做,為首的漢將突然跳上戰馬,率領十幾名騎兵一起飛馳而來。那漢將拈弓搭箭、弦動箭飛,一箭就將騎白馬的匈奴將領射落馬下,爾後從容馳回自己的騎兵隊裡,解下馬鞍,讓士兵們都放開馬匹,隨便躺臥。這是在誘惑我們!

天色一點一點暗下來,匈奴大軍始終不敢進攻,到了半夜,悄悄撤走了。

第五章　強漢之威：四方臣服的盛世

第二天天亮，李廣帶著大家回到營中。軍中將士聽說了他們昨晚的經歷，無不驚嘆李將軍為軍中神人。

一身轉戰三千里，李廣不愧世之名將

漢武帝建元元年（西元前 140 年），漢景帝駕崩，繼位的是太子劉徹，即歷史上赫赫有名的漢武大帝。

雄心勃勃的漢武帝，難以忍受匈奴人對大漢帝國的搶掠和踐躪，他決心要把匈奴人趕得越遠越好。

漢武帝即位不久，便把李廣和另一個名將程不識從邊郡召回長安，其中李廣擔任未央宮禁衛軍長官，程不識則擔任長樂宮禁衛軍長官。

程不識和李廣從前都在邊郡任太守並兼管軍隊駐防。每出兵攻打匈奴，李廣行軍無嚴格佇列、陣勢，每下營都靠近水草豐盛的地方，以便利為要，晚上也不打更自衛，幕府簡化各種文書簿冊，所幸沒遭到過危險。

程不識對隊伍編制、行軍佇列、駐營陣勢要求很嚴格，夜裡打更，文書軍吏處理考績等公文簿冊毫不含糊，甚至通宵達旦，軍隊都得不到休息，也同樣不曾遇到危險。

程不識說：「李廣治軍簡便易行，然而敵人如果突然進犯，他就無法阻擋了。而他的士卒倒也安逸快樂，都甘心為他拚命。我的軍隊雖軍務繁忙，但敵人也不敢侵犯我。」

不過，匈奴還是比較害怕李廣的謀略，士兵也大多願跟隨李廣，以跟隨程不識為苦差事。

兩人因為擁有豐富的對匈作戰經驗，一夜之間，位列九卿，恩寵一時。

這也意味著大漢要對匈奴痛下殺手了！一個風雲激盪的時代就要來臨了。而從軍二十餘載的李廣李將軍，終於可以一展身手了。漢武帝元光二年（西元前 133 年），漢武帝和他的臣子們制定出了一個縝密無比的計畫：由雁門郡馬邑（今山西省朔縣）商人聶一說服匈奴單于，積極幫他們帶路，讓他們來搶掠馬邑城。而大漢天兵在馬邑城外兩旁山谷裡埋伏，等匈奴單于來了，就將他們一網打盡，從此一了百了。

在這個計畫中，李廣任驍騎將軍，受護軍將軍韓安國統轄。

按照漢軍功制度，斬首兩千人以上且自身戰鬥減員不超過十分之三者即可封侯（《上孫家寨漢簡》），能參與這樣的大戰，並且面對的是匈奴部落裡名列第一的大人物單于，大家建功封侯的機會到了！

可是，匈奴人太狡猾了。

單于領著十多萬大軍到了距離馬邑不到百里的地方，嗅到了不尋常的氣味，停止了前進，而派出大量偵察兵強力偵察四周。

埋伏在山谷裡的漢軍有三十多萬，目標明顯，匈奴偵察兵只要眼睛還沒瞎，總會發現一些蛛絲馬跡。

單于得知前面有埋伏，想也不用想，馬上喝令大軍掉頭，原路返回，飛快地退出了塞外。

可嘆漢軍勞師動眾，花費了無數納稅人的錢糧卻無功而返。

李廣這次建功封侯的夢想落空了。

不過沒關係，耐心點，機會還會有的。

漢武帝元光五年（西元前 130 年），漢武帝下詔徵調一萬士卒修築雁門郡的險要關隘，緊接著又詔令向商人開徵車船稅，增加財政收入，以支付

第五章　強漢之威：四方臣服的盛世

即將到來的龐大軍費開支。不久，又下詔溝通黃河與渭水的漕運，徵調數萬役卒開鑿出一條長達三百里的河渠，以保證從關東到關中的河道暢通，便於輸送糧食。

漢武帝也知道，打仗就是燒錢。

但戰爭已不可避免，就必須面對。

送錢送物送女人給匈奴人，的確可以苟且偷安一時，但絕不能永久。

要從根本上解決問題，就必須一次性擊倒匈奴人。漢武帝的決心很大，他不想把這個禍患遺留給後世。漢武帝元光六年（西元前129年），匈奴入侵上谷郡，大肆搶掠邊民，呼嘯而去。面對匈奴人的一再挑釁，漢武帝下詔：車騎將軍衛青、驃騎將軍公孫敖、輕車將軍公孫賀、驍騎將軍李廣各引萬騎，分別從上谷、代郡、雲中、雁門出兵，進擊駐留在邊境關市附近的匈奴商隊與軍隊。

毫無疑問，漢四路大軍主帥，名氣最大的就是李廣。匈奴單于棄其他三路大軍不理，親率數萬大軍迎擊李廣，並放話：

一定要生擒李廣！漢軍分路而出，彼此間缺乏配合呼應，匈奴集中兵力只攻一路，李廣頓時抵擋不住，輸得極其難看──手下萬騎死傷殆盡，自己也成了匈奴人的俘虜。

他身受重傷，無力動彈，靜靜地躺臥在兩馬之間所吊的大網兜上。這兩匹馬的前後左右都是匈奴士兵，這些匈奴人高談闊論，得意揚揚地策馬北返。李廣睜開眼看著萬里無雲的天空，看著天空中偶爾飛過的雁群，沮喪極了，心情低落到了極點。不過，他不服輸。他不甘心就此謝幕。他積極尋找著脫逃的機會。

他斜眼看見旁邊一個匈奴少年騎著一匹高頭大馬，就決定奪取這匹好馬逃跑。

他拚盡全身的力氣，突然縱身一跳，跳上了匈奴少年的馬背，當時還沒發明馬鐙，他只是趁勢往前一推，就把少年推了下去，打馬向南末路狂奔。

這一下出其不意，匈奴人猛吃了一驚，等醒悟過來，紛紛策馬追趕。

李廣飛馳出數十里，遇到了他的殘部，帶領他們一起進入關塞。

後面的幾百名匈奴騎兵死死咬住不放，李廣便邊逃邊引弓射殺追來的騎兵，在飛揚的塵土中，不斷有匈奴騎兵中箭落馬，連續射殺了幾十騎，其他的匈奴兵終於被嚇退。

李廣也因此獲得了「飛將軍」的稱號。

此戰，李廣雖然慘敗，但因為他吸引住了匈奴軍主力，使得衛青長驅直入，搗毀了匈奴人的燔天之所——龍城，斬敵首二千餘級，大獲全勝而還。

不過，衛青的勝利，那是人家衛青無上的光榮；李廣，必須對自己的慘敗負責。

李廣喪師辱國，且本人又淪落為敵俘，廷尉審理結果是：當斬。

可悲可嘆，李廣僥倖沒死在敵人之手，卻要死在自己國家的軍事法庭之上。

不過，在景帝時期，政府為了增加國家財政收入，曾制定了這樣一條規定：「得輸粟縣官以除罪」。即只要不是謀反之類大逆不道的罪行，都可以透過向朝廷繳交錢糧的方式獲取減刑。

這點救命錢，李廣家還是拿得出的。

李廣用錢物贖了死罪，削職為民。

雖然李廣已經從鬼門關上逃回來，但這年他也已經五十多歲了，幾乎所有人都認為，這輩子，他是永遠告別戰場、告別官場，再翻不了身了。

第五章　強漢之威：四方臣服的盛世

至少，霸陵亭的亭尉就是這樣認為的。

霸陵，即漢文帝劉恆的陵墓；霸陵亭，則是霸陵附近大臣、貴族和富戶的聚居區（亭，秦、漢時在鄉村每十里設一亭。漢高祖劉邦就曾經擔任過亭長）。

在家賦閒的李廣某天到南山打獵，回來晚了，在野外烤了點野菜，喝了點酒，醉了。經過霸陵亭，霸陵亭尉也喝了酒，仗著醉意，大聲喝斥，禁止李廣等人通行。

李廣的隨從恭敬地對他說：「這是前任李將軍，請軍爺通融通融。」

亭尉氣勢洶洶地說：「拉倒吧，現任的將軍都不許通行，前任的將軍算個球！」將白髮蒼然的李廣拘禁了一天一夜。沒過多久，匈奴又來入侵，殺死了遼西太守（遼西郡治陽樂，今遼寧省義縣西），擄去邊民兩千多人，並打敗了屯駐在漁陽郡（郡治漁陽縣，今北京市密雲區西）的材官將軍韓安國，悍然侵入齊地。

漢武帝為了震懾匈奴人，重新起用李廣，任其為右北平郡（郡治平剛，今遼寧省凌源市南）太守，即刻上任，不得有誤。

李廣飛速赴任，並將霸陵亭尉徵調入軍中，一刀將他送往西天極樂世界去了。

匈奴人聽說是飛將軍李廣來了，二話不說，自動消失，一溜煙就跑了個沒影。

而且，一去再也不復返。

李廣鬱悶極了。

在以按首級數記軍功的西漢，匈奴人不來，就意味著李廣無法收穫足夠多的首級，從而無功可賞。

但如果朝中諸將都是無功可賞，那也就罷了。

偏偏小字輩衛青卻得以領軍進擊匈奴的樓煩、白羊王諸部，獲胡首虜數千、牛羊百餘萬，占取河套平原。

漢武帝元朔二年（西元前127年），衛青因功封為長平侯，其手下的校尉蘇建也封為平陵侯、張次公封為岸頭侯。

這還不算，漢武帝元朔五年（西元前124年），衛青又率諸將尉遠襲匈奴右賢王，俘獲匈奴男女一萬五千餘人、牛馬數千萬。衛青進而得拜大將軍，其部下韓說封龍額侯、公孫賀封南侯、李朔封涉軹侯、趙不虞封隨成侯、公孫戎奴封從平侯、公孫敖封合騎侯……就連那個一直活在李廣光環下的弟弟李蔡也得封為樂安侯。只有李廣，待在那個無人問津、鳥不拉屎的右北平，寸功未立。李廣越想越不是滋味。要知道，上面封侯的人群裡，有很多都曾經是他的手下、粉絲和崇拜者。

看看人家，也就二十出頭，大多是三四十歲，都封侯了，自己年過半百，黃土都埋到脖頸了，官職還是外甥點燈籠——照舅（照舊），羞煞人了。

一次，李廣和星象家王朔喝酒，乘著酒意，問王朔：「自我大漢朝進擊匈奴以來，我沒一次不參加，可各部隊校尉以下軍官，才能還不如中等的人，都因攻打匈奴有軍功得以封侯，這些人粗算也有幾十人之多了。我李廣不比別人差，卻沒有一點功勞獲得封地，這是什麼原因？難道是我命中不該封侯嗎？」

王朔皺了皺眉頭，說：「老將軍好好想一想，這一生有做過什麼缺德事嗎？」

李廣沉默了。他年輕時還真做過一件缺德事，這些年回想起來，一直悔恨萬分。

他不說，王朔就一直盯著他看。他只好說了：「我曾擔任隴西太守，

第五章　強漢之威：四方臣服的盛世

有羌人反叛，我誘騙他們的八百多人投降，卻用詐欺手段一天把他們殺光了。今生今世，我最悔恨的也就只有這件事了。」

王朔一拍大腿，說：「這不結了？禍大莫過於殺降，您老人家這件事簡直是喪盡天良啊！您不能封侯，這是老天爺在懲罰您啊！」

嗯？李廣瞪著王朔，說不出話來。

不服啊，老夫還是不服！

名將凋謝，傳奇終結

漢武帝元朔六年（西元前 123 年），大將軍衛青自定襄出塞，征伐匈奴。李廣主動請命，得任命為後將軍，隨同出征。

這次出征，仍有許多將領因斬敵首級符合定額得以憑戰功封侯，身為後將軍的李廣在軍隊中負責殿後，仍然是空手而還，不得封侯。

衛青的外甥霍去病，年僅十八歲，也因戰功卓著，得封為冠軍侯。真是人比人氣死人啊。

李廣嚥不下這口氣。

漢武帝元狩二年（西元前 121 年）七月，漢武帝為了打通與西域的交通線，進而兩面夾攻匈奴，準備發動兩路大軍，一舉攻占河西走廊。這次，李廣強烈要求以前鋒的身分參戰，以破虜封侯，一了平生夙願。看著立功心切的老將軍，漢武帝同意了。他命李廣為東路軍先鋒，率四千騎兵出右北平，衛尉張騫率萬騎殿後，進攻匈奴左賢王。西路軍則分由驃騎將軍霍去病出北地郡、合騎侯公孫敖出隴西郡，共數萬漢騎，直取河西。

不難看出，西路軍乃是主攻，東路軍屬於輔攻。但東路軍所面臨的，絕對是一場硬仗。

東路軍的任務是牽制左賢王，以讓西路軍順利拿下河西之地。

但要牽制左賢王，談何容易？

左賢王的地位和實力在匈奴人中僅次於單于，相比較而言，匈奴河西諸部倒像是烏合之眾。

一句話，此次出征，東路軍所遇到的困難遠大於西路軍。

但，這正是李廣所希望看到的。

李廣自束髮從軍，征戰無數，但絕大多數是小打小鬧，勉強值得一提的，倒有七十多次，但也多是零敲碎打，拿不上檯面。

現在，終於盼來了場硬仗，那麼，來吧！唯有滄海橫流，方顯英雄本色！

然而，慘了。

這一次戰役，李廣的英雄本色是充分顯示了，但敗得很慘，慘不可言。

大軍開拔，六十多歲的李廣表現得像一個初出茅廬的少年，率領自己的四千騎兵以每日數百里的速度急行軍，迫不及待，火速前進，很快就把負責殿後的張騫部甩在了後面。

這樣，當李廣遇上匈奴左賢王烏維部，雙方的兵力對比竟是四千對四萬。

一個打十個，這仗還怎麼打？

李廣傻眼了。

躲吧，這茫茫大草原，四野平闊，往哪躲？

逃吧，匈奴散養的馬匹比大漢圈養的馬匹速度更快、耐力更持久，不逃還好，一逃必定被追殺得全軍死光光。

第五章　強漢之威：四方臣服的盛世

　　李廣咬咬牙，命令士兵結成圓陣，面朝外，拉滿弓，先不要放箭，派兒子李敢騎馬往匈奴軍中奔馳。

　　李敢天生剽悍，領了幾十名騎兵飛奔，直穿匈奴騎兵陣，又從其左右兩翼凸出，口中大呼道：「匈奴很容易對付啊！」

　　漢軍聽了他的呼喝，軍心大定。

　　匈奴人出其不意被李敢穿過了戰陣，又氣又怒，命弓箭手們於戰陣前一字排開，控弓發箭，千弓同張，萬箭齊發，向漢軍發起了天風海雨一般的狂射。

　　漢軍也發箭對攻。於是，霎時之間，矢如雨注，箭若飛蝗，鋒鏑噬血，慘不忍睹。

　　薄暮時分，漢軍死傷過半，箭矢也快用光了。

　　怎麼辦？

　　李廣取來了平日輕易不用的大黃弩，下馬，親自操弦，專射匈奴將領。

　　大黃弩，又稱黃肩弩，弓力高達十石，引滿大約需兩三百公斤的力量，射程能達到四百公尺左右，這真是可怕至極！

　　李廣左右開弓，連發連中，數名匈奴大將口中慘呼，砰砰倒地。

　　指揮官已經斃命，匈奴軍得不到統一的指揮，開始出現了散亂，不成陣形。

　　天色越來越暗，漢軍將士全都瑟瑟發抖、面無人色，李廣卻神態自若，著力整頓部隊，從容應戰，一直堅持到第二天張騫部趕到。

　　看見漢軍大部隊趕來，匈奴軍無心再戰，匆匆解圍退去。

　　而漢軍也已疲憊不堪，無力追擊。

　　因為李廣拖住了左賢王並與之展開了激戰，霍去病的西路軍壓力大減，

深入敵境二千餘里,直至祁連山,降匈奴諸王將相共數千人,斬首三萬餘級,功高蓋世,聲名遠揚。

而東路軍的主帥張騫,因行軍遲緩,耽誤戰機,處死刑,後用錢得贖,削為平民。至於李廣,功過相抵,不賞不罰。悲夫!可憐李廣,白忙一場,仍是兩手空空。

而這一年(漢武帝元狩二年,西元前 121 年),他的弟弟李蔡已出任丞相之職,位列三公。

李廣無論如何都接受不了這殘酷的現實。他不信天,不信命,發誓要用自己的雙手去打破不得封侯的魔咒。他強烈向漢武帝請戰。說實話,漢武帝也覺得他是個倒楣鬼,讓他帶兵不會有好的結果,晦氣,於是總是婉轉地拒絕他。李廣不甘罷休,又吵又鬧。

終於,經過長達兩年時間的爭取,他又獲得了一次帶兵出征的機會。漢武帝元狩四年(西元前 119 年),漢武帝又有大動作,準備全線出動,將退縮到大漠以北的匈奴殘部一次性殲滅,畢全功於此役,徹底解決匈奴問題。

這次策略部署仍是兵分兩路,西路軍由霍去病率領,直抵漠北,正面攻擊匈奴單于;東路軍由衛青率領,尋找左賢王決戰。

漢武帝經不起李廣的死纏爛打,同意將他安排在東路軍內。漢朝兩路大軍如期出征,西路軍由代郡出塞,依然走經定襄郡(治成樂,在今內蒙古自治區和林格爾縣西北)出塞,十數萬兵馬征塵滾滾,地動山搖。

匈奴單于為避敵鋒芒,趕緊率部向西北轉移。

匈奴單于這一轉移,雖然避開了西路軍霍去病部的進擊,卻不幸撞到了衛青的槍口上。

衛青偵知單于主力的位置,趕緊調兵遣將,擬對單于形成圍攻。

第五章 強漢之威：四方臣服的盛世

他分給李廣的任務是：與右將軍趙食其部合併，從東面進軍，掩護主力部隊。

而把正面攻打匈奴單于的任務交給了校尉公孫敖。

李廣不樂意，一蹦三尺高，說：「我的職務是前將軍，大將軍卻命令我從東面出兵，況且我從少年時就與匈奴作戰，至今才得到與匈奴對陣的一次機會，我願做前鋒，先與單于決戰。」

大軍出征前夕，大將軍衛青曾暗中受到漢武帝的警告，說李廣年老，命運不好，不能委以重任。衛青也認為，如果讓李廣與單于對陣，俘獲單于的願望十有八九要落空，因此死活不同意。

李廣看衛青是這麼一副態度，大為惱怒，回營地整頓好隊伍，招呼也不跟衛青打一下，領兵與趙食其會合，匆匆從東面出發了。

因為走得急，軍中的嚮導走失，大軍迷路了。

這下麻煩了。

衛青大軍那邊已經與匈奴主力展開了激烈的交鋒，李廣和趙食其還在像無頭蒼蠅一樣在大漠的風沙裡來回兜圈子。

衛青的戰果很輝煌，大敗匈奴單于，並尾隨追擊兩百餘里，捕斬首虜一萬九千級。美中不足的是，因為缺少了李廣的策應，竟然讓單于在千軍萬馬中逃脫了。

衛青的得勝之師穿過沙漠，遇上了還在兜圈子的李廣、趙食其部。

衛青派長史送乾糧和酒給李廣，順便向李廣、趙食其詢問迷路情況，準備寫成書面報告上報天子。

李廣面色慘白，喃喃不能言。

改日，衛青又派長史急令李廣幕府人員前去受審對質。

李廣終於抑制不住自己的情緒，跳起來說：「夠了！校尉們無罪，是我迷失道路，我現在親自到大將軍幕府去受審對質。」

　　到了衛青的大將軍幕府，李廣對他的部下說：「我從少年起與匈奴作戰七十多次，如今有幸隨大將軍出征同單于軍隊交戰，可是大將軍又調我的部隊走迂迴繞遠的路，以致迷路，這難道不是天意嗎？我已六十多歲，萬萬不能再受那些刀筆吏的汙辱。」

　　言畢，突然拔刀自刎。

　　敢戰善射的一代名將就此謝世，飛將軍的傳奇就此終結。

　　李廣軍中將士莫不為之痛哭。

　　百姓聽到這個消息，不論與李廣相識與否，都紛紛落淚。

從奴隸階層崛起，躋身十大名將之列

　　與李廣老死不能封侯形成鮮明對比的是漢武帝的小舅子衛青。衛青從一開始領兵出征匈奴就屢有斬獲，不出手則已，一出手絕不空手而歸，戰功越積越高，很快就坐上了軍界老大的位置，並且成為中國幾千年來歷史上一顆璀璨的將星，光耀千秋。

　　唐代大詩人王維賦詩云：衛青不敗由天幸，李廣無功緣數奇。意思是說，衛青不敗是由於得到了皇帝的眷顧和老天的輔助，李廣無功卻緣於命運不濟。

　　而實際上，單就出身論，衛青所受的苦難比李廣深重多了。李廣是將門之後，從遠祖李崇、李超算起，世代為僕射。雖說到了李廣父親李尚一

第五章　強漢之威：四方臣服的盛世

代，家世已經淪落，但好歹也是一縣之長，李廣兄弟從軍還有一個良家子的身分。

衛青呢？

一個字：慘。

衛青自呱呱墜地，就得不到別人的祝福，包括他的父親、母親。

原因很簡單，他是一個私生子。

衛青的母親是平陽侯曹壽（漢初名臣曹參的曾孫）家中一名低賤的侍婢，說她低賤，是因為她自小就被賣到侯府，連姓什麼、叫什麼都沒有人知道。由於嫁給了一個姓衛的男人，人們就管她叫衛媼，即衛母、衛阿姨的意思。這姓衛的男人估計也是侯府裡的僕人，死得很早，和衛媼生有一子三女，長子叫衛長子（後改名為衛長君）、長女名叫衛孺、次女衛少兒、三女衛子夫。

丈夫死了，衛母成了寡婦。

俗話說，寡婦門前是非多。

一些心術不正的男人就喜歡對寡婦起壞心眼。

一個名叫鄭季的縣吏就是這樣一個心術不正的男人。

嚴格來說，鄭季也不是正式的名字。

季，是古時候長幼之稱，所謂伯、仲、叔、季，伯是老大，仲是老二，叔是老三，季即老四。

鄭季，也就是鄭老四。

鄭老四，在平陽侯府供職期間對新寡的衛母起了壞心眼。

之所以說他對衛母起的是壞心眼，是因為他原本有妻室，家裡並育有兒女一大群。

衛母被鄭老四的花言巧語所蠱惑，與鄭老四生下了衛青。

鄭老四在侯府的供職期滿，就回縣衙上班了。他拉上褲子不認帳，打死都不肯承認衛青是自己的骨血。

衛母只好打碎牙齒往肚子裡咽，含辛茹苦，把屎把尿地養育衛青。

在世人的眼裡，衛青就是一個來路不明的「野種」。

可以想像，衛青母子遭受過多少嘲弄的眼光和奚落的唾沫。

對衛母而言，所有的白眼和風言風語都可以忍受，但僅僅憑藉她在侯府為奴所得的微薄收入來養活自己和五個孩子，實在是力不從心。

衛長子、衛孺、衛少兒、衛子夫四個，養不活也得咬著牙養，誰叫他們的父親已經死了。衛青卻是有父親的，就交給他父親養吧。

想到這裡，衛母緊緊地摟著小衛青，無聲地哭泣起來。

骨肉分離，人世間的至痛。

衛母萬般無奈，最終還是做了這個決定，毅然決然地把小衛青送到了鄭老四的家，撂下話說，這孩子就是你的骨血，我沒能力撫養，把他交給你，你是養他還是餓死他或者把他送人，你看著辦！

鄭老四看她已經把人送到家裡來，這帳賴不掉，就咬咬牙，留下了孩子。

孩子雖然已經留下，但要鄭老四把衛青和家裡的其他兒女一樣對待，那是不可能的。

怎麼說衛青也不過是奴婢所生，怎麼可以和我家的孩子平起平坐呢？

再者說了，你說他是我的兒子就是我的兒子呀？說不定是看我好欺負，找我來充當冤大頭呢！

除了鄭老四這些自私自利、齷齪不堪的想法，鄭老四家裡的老婆也是個十足的母老虎，衛青在鄭家哪有立足之地？

第五章　強漢之威：四方臣服的盛世

鄭家上上下下，包括鄭老四、鄭老四的老婆、鄭老四的兒女，甚至鄭老四家數量有限的僕人，無不把衛青當成一個下賤僕童來使喚，呼來喝去，稍有懈怠就大棍子侍候。

衛青的童年，是暗無天日的。

這種生活，李廣倒是來試試呀？

如果李廣真經歷過這種生活，他也許就不會那麼衝動、那麼愛爭強好勝了；也不會那麼小肚雞腸、睚眥必報，僅僅因為霸陵亭尉的一次秉公執法就耿耿於懷，必欲置人家於死地而後快。

衛青年紀稍長，鄭老四就買了一大群山羊交給他，打發他獨自去山野間放羊。

在與山羊為伴的歲月裡，衛青凝視著藍天白雲，思考著人生，思考著自己將來的出路。

衛青的成功之路

隨著一群又一群的山羊從幼小到長大，衛青也長成了一個少年。

誰都沒有料到，這個少年竟然長得俊朗挺拔、英氣逼人。

英氣逼人的衛青想通了一件事：如果自己繼續日復一日地在這裡放羊的話，那麼，一輩子也只能是一個牧羊人，沒有未來，沒有明天。

他決定了，離開這裡，回到母親那 —— 平陽侯府。

回到平陽侯府，即使自己只是做府上的一名奴僕，那也比在窮鄉僻壤裡放羊好得多。

衛青的成功之路

衛青的這個想法，是完全正確的。

他剛回到闊別數載的侯府，就因為長得高大帥氣，一下子被平陽侯曹壽的夫人平陽公主看中，留他在府中做自己的騎奴。

雖說騎奴也是奴隸，但得看是誰的奴隸。

平陽公主是誰呀？漢景帝劉啟與皇后王的長女，今上漢武帝劉徹的同胞長姊！

做上了公主的騎奴，就意味著可以見到、接觸到許多上層貴族——甚至說，見漢武帝本人也不是沒有可能。

有一次，平陽公主就帶著他——當然——還有其他一大群奴僕，去行宮甘泉宮覲見弟弟漢武帝。

雖然這一次衛青沒能見到皇帝，但也算接觸了上層社會，開闊了眼界，增長了許多見識。

說來奇怪，有一個正在做苦工的囚徒，見了衛青，眼前一亮，低低喝采道：「大貴人！你是貴人，做官直至封侯。」

衛青不信，笑道：「我是奴僕的兒子，不被人打罵就滿足了，哪裡還去想封侯的事呢！」

的確，衛青既是奴僕的兒子，自己也是奴僕之身，封侯對他來說，那不但是遙不可及的事，也是不敢想像的事。

他能做的，就是認真生活，認真做事，認真把握好人生道路上的每一次機會。

漢武帝建元二年（西元前139年），漢武帝到灞上祭祀，入平陽侯府散心，歇息期間，偶然看上了衛青的三姐衛子夫！

這一年，竇太皇太后廢除了漢武帝的建元新政，親自點將，讓自己所

227

第五章　強漢之威：四方臣服的盛世

信任的人為三公，掌握朝政，漢武帝的心情鬱悶極了。當他看到表演歌舞的衛子夫，彷彿找到了心理上的宣洩口，當晚就臨幸了衛子夫。

第二天早上，漢武帝帶衛子夫回了皇宮。

衛子夫得寵，並且身懷龍胎，衛青就跟著沾光，從平陽公主府調到建章宮當差。

建章宮是新建的宮殿，還未竣工，在宮中當差的人成千上萬，衛青身列其中，並不起眼。

但就在這樣的不起眼中，衛青不妄自菲薄，不自輕自賤，虛心向其他人請教，學了一些文化知識，懂得了許多上層階級的禮節，也結交了許多很好的朋友。

這其中，有一個叫公孫敖的人不可不提。公孫敖，義渠人，最初以郎官身分侍奉漢武帝，此時也在建章宮供職，為人豪爽，講義氣，能為朋友兩肋插刀。

幸虧有公孫敖這樣的朋友，不然，衛青就完了，也就談不上破虜封侯了。

事情是這樣，衛子夫的得寵，就不可避免地激怒了一個人。這個人就是陳皇后陳阿嬌（成語「金屋藏嬌」就來自於她）。

陳阿嬌是漢武帝的姑姑、漢景帝的姐姐、大長公主劉嫖的女兒，雖然貴為皇后，但一直未能替漢武帝生子，她看著衛子夫的肚子一天天隆起，感到了前所未有的恐慌，恐怕衛子夫生下男孩，那樣孩子就會被立為太子，而自己的皇后地位就會被取代。但衛子夫正在受寵期間，不好對她下手，怎麼辦？

陳阿嬌找母親劉嫖訴屈。

劉嫖一聽，當即發飆：居然有人敢跟妳爭風吃醋？看老娘不滅了她！

但聽說衛子夫已有身孕，此時動手就是一屍兩命，搞不好，劉徹（漢武帝）還不跟老身拚命？

劉嫖冷靜下來，得，先讓衛子夫再蹦幾天，但這口氣不能不出，她不是有一個弟弟在建章宮上班嗎？我們就拿她弟弟開刀，殺雞給猴看！

劉嫖連藉口也懶得找，直接派人把衛青抓了起來，準備處死。

衛青不過是個無名之輩，劉嫖身為國母的母親，如果沒有意外發生，劉嫖殺衛青就跟捏死一隻螞蟻一樣容易。

關鍵時刻，是公孫敖拔刀相助，仗義相救。

公孫敖天不怕地不怕，聽說自己的拜把子兄弟遇難，二話不說，召集了幾個平日裡和衛青一起結交下的生死兄弟，呼嘯而來，殺散看守，把衛青救出，並送信給漢武帝，告知此事。

漢武帝聞知此事，大為震怒，連夜召見衛青，任命他為建章宮監、加侍中銜，讓衛青做自己的皇宮衛士長兼貼身隨從。

這麼一來，劉嫖再也奈何不了衛青了。

考慮到衛子夫除了衛青這一個弟弟，還有母親及其他的兄弟姐妹，為了保證衛子夫的母親和這些兄弟姐妹的安全，漢武帝一不做、二不休，索性把他們全召進宮來，數日之內連賞千金。

不久，漢武帝封衛子夫為夫人，將她的大姐衛孺賜婚於太僕公孫賀；二姐衛少兒賜婚於詹事陳掌（漢初名臣陳平的曾孫）；任命衛青為太中大夫，秩比千石。

衛青及其一家，真是因禍得福。

太中大夫，漢文帝朝名臣賈誼就曾經擔任過，屬於朝廷高參，可以參

229

第五章　強漢之威：四方臣服的盛世

與朝廷在外交、內政、戰爭等重大決策的討論。

在這個職位上，衛青充分地展示了自己的才能，特別是在對待匈奴問題上，他眼光獨到，提出了許多真知灼見，並多有與眾不同的建議，特別對漢武帝的胃口。

衛青的成功是僥倖嗎

隨著時間的推移，漢武帝越來越感到衛青是一個不可多得的人才，準備大力重用他。

漢武帝本人喜騎射狩獵，好擊熊豕，馳逐野獸，常有從狩獵中訓練騎士、選拔將才和提倡好武之風的舉止。他發現，衛青不僅看問題準，善謀善斷，而且精於騎射，絕對是一個統兵打仗的好苗子。元光二年（西元前133年）的馬邑誘擊戰雖然勞師無功，卻也不是沒有收穫，漢武帝透過這次行動，充分意識到漢軍的步兵機動性太差，無法與匈奴騎兵相比。當時投入馬邑伏擊的軍隊絕大部分是步兵，設伏時行動緩慢，耗時太長，行動難以保密；而行動暴露，敵軍退去，雖距離不遠，也無法實施有效的追擊，只能眼睜睜地望著敵人的背影興嘆。此外，漢軍宿將戰術思想保守，缺乏銳意進取的精神，如老將王恢本來有攔截匈奴的機會，最不濟也可以搶掠一把他們的輜重，卻囿於以往消極防禦思想的影響，只知道防守，不懂得出擊。漢武帝就不得不把眼光投向諸如衛青這類年輕有為、英勇敢戰的年輕人身上。

漢武帝元光六年（西元前129年），匈奴又一次興兵南下，蹂躪上谷（今河北省懷來縣），殺掠吏民。漢武帝忍無可忍，決定以此為契機，還匈

奴人以顏色，並逐步展開自己的破虜計畫。

因為頗有大將之才的韓安國腿上有傷，無法領軍，漢武帝遂大膽起用衛青。

他安排了四路大軍出塞：

第一路由車騎將軍衛青所部，領騎兵一萬，出上谷郡；

第二路由驃騎將軍公孫敖所部，領騎兵一萬，出代郡；

第三路由輕車將軍公孫賀所部，領騎兵一萬，出雲中郡；

第四路由驍騎將軍李廣所部，領騎兵一萬，出雁門郡。

四路大軍，各自為戰，互不統屬。

出塞與匈奴作戰，除了要面對匈奴人的利刀、鐵騎和箭矢外，還得特別注意一點，那就是千萬別撲空。如果撲空了，那這一次行動不僅沒達到打擊匈奴人的目的，而且算得上是自己的一場慘敗。

要知道，出塞一次不容易，塞外天遠地迥，這上萬人馬出塞，那得花費多少錢糧裝備呀！而且，面對草原、戈壁、沙漠，每次都不可避免地出現迷路失蹤，或者飢餓，或者病死的情況。

那要怎麼樣才能保證不會撲空呢？

事實上，匈奴人逐水草而居，來無影去無蹤，居無定所，就連匈奴人自己都不知道自己明天會出現在哪一個地方。

所以，就算你的情報工作搞得再好，已經偵察到匈奴人出現在東南西北的某一個方位、某一塊草原，但偵察人員這一回來，等集結好人馬出塞，在這一回一去的時間差裡，說不定匈奴人已經改換牧場，到其他地方去了。

就這一點來說，這次出征，李廣的運氣比衛青好多了。

第五章　強漢之威：四方臣服的盛世

原先漢武帝以為匈奴在上谷郡搗亂，讓衛青出上谷郡，那樣衛青撲空的機率就會大大減少，更容易建功立業。

而實際上，匈奴人主要劃分三部管理：大單于部、左賢王部、右賢王部。

大單于部實力最強，人口最多，其次是左賢王部，再者是右賢王部。大單于居中，控制蒙古高原和大漠，常常遊弋於漢朝的代、雁門與雲中三郡的塞外。

左賢王居東，控制中國東北部、北韓半島及西伯利亞，漢朝的上谷、漁陽及右北平三郡是其常常光顧之地。

右賢王居西，控制河西走廊及西域諸國，其對漢朝的掠奪主要定位在上郡與隴西郡。

由此可見，四路大軍出塞，撲空機率最小且最有可能遭遇匈奴單于主力的，應該是自代郡與雁門郡出師的公孫敖部與李廣部。

公孫賀出擊的雲中郡和衛青出擊的上谷郡，其實是大單于部與左、右賢王管轄區域的分界處，屬於三不管地帶，不容易遇上成規模的匈奴部隊。

事情的發展，也正是如此。

李廣與公孫敖運氣超好，才一出塞，就遇上了單于部主力。

可惜，這樣的運氣，李廣和公孫敖都沒能把握住。

公孫敖被打敗逃回，那也就算了。

堂堂飛將軍，竟也被人家打得片甲不留，丟臉啊。

最丟臉的還不止於此，就在這次戰鬥中，戎馬半生、歷經大風大浪的李廣竟然在陰溝裡翻了船，成了匈奴人的俘虜。

衛青的成功是僥倖嗎

公孫賀和衛青這兩個倒楣鬼在塞外逛蕩了半個多月，一個匈奴人也沒見到。

公孫賀繼續遊蕩了數日，看看帶來的乾糧吃得差不多了，認命了，運氣比不上人家李廣，收兵，回家。

衛青軍隊裡的乾糧也同樣吃得差不多了，他徬徨、猶豫，也想過收兵回家。

可是，這是我第一次執掌兵權，如果就這麼輕易地放棄，那麼，這輩子再難指望出人頭地了。

不！我不能就這麼放棄！

人生能有幾回搏？今日不搏待何日？

衛青咬緊牙關，命令士兵每日減半進食，繼續向北深入。他的熱血在燃燒，渾身充滿了不成功便成仁的鬥志。當然，光有鬥志是不行的，還要講究方法，講究策略。他每天都派出多股偵騎，四面搜尋敵情，雖然沒能找到匈奴主力的蹤影，但卻掌握了匈奴人的一些生活規律。

匈奴人逐水草而居，不會長久駐留在同一個地方，但匈奴人的心中卻有一個聖地，每年五月，匈奴各部都要聚集到這個聖地舉行盛大的集會，祭祀祖先、天地、鬼神。

這個聖地的名字叫龍城（大致在今內蒙古自治區錫林郭勒盟鑲白旗一帶）。

衛青由是有了一個瘋狂的想法：打龍城。

就算龍城遠在天邊，也要去碰一碰它；就算龍城是龍潭虎穴，也要去闖一闖。

衛青對眾將士說了自己的這個想法，軍隊裡頓時沸騰了。

第五章　強漢之威：四方臣服的盛世

　　這些年來，漢人被匈奴人欺負得慘了，從來都是被動地抵禦。匈奴人來去如風，神出鬼沒，說來就來，說打就打，等漢人集結好軍隊，他們又悄悄地溜走了。

　　現在，得知匈奴人也有固定的老巢，不打白不打！

　　漢軍上下摩拳擦掌，人心思奮，無不想狠狠地給匈奴人一個教訓。

　　如果襲擊龍城成功，那可真就是捅破天了。

　　衛青一軍在當地牧民的帶引下，避開匈奴主力，長襲千里，很快抵達龍城，突然發起致命的一擊。

　　龍城的匈奴人做夢也想不到漢軍會出現在自己的聖地上，在目瞪口呆之中無數人掉了腦袋，沒掉腦袋的也無心頑抗，四散奔逃。

　　衛青揮軍追殺了一陣，在龍城就糧，補充了軍隊的給養，清點好砍下的頭顱數，四處放火，將匈奴人的精神家園燒成白地，這才揮揮衣袖，瀟灑還師。

　　什麼也不用說了，四路大軍出征，公孫敖損兵折將、李廣全軍覆沒、公孫賀無功而返，只有衛青深入匈奴腹地，蕩平了匈奴人的精神聖地，取得了漢朝對匈奴作戰以來的第一場攻擊戰的勝利，在西漢歷史上寫下了濃墨重彩的一筆。

　　戰後論功，漢武帝御筆一揮，將衛青封為關內侯，寵信有加。朝野上下也由此對衛青肅然起敬：這年輕人果然有本事。衛青的姐姐衛子夫於漢武帝元朔元年（西元前128年）三月為漢武帝生下一子，即後來的衛太子劉據。衛子夫因此取代了陳阿嬌的地位，被封為皇后，衛氏一家，尊貴非常。京城中有歌謠說：「生男無喜，生女無怨，獨不見衛子夫霸天下。」

衛青緣何能得重用

　　客觀地說，衛青的「處子秀」——龍城之戰的戰果其實算不上輝煌，但其產生的影響卻極為深遠。

　　首先，這是農耕文明對游牧文明實施的一次馬上對話，而且，是農耕社會的中原王朝第一次將尖刀捅到遙遠的匈奴腹地去尋求作戰，這非常不簡單。唐朝人王昌齡賦詩「但使龍城飛將在，不教胡馬度陰山」，就把衛青讚譽為「飛將」。龍城襲擊戰的成功，使得這種閃電式奔襲戰成為對付匈奴人的一種模範。

　　中國的軍事思想歷經春秋、戰國時期的征伐，重在講究用兵策略、排兵布陣和武器裝備，很多地方顯得複雜、煩瑣、呆板，而忽視了最基本的機動靈活性。漢高祖三十萬大軍被匈奴人圍困於白登，便是這方面最典型的例子。無怪乎漢文帝時期，晁錯就曾針對漢匈雙方在軍事上的特點做過一番比較中肯的比較，向漢文帝上〈言兵事疏〉，指出匈奴軍有三長，漢軍有五長。匈奴人的三長是：一、匈奴的馬匹矯健，上下山阪，出入溪澗，來去如風，行動自如；二、匈奴人的騎術、射術精湛，險道傾仄，且馳且射，可以在馬匹騰躍中保持攻擊狀態；三、匈奴人悍猛，風雨罷勞，飢渴不困。而漢軍的五長是：一、漢軍的輕車突騎適合在平原作戰；二、漢軍的勁弩長戟，射疏及遠，攻擊力強；三、漢軍的堅甲利刃，長短相雜，遊弩往來，所向無前；四、漢軍有材官施射戰術，可以有組織地打擊敵軍顯要的目標；五、下馬格鬥，劍戟相接，去就相薄，漢軍的戰鬥力更強。為了能以己之長攻敵之短，漢朝廷選用了被動的防守措施，一般都是在自己的地盤與匈奴人作戰。可是，這種守株待兔式的做法注定是要失敗的。因為漢朝與匈奴的邊境線這麼長，匈奴人來去如風，今天在東邊打一

第五章　強漢之威：四方臣服的盛世

下，明天又轉到西邊打一下，漢軍根本防不勝防。這也是幾十年來，漢軍被匈奴人欺負得抬不起頭的原因。

漢武帝經過深思熟慮，決定改變這一現狀，主動出擊，禦敵於國門之外。

為此，他將大量民眾遷往邊境，在那裡建立城邑，對邊郡居民進行軍事訓練，並在邊郡設立剻苑，大量養馬，奠定了建設大騎兵陣營的基礎。此外，還創置了北軍八校尉，其中四校尉都是為建設騎兵而置。

也就是說，漢武帝朝，漢朝已經建立起一支由十萬至十五萬騎兵和數十萬步兵組成的強大軍隊。

龍城之戰，衛青就很好地貫徹了漢武帝的策略思想，主動出擊，取得了勝利。也就是從這時起，漢軍開始掌握了與匈奴作戰的主動權。

漢武帝元朔元年（西元前 128 年）秋，匈奴二萬騎為報龍城之辱，悍然入侵漢朝東北邊境，斬殺遼西太守（郡治陽樂，今遼寧義縣西），擄邊民二千餘人，繼而又打敗了屯駐在漁陽郡（郡治漁陽縣，今北京密雲區西）的材官將軍韓安國，侵入齊地。

漢武帝龍顏震怒，重新起用李廣為右北平郡（郡治平剛，今遼寧凌源市南）太守，牽制匈奴左賢王部主力；命衛青領精騎三萬，從雁門郡出塞，好好教訓教訓匈奴單于部；另派將軍李息自代郡出兵，以同衛青一軍形成呼應。

這一次，李廣在右北平郡閒得無所事事，而李息在塞外未遇見匈奴軍隊，兩人都是寸功未立。

而衛青因為偵探得力，一出雁門，就有大收穫。

他所遇上的，正是大單于的主力部隊。

如果說衛青是一個捕魚達人，那麼，這次他遇上的魚群數量足夠多了，有希望大豐收。

可是，這不是普通的魚群，而是虎頭鯊群，要豐收，還得看你有沒有捕撈的能力。

上文說過，大單于控制蒙古高原和大漠，遊弋於漢代、雁門與雲中三郡的塞外，所以從雁門出塞，和大單于部遭遇的機率相對比較大。上一次，李廣就是從雁門出征，跟大單于惡戰了一場，結果，李廣所部萬餘騎敗亡，自己也成了俘虜。

現在，輪到衛青和單于部對決了，結果如何呢？

衛青充分利用自己的優勢，以三萬兵力分兩翼包抄，中路進擊，一舉擊破匈奴軍兩萬鐵騎，斬首數千人。

這，就是實力，不服不行。

匈奴單于吃了這次大虧，再也不敢與漢軍硬碰硬廝殺了。他仗著自己騎兵多的優勢，避實就虛，既不去動李廣駐守的右北平郡，也不去衛青和李息分駐的雁門郡與雲中郡，而是經過長途遷移，轉侵東北部的上谷、漁陽兩郡，燒殺搶掠無惡不作，肆意殺掠漢朝官吏和無辜百姓，像老鼠戲貓一樣，讓漢朝軍隊疲於奔命、窮於應付，等漢朝軍隊累趴下了，再使殺手鐧，全殲漢軍主力。

這一招，可謂狡詐加陰險。

絕不能讓他們牽著鼻子走！衛青決定再下一步險棋：置匈奴單于荼毒東北而不顧，乘虛收取河套平原。

河套平原位於今天內蒙古自治區和寧夏回族自治區境內，又稱後套平原，是內蒙古高原中部黃河沿岸的一塊主體部分。東西長約180公里，

第五章　強漢之威：四方臣服的盛世

南北寬約 60 公里，總面積約 1 萬平方公里，是呈扇弧形展開的平原，其西到賀蘭山，東至呼和浩特市以東，北到狼山、大青山，南界鄂爾多斯高原。

所謂「黃河百害，唯富一套」，河套一帶的降雨量雖然稀少，但地勢平坦，便於灌溉，當地居民開鑿溝渠，充分利用了黃河河水的灌溉和滋潤，使得這裡土壤肥美，農業十分發達，素有「塞外江南」、「塞上糧倉」之稱。

如果能收取河套，就可以沿著這片廣闊而肥美的草原向北穿越庫布齊沙漠，渡過黃河，翻過陰山，挺進內蒙古高原，犁庭掃穴，直搗匈奴單于的王庭。

而事實上，從匈奴單于王庭出發的匈奴騎兵，就是以河套草原作為侵略中原的橋頭堡，多次侵擾中原王朝。

為此，春秋時期的趙武靈王就曾不惜一切代價降服了生活在河套平原上的林胡人與樓煩人，把趙國的版圖延伸到陰山山脈，設立雲中郡，建九原郡，放養馬匹，大練騎兵，與強秦爭雄。

秦朝統一中原，蒙恬率十萬大軍將匈奴逐出河套，遷徙 3 萬戶戍邊，使胡人不敢南下而牧馬，士不敢彎弓而報怨。

秦末，匈奴再次侵占河套草原，原先的移民紛紛逃返中原，世代居住在河套的樓煩、白羊二胡族則臣服於匈奴，成為匈奴人入侵漢朝的堅牙利爪。

所謂將在外而君命有所不受。衛青無視匈奴單于的挑釁，立志收取河套，從根本上解除長安北面的威脅，並向趙武靈王效法，築城河套以屯田、養馬，使之成為防禦和進攻匈奴的基地，扭轉漢匈雙方的攻守形勢。

衛青將自己的想法寫成書面報告，上呈長安，得到漢武帝的大力

支持。

漢武帝命李息部從代郡向東北進兵，做出救援上谷的姿態，以迷惑單于，策應衛青。

這是一次遠距離的長途奔襲，除了避免遠在東北面的單于從側面做出救援外，還要隨時防備遭受右賢王的攻擊。而且，所經之處絕大部分是漢軍從來沒到過的沙漠、草原。神不知鬼不覺地從河套平原一側壓迫匈奴軍並聚而殲之，這就需要行動迅速、保密，組織周詳。

衛青接到命令後並不急於行動，而是全面計劃、精密盤算，封鎖消息，調徵糧草，捕捉匈奴暗哨巡騎，尋找可靠的嚮導，了解水草位置以及解決大軍供給等，即進行所謂的「廟算」。兵法云：「夫未戰而廟算勝者，得算多也。未戰而廟算不勝者，得算少也。多算勝，少算不勝，而況於無算乎？」實際上，「戰勢不過奇正，奇正之變，不可勝窮」，天下事時時在變，世間無論謀劃任何事，都要從世事瞬息變化上掌握形勢變化，順應形勢的變化。戰爭更是如此，唯其如此，兵法才能活用。只不過種種變化，非可預料，所以為將者不以謀取某一妙計為重，而重在全盤謀劃，知彼知己。衛青對戰爭中發生的每一種可能都做出了估量和應對之策，這才手腳麻利地從雲中出發，北渡黃河後神龍擺尾，一日一夜急行軍八百餘里，向陰山的山口高闕（今內蒙古自治區巴彥淖爾市烏特拉後旗附近）發起猛烈的襲擊。

高闕地勢險要，是連線匈奴右賢王部和河套地區之間的重要通道，駐紮著樓煩王與白羊王的主力軍隊。

衛青三萬餘鐵騎從天而降，胡兵胡將猝不及防，一下子就炸鍋了，四散奔逃。樓煩、白羊二王倉皇向南逃竄。

漢軍在追殺中斬敵首級兩千三百級，盡得其畜產輜重。

第五章　強漢之威：四方臣服的盛世

面對這樣一個結果，衛青並不滿意，下令士馬休整一天，明天繼續追擊。

次日，南逐至榆溪，再次大捷，攆著樓煩、白羊二王殺奔靈州。

靈州，在今寧夏回族自治區銀川東南，乃黃河河套西面的一個渡口。

漢軍在這裡再次痛擊白羊、樓煩二王的殘部，接著一路向南，高歌猛進，直達隴西，徹底蕩平陰山以南的廣大地區，獲牛羊馬匹數量多達百餘萬頭。

此戰，漢軍達到了收復河套、聚殲白羊與樓煩王所部的預期設想，充分顯示出衛青指揮大兵團作戰的卓越才能。

遠在上谷的匈奴單于得知河套已失，心如刀絞，口中狂吐鮮血，一病不起。

衛青凱旋之日，長安城萬人空巷，夾道於城外歡迎英雄歸來。

漢武帝下詔稱：車騎將軍青率部擊胡之樓煩、白羊王於河南，得胡首虜數千，牛羊百餘萬，走白羊、樓煩王，遂取河南地，功蓋天下！

論功行賞，衛青以三千八百戶得封為長平侯，再益封三千戶以表其功。

隨同出征的大小將校也人人皆有封賞。其中，校尉蘇建以千一百戶封為平陵侯、張次公封為岸頭侯。

該年，漢武帝在河套置朔方郡（今內蒙古自治區巴彥淖爾市磴口縣）和五原郡（今內蒙古自治區包頭市西）。不久，又置西河郡（今陝西省府谷縣西北）。

奴隸成功逆襲，娶到了尊貴無比的女主人

漢武帝元朔三年（西元前 126 年）冬，纏綿病榻的匈奴單于軍臣終於不治身亡，他的弟弟左谷蠡王伊稚斜發動政變，自立為大單于，繼承了匈奴汗位。

伊稚斜為報丟失河套大仇，於漢武帝元朔四年（西元前 125 年）夏至漢武帝元朔五年（西元前 124 年）春的短短幾個月之間，連續入塞，於代郡、雁門、定襄、上郡、朔方等地殺掠邊民、掠奪財物。

漢朝方面，經過精心準備，擬舊仇新恨一併清算，先對匈奴左、右賢王發起反攻，以剪斷單于的左右臂。

漢武帝元朔五年（西元前 124 年）夏，漢武帝調集十餘萬大軍，由東西兩線向匈奴人發動攻擊。

東線以大行令李息、岸頭侯張次公為將軍，兵出右北平郡，攻擊匈奴左賢王。

西線分兩路出兵，其中車騎將軍衛青率主力騎兵三萬出高闕，直接攻擊匈奴右賢王王庭。另一路由衛尉蘇建、左內史李沮、太僕公孫賀、代相李蔡率領，從朔方郡出發，迂迴包抄匈奴右賢王王庭。

右賢王的王庭在陰山餘脈狼山之北，距高闕七百餘里。匈奴右賢王一直以為漢人根本不會找得到這個地方，所以跟往常一樣，該吃吃，該喝喝，該樂樂，歌照唱，舞照跳，其樂融融。

哪料衛青三萬騎兵在當地嚮導的帶領下，風馳電掣、馬不停蹄，踏著月色，在匈奴人的熟睡中破夢而來。

不用說，這又是一場赤裸裸的單方面屠殺。

第五章　強漢之威：四方臣服的盛世

　　無數匈奴人在睡夢中稀里糊塗地掉了腦袋，有幸驚醒的也無從抵擋，只顧著逃命。

　　右賢王親兵眾多，在親兵的照護下逃得一命。其餘匈奴小王紛紛束手就擒。

　　此戰，除了右賢王外，眾匈奴小王一個不漏，全都成了漢軍俘虜。

　　其餘俘虜共一萬五千多人，獲牲畜千百萬頭，勝利空前，來自朔方郡西北方向的威脅，隨之消弭。

　　這是一場極其出色的遠端奔襲。

　　漢軍三萬鐵騎，出塞六七百里，祕密、迅速，完全出乎敵人的意料。

　　而且對敵情掌握準確，甫到達目的地，衛青十分果斷和迅捷地展開包抄，四面合圍，將匈奴人基本一鍋端掉，可謂乾脆俐落、簡練有力。

　　得勝歸來的衛青大軍才走到邊塞，就遇上了天子派來的使者。

　　使者捧著大將軍的官印，在軍中封車騎將軍衛青為大將軍。

　　太尉之職已廢，大將軍位在三公上，卿以下官員皆拜，其他將軍率軍隊均隸屬於大將軍。

　　也就是說，衛青已一躍而成為帝國的軍事指揮官。

　　三軍歡聲雷動。

　　回到長安，漢武帝又在朝堂之上當眾宣布：「大將軍親自率領軍隊，出師大捷，俘獲匈奴王三十多人，故加封大將軍六千戶。」

　　接著，又封衛青的三個兒子分別為宜春侯、陰安侯、發干侯。

　　這次，衛青不再平靜地接受，而是推辭說：「我僥倖能在軍隊中當官，依賴陛下神聖靈威，才使軍隊獲得大捷，同時也靠各位校尉奮勇戰鬥的功勞。陛下已經降恩加封我，我的兒子們年齡還小，沒有立下任何功勞，皇

上降恩劃地封他們三人為侯,這並非我在軍隊中做官、鼓勵戰士奮力打仗的本意。我的三個兒子怎麼敢接受封賞呢?」

漢武帝掀髯大笑,說:「這個不用你來提醒,凡是有功之人,我一定大力獎賞。」

於是,隨軍出征的公孫敖、韓說、王廷、公孫賀、李蔡(「飛將軍」李廣的弟弟)、李朔、趙不虞、公孫戎奴、李沮、李息、豆如意等全都封侯。

其餘將校,包括普通士兵,也人皆有賞。

三軍大悅,人人紅光滿面,春風得意。

「跟衛青,有肉吃」,從此成為軍中將士的共識。衛青的功名和富貴,逼人而來,不可阻擋。元光五年,平陽公主的前任丈夫平陽侯曹壽就已病逝,現在衛青功成名就,兩人又是舊時相識,正好配成一對。

寡居在家的平陽公主原本要在列侯中選擇丈夫,許多人都眾口一詞地說:「大將軍衛青最合適。」

平陽公主笑嘻嘻地說:「他是我從前的下人、過去的隨從,怎麼能做我的丈夫呢?」

眾人都說:「衛青已今非昔比了,他現在是大將軍,姐姐是皇后,三個兒子也都封侯,富貴震天下,世間還有誰比得上他更能與您般配呢?」

漢武帝知道此事,拊掌大笑道:「當初我娶了衛青的姐姐,現在輪到他來娶我的姐姐,這再合適不過了。」

在漢武帝的張羅下,衛青娶了平陽公主,與皇帝親上加親,成為外戚中的外戚,富貴尊寵,風頭無兩。

不過,衛青為人謙讓仁和,敬重賢才,從不以勢壓人。

第五章　強漢之威：四方臣服的盛世

很多鑽營的人一頭紮進大將軍府,想在衛青手下混個門客當當,以求日後可以飛黃騰達。

可是,戰功顯赫、權傾朝野的衛青,堅決不做結黨之事,更不肯養門客,對那些前來找自己謀職位的人,一律拒絕接見。

衛青的老部下蘇建勸他說:「現在大將軍至尊至重,得到了天下賢大夫的一致稱頌,願將軍效古代名將招賢選士的行為,益增好士名聲。」

衛青卻不以為然,說:「親附士大夫,招賢黜不肖者,乃是主上專屬的權力。我們作為臣子的,只需要奉法遵職就可以了,何必養士!」

正因為衛青能避權遠嫌,所以,他雖寵任無比,而上不疑,下不忌。

霍少大出風頭之時,衛青的表現是這樣的

匈奴單于伊稚斜痛感右賢王之敗,於元朔五年秋親率萬騎悍然入侵代郡,處死了代郡都尉朱英,擄千餘漢民。

為了顯示自己的強硬態度,漢武帝元朔六年(西元前123年)春,漢武帝詔令大將軍衛青率五萬餘騎兵出定襄,進擊匈奴單于王庭。

經過連續幾年的冷靜觀察和深思熟慮,李廣充分領悟到了「跟衛青,有肉吃」的簡明道理,哭著鬧著要隨同出征。

漢武帝拗不過他,讓他擔任衛青軍中的後將軍。

李廣之外,還有左將軍公孫賀、右將軍蘇建、前將軍趙信、強弩將軍李沮、護軍校尉公孫敖、校尉張騫、驃姚校尉霍去病等將。

伊稚斜聽說漢朝天兵來了,就玩起了躲貓貓的遊戲。

衛青遍尋匈奴主力不得，只好分兵。

他命前將軍趙信與右將軍蘇建將三千餘騎，向右翼探索敵蹤；上谷太守郝賢部則向左翼探索敵蹤，自己親率大軍從中路推進。

三路兵馬，互相策應，齊頭並進；一路有警，三路會同合擊。

想法是好的。

但蘇建和趙信一軍，與伊稚斜的主力不期而遇，未等其他兩路大軍到來，已全軍覆沒。

衛青和郝賢兩路大軍趕來，雖然斬殺匈奴近萬人，卻無法改寫蘇建和趙信一軍敗亡的命運。

更可氣的是，前將軍趙信原是匈奴人，降漢得封為翕侯，看到軍情危急，便帶著剩餘的近八百騎兵跪地投降了伊稚斜，只有右將軍蘇建一人回到軍中待罪。

按照漢律，全軍覆沒便是死罪。可衛青自己覺得蘇建之敗及趙信之降，其實也跟自己分兵有關，若是把所有的罪責全推到蘇建一個人的頭上，絕非磊落丈夫所為。

那該怎麼處置蘇建呢？

衛青就蘇建的罪過徵詢主管軍法的軍正閎、長史任安、奉詔從軍的博士議郎周霸等人的意見。

周霸嘴快，說：「大將軍出征以來，還沒殺過一名副將，現在蘇建棄軍而逃，正可以斬蘇建以立威。」

衛青聽了，連連搖頭。

長史任安察言觀色，揣摩到了衛青的心思，說：「絕對不能這樣。兵法說『小雖堅於戰，終必為大所擒』，這次蘇建以幾千軍隊抵擋單于的幾

第五章　強漢之威：四方臣服的盛世

萬人馬，奮戰一天多，軍隊傷亡殆盡，也不敢對朝廷有背叛之心，自動歸來。如果回來卻被殺掉，這不是告訴將士們如果打了敗仗不可返回漢朝嗎？絕不應當殺蘇建！」

衛青頷首道：「衛青僥倖以皇親身分在軍中當官，不愁沒有威嚴，而周霸勸說我樹立個人的威嚴，大失做人臣的本意。何況即使我的職權允許我斬殺有罪的將軍，憑我尊寵的地位也不敢在國境外擅自誅殺，而應將情況呈報天子，讓天子自己裁決，以此表示做臣子的不敢專權，不也是可以的嗎？」

軍吏們聽了，心悅誠服，都讚道：「這才是仁厚者的善言。」

衛青由是命人將蘇建關押，送往皇帝巡行所在之地，自己引軍入塞，停止了對匈奴的征戰。

這次出征，先敗後勝，許多將領仍憑藉著斬敵首級符合定額得以封侯，只有身為後將軍的李廣空手而還，不得封侯。

值得一提的是，在衛青分兵三路尋找伊稚斜主力之際，他的外甥，年僅十八歲的霍去病獨自率本部八百輕騎狂飆猛突數百里，成功擊潰了伊稚斜留置在大後方的匈奴部隊，斬首兩千零二十八級，內含匈奴的相國、當戶及單于伊稚斜祖父輩的籍若侯產（籍若侯乃封號，名產），生俘單于伊稚斜的叔父羅姑比，以一千六百戶封冠軍侯。

對於右將軍蘇建，漢武帝尊重衛青的意見，赦免了他的罪過，沒有殺他。

蘇建有一個兒子，名叫蘇武，後來在匈奴北地牧羊，成為中華民族氣節的代名詞。

作為出征的領軍人物，衛青獲漢武帝賞賜千金。

那時王夫人正受到漢武帝的寵愛。

霍少大出風頭之時，衛青的表現是這樣的

寧乘勸大將軍說：「將軍之所以功勞不太多，卻食邑萬戶、三個兒子都封了侯，就是因為衛皇后的緣故。現在王夫人受寵，她的宗族還沒有富貴，將軍何不拿自己得到的千金賞賜去為王夫人的父母祝壽？」

衛青接受了他的建議，從中拿了五百金去祝壽。漢武帝對衛青此舉大為激賞。衛青卻不居功，告訴漢武帝這是寧乘的意見。藉衛青一句話，寧乘得以拜為東海都尉。霍去病既然已橫空出世，衛青便慢慢淡出了一線戰場，而將這個可供馳騁的華麗舞臺交給了這個年僅十八歲的外甥。

霍去病因此得到了更多建功的機會，也得到了漢武帝更多的恩寵，聲望很快就超過了衛青。過去巴結逢迎大將軍的故舊，紛紛轉到霍去病門下。

顯而易見，風頭全都被霍去病搶去了，換作一般人，這心裡一定有些酸溜溜的。

衛青坦然接受，心安理得地過著恬淡平靜的生活。

但不管衛青怎樣謙讓，他和霍去病作為漢家王朝軍界裡的雙子星座，還是少不了被人們放在一起做比較的，尤其是軍事上。

衛青此前的三次大規模戰役的成果其實並不比霍去病遜色。

其首戰直搗龍城，殺敵數量雖然不多，但對漢匈雙方士氣及心理上帶來的影響卻是巨大的；收取河套之戰使匈奴失去水草肥沃之地，對匈奴經濟的打擊可謂是一招致命；而漠南之戰一舉殲滅右賢王主力，實現了斷匈奴右手並為以後打通河西走廊奠定了良好的基礎。

至於兩人軍事思想和軍事能力上的對比，大家的共識是：兩人雖然同是騎兵突襲的行家裡手，但衛青的戰術特點更趨近於正兵一類，謀定而行，穩紮穩打，善於調配多兵種協同作戰，車兵、步兵、弩兵、騎兵各盡其用，擅長戰陣，堂堂正正地與敵人展開大兵團作戰。而霍去病的戰術特點則更充分地凸出騎兵機動靈活的作用，更趨近於奇兵一類，講究快速行

第五章 強漢之威：四方臣服的盛世

進、迂迴穿插、電奔雷擊、出其不意、攻其不備，擅長指揮裝備精良而機動性極高的騎兵展開突襲戰。

漠北之戰，衛青碾壓匈奴

漢武帝元狩四年（西元前119年），漢武帝決心以傾國之力跟匈奴單于伊稚斜來一場最後的對決。為了打好這一仗，漢武帝提前調整了一系列政策，實行幣制改革、專賣鹽鐵、加重商稅，以增加戰爭物資儲備，秣馬厲兵，全面造就了策略反擊匈奴的軍事、經濟、政治條件。

漢武帝的作戰計畫是：兩路大軍同時入塞，第一路大軍由大將軍衛青率前將軍李廣、左將軍公孫賀、右將軍趙食其、後將軍曹襄、校尉公孫敖，將騎兵五萬出代郡，穿越大漠，尋找左賢王主力，聚而殲之；第二路大軍由驃騎將軍霍去病率校尉李敢、從驃侯趙破奴、故河西匈奴降王因淳王復陸支、樓專王伊即靬、昌武侯趙安稽（故匈奴降王），將騎兵五萬出定襄郡，遠絕漠北，尋伊稚斜主力決戰。

兩路大軍出發前，漢武帝又進行了新一輪的全國總動員，大量徵發士卒、民夫、武器、戰馬、車輛、糧草……其中單就馬匹論，除了十萬騎兵所乘專用小米餵養的粟馬外，還有用以運輸輜重的十四萬匹良馬。可以想像，這是一場規模何其龐大的行動！參與轉運輜重、糧草的步卒高達五六十萬人，為這次大戰準備的糧草更是不計其數。

漢武帝欲畢其功於此役之心彰顯無遺！大軍即將開拔，漢軍在邊境俘虜了一名匈奴探子，從俘虜口中得知，伊稚斜單于已東去。相對而言，霍去病部的戰鬥力遠強於衛青部，為確保完殲伊稚斜，漢武帝趕緊調整原部

署策略，令霍去病部改由代郡東路出塞，直接與伊稚斜展開強強對話；而衛青部則改由定襄郡西路出塞。

實際上，該匈奴俘虜所提供的，是個假情報。伊稚斜得知漢軍來攻，並沒東移，而是將部眾人畜輜重向北後撤，以精兵待於漠北，專候漢軍的到來。他的本意是漢兵穿過這片浩瀚的沙漠，一定人疲馬倦，成強弩之末，自己以逸待勞，就可以坐收俘虜，輕鬆獲勝。送假情報、有目的地引師後退、結合自己的特點預設戰場……看得出，伊稚斜是個極其狡猾、陰險的敵人。可憐的衛青，並不知道自己遇上的會是伊稚斜的主力！

因為，在漢武帝的計畫裡，他是負責越過大漠，與左賢王主力展開對決的。

也就是說，他的對手應該是左賢王而不是伊稚斜，戰鬥的地點應該是在更遠的地方而不是漠北的邊緣。

所以，當他們遠足了一千多里，穿越過這片大沙漠，伊稚斜的部隊突然映現在眼簾，不免有些手足無措。

但對伊稚斜而言，一切都在掌握中。

和伊稚斜的設想一模一樣，現在的漢軍人疲馬倦，已成強弩之末！

伊稚斜獰笑著，腦海裡出現了自己坐收俘虜、輕鬆獲勝的種種場景。

事實真是這樣嗎？

如果伊稚斜遇上的是霍去病這樣只會搞長途奔襲的冒失鬼，說不定劇情真的會按照他預先設定的戲路往下走。

可是，陰錯陽差，讓他遇上了自己天生的剋星衛青！

和人們所評論的一樣，衛青雖然也是搞騎兵突襲的行家裡手，但這只是衛青眾多戰術中的一種，不是唯一。衛青的用兵特點趨近於正兵，謀定

第五章　強漢之威：四方臣服的盛世

而行，穩紮穩打。

衛青自一出塞，考慮到自己這次是大兵團作戰，除了所部五萬騎兵外，還有數不清的運輸車輛和幾十萬轉運輜重的步卒，所以，他並不一味講求速度，而是步步為營，穩健推進。

伊稚斜主力的突然出現，雖然使衛青一軍出現了小小騷動，但並未形成大的慌亂。

泰山崩於前而色不變，麋鹿興於左而目不瞬。

作為三軍之膽的統帥，衛青鎮定自若、從容應對。

如果這一仗由霍去病指揮，按照霍去病一貫的狠人作風，多半是拎刀子直接就砍——不是說，狹路相逢勇者勝嗎？

然而，衛青絕不會這樣。

乍遇強敵，衛青徐徐結陣，先採取守勢，再穩中求勝。

前文提到，漢武帝針對匈奴人的特點，大量擴建騎兵，之前適合於中原內地平原作戰的戰車已退出了正面戰鬥的舞臺，淪落為運輸糧草、輜重的工具。

衛青的用兵之妙，存乎一心，並不拘泥。

現在，他將這些用以運輸糧草、輜重的工具，名叫武剛車的戰車派上場了。

當然，並不是衝鋒，而是圍繞著漢軍層層疊疊構成環形車陣，內讓裡面的漢軍紮住了陣腳，外讓敵人難於突破。

武剛車，其四周及車頂均以厚革皮覆蓋用於防護，首尾環接，頃刻便結成一道銅牆鐵壁。

衛青，已反客為主！

漠北之戰，衛青碾壓匈奴

明代茅坤說：「衛青武剛車之戰，氣震北虜。」

伊稚斜睹之色變。

兩軍相遇，漢軍選擇了守。

那麼，匈奴方面採取攻還是守，就看伊稚斜的態度了。

伊稚斜原先的計畫無疑已經落空。如果面對漢軍也採取守勢，那麼，「以逸待勞」的既有優勢就會一點點消失。

所以，對匈奴人而言，只能是閉著眼往前攻了。

攻，狠狠地攻！

伊稚斜咬牙切齒地狂叫道。

來得好！立刻於中軍的衛青一揮手，喝道：「放箭！」

一時間，千弩齊張，萬箭如雨，鋒鏑噬血！

策馬馳突的匈奴騎兵慘叫聲聲、鬼哭狼嚎，紛紛倒地。

伊稚斜看得汗毛倒豎，全身的血液似乎凝固。

衝！再衝！衝！

再衝？再射！

漢軍的羽箭如同飛蝗，鋪天蓋地，持續不斷，匈奴人傷亡慘重。

伊稚斜根本不知道漢武帝為了打這一仗下了多大血本，衛青帶來的武剛車內又裝載有多少枝箭矢！

看著那些已經被射成刺蝟一樣的士兵成片成片躺臥在地，伊稚斜被迫停止了衝鋒。

漢人有箭，難道我匈奴人沒有箭？小的們，拿出你們的弓箭，和漢人對射！可惜的是，誠如晁錯所總結的，在武器方面，匈奴人比漢人差

第五章　強漢之威：四方臣服的盛世

多了。漢軍的弓殺傷力驚人，射程差不多是匈奴弓的兩倍。這可真要了命——要了匈奴人的命！匈奴人的箭離漢軍還有好大一截距離，就綿軟無力地跌落地面，而漢軍射出的箭卻讓匈奴人傷亡慘重。

匈奴人為了不被射死，只好一退再退。

退？往哪退？

看著匈奴人的陣腳已經散亂，衛青嘴角噙著冷笑，令校尉公孫敖率精騎五千追擊匈奴。

伊稚斜趕緊策動萬騎應戰。

雙方拚力血戰，戰得天昏地暗。

黃昏時分，大風驟起，揚沙擊面，兩軍互不能見。

衛青又變招。

他乘勢發大軍從左右兩翼實施包圍，將匈奴軍陣團團圍住。

伊稚斜在風沙中看見漢軍越來越多，大感恐怖，知道若不早逃，將死無葬身之地，由是倉皇率壯騎數百，趁天色昏暗，從西北方向突圍逃走。

此戰，唐代詩人王昌齡賦詩盛讚：大將軍出戰，白日暗榆關。三面黃金甲，單于破膽還。

天已大黑，混戰仍在進行。

匈奴的指揮中樞已空，潰亂勢所難免。

漢軍左校從捕到的俘虜口中得知伊稚斜單于已逃脫，趕緊上報衛青。衛青嚇了一跳，不行，這次出塞就是要全面清剿匈奴，怎麼能讓匈奴首領脫逃？追！生要見人，死要見屍！

衛青先遣輕騎連夜追擊，自己率主力隨後繼進。

黑夜中，漢軍狂追了二百餘里，始終未能找到伊稚斜的蹤跡，沿途殲

敵萬餘人。

正是：月黑雁飛高，單于夜遁逃。欲將輕騎逐，大雪滿弓刀。

什麼？找不到伊稚斜？衛青大失所望，欲要罷兵，又實不甘心。

是啊，大軍自定襄出塞，已長驅一千幾百里，歷盡千辛萬苦，耗盡天文數字級別的錢糧橫絕大漠，竟然連伊稚斜的汗毛也沒抓到一根，這也太說不過去了！

猶豫再三，衛青咬咬牙，下令大軍繼續向北挺進。

意外的收穫來了。雖然沒找到伊稚斜，但漢軍卻奇蹟般地到達了寘顏山下的趙信城（今蒙古國杭愛山南麓）。

哈哈，趙信城內竟然藏了匈奴人大量的糧草輜重。

實際上，這就是匈奴部這十餘年來處心積慮所累積的全部家當。

漢軍攻破了這座城堡，打開了裡面的倉庫，被裡面高如山丘的糧食和兵器甲仗驚呆了。

衛青的鬱悶之情一掃而光，笑容如花般綻放。

他一迭聲地下令軍隊把這些糧食輜重打包、裝車。

可是，雖說漢軍有幾十萬士卒、十萬戰馬、數千輛輜車，但所能運走的物資不到其中的三分之一。

搬運不完，怎麼辦？

燒！

衛青從牙縫裡蹦出了一個字。

只要把這裡的東西燒光、運光，就等於扼斷了敵人的經濟命脈，他們也就掙扎不了幾天了。

當日，在趙信城，衛青犒賞三軍，宣布休整一天。

第五章　強漢之威：四方臣服的盛世

次日，盡焚其城及剩餘軍資，振旅而還。

此戰衛青軍殲敵一萬九千人，其沉穩謹慎和狂飆猛進的用兵風格都得到了集中展現，指揮藝術高明至極。

而倒楣鬼李廣和右將軍趙食其因為迷路，與大軍失去了聯繫，未能躬逢其盛，白白錯失了一次建功封侯的良機。

李廣心如死灰，徹底認命，拔劍自殺。

趙食其被送上軍事法庭，主動上交贖金，得贖為平民，免去一死。與衛青相輝映的是，從東面出代郡的霍去病部也收穫頗豐。其部北進兩千餘里，越過大沙漠，大破匈奴左、右賢王部，俘獲屯頭王、韓王等三人，將軍、相國、當戶、都尉等八十三人，共殲敵七萬餘人，左賢王和右賢王部精銳幾乎全軍覆滅。得意非凡的霍去病軍至狼居胥山，在山上祭天，又在姑衍山祭地，高奏凱歌而還。漢武帝對霍、衛二人的表現極為滿意，加封二人為大司馬，衛青號大司馬大將軍、霍去病號大司馬驃騎將軍。漠北大戰，是西漢對匈奴戰爭中規模最大的一次，是漢武帝反擊匈奴戰爭的最高峰。匈奴遭受了毀滅性的打擊，在霍、衛率領的東、西兩路大軍的攻擊下，共被殲九萬餘人，元氣大傷，且物資喪失殆盡，無力再在大漠北緣立足，被迫向西北方向一遁再遁，從而出現了「漠南無王庭」的局面，危害漢朝百餘年的匈奴邊患基本得到解決。而漢軍方面雖然繳獲大批物資，但損失兵力數萬人，死亡馬匹十幾萬，這其中既包括戰鬥損失，也包括非戰鬥因素，如長途奔襲中的損耗，以及由於匈奴人在水源中投毒造成的瘟疫等，軍事力量銳減，短時期內也無力再發動大規模進攻。

但無論如何，這是一場最終以漢軍全面勝利而宣告結束的戰爭。匈奴遭受了前所未有的打擊，實力大減，且再也沒能力恢復往日的強大，不久就分裂為多個小部落。而漢朝戰勝匈奴，打通了到塔里木盆地及中亞的商

路，完全控制了河西走廊，在從中原到中亞的絲綢之路上，架起了一座溝通中西經濟和文化的橋梁。

從這個意義上來說，衛青居功至偉。

衛青前後共七次出擊匈奴，無一次敗績，與前代抗擊匈奴的名將李牧、蒙恬等相比，顯然更勝一籌。漢朝對付匈奴的戰法由他開創、確立並定型，成為一種固定模式。後來中原王朝抗擊游牧民族的戰法，無不效法於他。衛青，稱得上名將中的名將。

然而，在戰場上威風八面的衛青衛大將軍，一旦下了戰場，又迅速恢復成一個仁善退讓、溫和謹慎的謙謙君子。

衛青甘願被雪藏

朝中文武百官見了權勢熏天的大司馬大將軍無不畢恭畢敬，下拜行禮。雖然衛青恭謙有禮，遇之無不還以拜禮，可是漢武帝朝的諍臣汲黯卻看不慣衛青的做法，認為衛青是個偽君子。當然，他更看不慣群臣的做法，認為群臣都是些趨炎附勢的好利之徒，破口大罵群臣是軟骨頭，他自己見了衛青不但不行禮，連招呼也不打。

衛青並不介意，主動跟他行禮。汲黯的朋友對汲黯目中無人的態度都看不下去了，勸他：「天子本來就想讓群臣居於大將軍之下，大將軍如今受到皇帝的尊敬和器重，地位顯貴，你怎麼可以不行跪拜之禮？」

汲黯反唇相譏道：「難道因為我不肯向大將軍行禮，就導致了他不受敬重？」

第五章　強漢之威：四方臣服的盛世

汲黯的回答傳到了衛青的耳中，衛青肅然起敬，對汲黯越發尊重，認為汲黯賢良正直，時不時持弟子禮，向其請教國家疑難大事，看待他勝過平素所結交的人。

汲黯慢慢覺察到衛青虛懷若谷的一面，大受折服，由衷地稱讚衛青有古君子之風。

朝中如汲黯這類嚴正耿直的臣子均被衛青的人格所征服，一些野心家也為衛青的軍事能力及待人處世的方式所震懾。

當年，劉邦逐殺了淮南王英布，改將淮南王的王位封給自己的幼子劉長。這個劉長，是個不安分的主，在漢文帝朝密謀造反，被流放，途中自殺。淮南王的位子就傳給了他的兒子劉安。這個劉安，同樣是個不安分的主，又在漢武帝朝密謀造反。

劉安之所以遲遲沒有動手，就是因為太過忌憚衛青。

劉安曾徵詢謀臣伍被，說：「山東即有兵，漢必使大將軍將而制山東，公以為大將軍何如人也？」

伍被引用了他兩個朋友對衛青的看法來回答劉安。

第一個人姓黃名義，曾隨衛青出征匈奴，對衛青佩服得五體投地，他對衛青的評價是：「大將軍遇士大夫有禮，於士卒有恩，眾皆樂為之用。騎上下山若飛，才幹絕人。」

第二個人姓曹名梁，是淮南國派往京城辦事的「謁者」，對衛青的評價是：「大將軍號令明，當敵勇敢，常為士卒先。安營紮寨休息，必須鑿通水井，士兵人人喝上水，他才肯飲。軍隊出征歸來，士兵渡河已畢，他才過河。皇太后所賜金帛，盡以賜軍吏。即使古代名將也無人比得過他。」

根據這兩個人對衛青的評價，伍被的結論是：大將軍衛青屢次率兵征戰，通曉軍事，不易抵擋。

劉安聽了伍被的話，沉默了。

不過，劉安的家裡出現了內亂，他的庶孫劉建不堪淮南王世子劉遷的迫害，破罐破摔，向朝廷告發了爺爺的謀反意圖。

劉安後路被斷，只好硬著頭皮舉事，並準備派人假裝獲罪逃出淮南國、投入衛青門下，以藉機行刺。

在他看來，只要衛青一除，改朝換代就如同揭去一塊蓋布那麼輕而易舉。

不過，他的造反大業終究沒有成功，他甚至連暗殺衛青的刺客都還沒派出，就被漢武帝先發制人，緝拿歸案了。

這一件事，也足以看出衛青乃大漢王朝的一根定海神針，地位舉足輕重。

然而，越是這樣，衛青為人就越是低調。

衛青是個聰明人，悟性極高。

他知道功高震主、勢大壓主的下場是什麼。

他的功勞越大，官職越高，他就表現得越是謙遜。

漠北之戰過後長長的十幾年時間裡，他再也沒有執掌過兵權。

南越、東甌起亂，由揚僕和路博德領兵平滅；西羌動亂，由李息和徐自為領兵平定；南夷禍變，由郭昌與衛廣領兵剿滅；西域車師國叛亂，由趙破奴領兵平服……

作為不世出的名將，衛青竟然心甘情願地遭受雪藏，不再染指半點行軍打仗之事，他如果不是太能忍，就是天性本就淡泊。

第五章　強漢之威：四方臣服的盛世

就因為這種安於現狀、堅守本分、淡泊名利的表現，讓漢武帝對他感到極其放心。

衛家聲勢冠長安，御柳春風衣帶連。

好色君王多慧眼，寒門子弟有忠肝。

單于淚灑疆場雨，司馬功成戈壁灘。

畢竟謙恭能自保，從來悍將少延年。

這首詩，是對衛青一生功業和獨善其身的最好總結。漢武帝元封五年（西元前 106 年），衛青辭世，漢武帝命人在自己的茂陵東邊專門為衛青修建了一座像廬山（匈奴境內的一座山）一樣形狀的墳墓，以表彰衛青一生的赫赫戰功。

天生名將霍去病

作為西漢互相輝映的兩顆將星，霍去病、衛青的出身竟然如此相像——都是為人所不齒的私生子。

衛青的母親衛母原先嫁衛姓男子，生下一子三女。

衛青是衛母成為寡婦後與平陽縣吏鄭老四所生。

其實，鄭老四並不是衛母生命中的最後一個男人。

在衛青之後，衛母又生了兩個孩子，和誰生的對外保密，她讓孩子都姓衛，名字分別叫衛步和衛廣。

這些兒女中，除了衛青和衛子夫，二女兒衛少兒也是個有故事的人。

衛子夫美豔不可方物，漢武帝第一眼看到，歸途被截，乖乖在她裙下

稱臣。

衛少兒和衛子夫乃一母同胞，容貌也不遑多讓。

憑藉這姣美動人的容貌，衛少兒原本可以輕而易舉地俘虜每一個男子的心。

可是，好白菜都讓豬拱了。

一個流氓加惡棍式的男子闖進了她的世界。

這個男子姓霍，名仲孺，是另一個翻版鄭老四，或者，比鄭老四更加不堪。

霍仲孺是鄭老四的同事，同為平陽縣的縣吏，同樣在縣衙上班。

也許是聽了鄭老四的吹噓，知道了平陽侯府有這樣一家低賤得任人欺凌的母女，豔羨鄭老四享有齊人之福，就費盡心思找藉口、找機會，盡一切可能到平陽侯府獵豔。

功夫不負有心人。

他見到了這家傳說中的母女，並被衛少兒的美色所惑。

跟天下一切無行浪子一樣，霍仲孺看著衛少兒的肚子一天天變大，卻毅然決然地離開了衛少兒，不帶一絲依戀。

相較之下，鄭老四是因為家有母老虎，沒辦法負起責任，但好歹還帶衛青生活了一段時間。

這個霍仲孺，未婚，還是個單身男人，僅僅是因為鄙視衛少兒的奴婢身分，就做出這種始亂終棄的事情。

霍去病從出生到長大成人，沒享受過來自霍仲孺方面的半點父愛，也從來沒有得到過來自霍仲孺方面的哪怕一分錢的資助。

對於霍仲孺這個負心漢，衛少兒並未表現出過多的怨恨，兒子出生

第五章　強漢之威：四方臣服的盛世

後，她依然義無反顧地讓兒子姓霍。

嬰孩時代的霍去病生活過得極其清苦，但隨著衛子夫被漢武帝看中並迎入皇宮，衛家上下老少便時來運轉，過上了幸福生活。

漢武帝還親自主媒，把衛少兒嫁給了漢初名臣陳平的曾孫陳掌。

母親嫁入了陳府，拖油瓶霍去病便跟隨著舅舅衛青一起生活。

在衛青建功立業的同時，霍去病也漸漸地長成了一個相貌奇偉、性格堅毅、智勇過人的青年。在舅舅的影響下，霍去病精於騎射，胸懷大志，不甘於像其他王孫公子那樣在長輩的庇蔭下碌碌無為地度過一生，他渴望馳騁沙場，做一番轟轟烈烈的事業。

漢武帝元朔六年（西元前123年），衛青領軍二出定襄，發動了聲勢浩大的對匈反擊戰，史稱漠南之戰。

十八歲的霍去病跟隨舅舅出征，單獨領八百騎兵。

這八百名騎兵是大有來頭的。

漢武帝早期專門從隴西、天水、安定、北地、上郡、西河等六郡選良家子宿衛建章宮，稱建章營騎。六郡均在邊地，邊民彪悍，善於騎射，又好勇鬥狠，所選又都是良家子弟，建成和練就的部隊可謂西漢軍隊裡面精銳中的精銳。後來，漢武帝取「如羽之疾，如林之多」之意，將建章營騎改名羽林騎。霍去病本身就是羽林出身，所領又是羽林騎，指揮起來得心應手、排程自如。

在這次戰役中，霍去病領著這八百羽林驃騎獨自甩開大軍幾百里，另外開闢第二戰場，尋找有利殲敵機會。

初生之犢不畏虎，霍去病深入匈奴腹地數百里，「八百驍騎從天來，控弦十萬不足數」，一舉擊殺匈奴相國和當戶，殺死單于祖父一輩的籍若

侯產，活捉單于叔父羅姑比，斬首二千零二十八人，勇冠三軍，功高一時，被漢武帝封為「冠軍侯」，食邑二千五百戶。

毫無疑問，霍去病這一次的勝利完全得益於他所採用的戰術：深入敵境，出奇制勝，遠端奔襲，迂迴包抄，速戰速決。

這種閃電戰術為衛青所開創，霍去病進一步將之發揚光大。

霍去病率高機動的騎兵快速突進，目的並不是爭奪一城一地，而是打擊敵人後方有生力量。

此次突襲的勝利，也形成了霍去病軍隊的作戰風格──長途奔襲、輕騎突擊。

其實，霍去病並不是一個喜歡研究軍事理論的人，他對此興趣不大。漢武帝曾經要求他認真學習《孫子兵法》和《吳起兵法》，他傲然答道：「顧方略何如耳，不至學古兵法。」

雖不喜兵法，霍去病卻是個極具名將氣質的人。首先，他有氣敢任，勇於冒險，有責任、有擔當，不避艱險，豪氣沖天。其次，他頑強剽悍，關鍵時刻捨生冒死，敢打敢拚，即使是孤軍深入，仍有膽氣一馬當先，衝鋒在前。再者，能在險境、逆境中保持冷靜，意氣自若，面對數倍於己的強敵也毫不慌亂，勇打硬仗、惡仗。還有，最重要的一點，他並不是只會逞匹夫之勇的戰將，而能在戰鬥中注重「方略」，戰無定法而有法，他能根據戰場瞬息萬變的形勢迅速做出調整，隨機應變。

一句話，霍去病乃天生名將。而最難能可貴的是，和母親衛少兒一樣，霍去病同樣擁有著善良而偉大的人格。

他知悉了自己的身世，便向人打聽生父的下落，專門到霍仲孺家拜父認親。

第五章　強漢之威：四方臣服的盛世

那年霍仲孺剛離開衛少兒，便迅速地娶了一位他自認為門當戶對的女人，生了一個兒子，取名霍光。

正是霍去病把霍光帶回了宮中，嚴加教養，霍光才得以成為一代名臣。

驃騎大將軍的大迂迴策略

漠南之戰次年，即西元前 122 年，漢武帝在狩獵中偶獲異獸，認為是天降祥瑞，龍心大悅，改年號為元狩，該年稱元狩元年。這一年的五月三十日，匈奴左賢王率萬騎突入上谷郡，殺數百人。

要不要教訓教訓這個不知死活的左賢王呢？實際上，匈奴單于伊稚斜在衛青的連番打擊下，元氣大傷，無力在漠南立足，已將匈奴本部遷到了漠北地區，即今天蒙古國南部和中國內蒙古自治區北部的沙漠群以北地區。

伊稚斜認為，自己這一遷徙，已經遠比天涯，如果漢軍還要窮追不捨、趕盡殺絕，那麼，漢軍就必須穿過這荒無人煙的沙漠地帶，那時，早成強弩之末，能奈我何？

而左賢王，不過是伊稚斜留在漠南東線的一顆棋子，目的是拖疲拖垮漢軍，為匈奴本部贏取休養生息的時間，僅此而已。

所以，經過討論，漢朝方面的意見是：要平滅匈奴，就必須置左賢王的騷擾於不顧，先想法收取河西。河西，又稱河西走廊，地處黃河河套，地形狹長，大致包括今天甘肅武威、酒泉、張掖等地，是聯結漢朝與西域的重要交通要道，越過河西走廊西北面的敦煌，便是西域。另外，河西走廊背靠漢朝的隴西、北地二郡，其西南側是水草豐美的天然牧場祁連山

脈，東北側則是內蒙古自治區阿拉善高原及古稱流沙地的騰格里沙漠和巴丹吉林沙漠。而巴丹吉林沙漠北緣的居延澤（今內蒙古自治區額濟納旗東）正好與漠北交界，延伸入匈奴腹地。得了河西，則可以隨時對退避漠北的匈奴本部發起攻擊。

漢武帝元狩二年（西元前121年）春，漢武帝決定對河西用兵。

很奇怪，這次用兵的主帥人選不是衛青，而是霍去病。

也許，漢武帝覺得，這是一次閃電戰，漢軍必須在伊稚斜還沒做出反應之前搶占河西地，霍去病在漠南之戰中所表現出來的快速穿插、電閃雷擊，說明他是指揮這次行動的最佳人選。

又也許，漢武帝是為了培養帝國軍事的後備人才，對霍去病刻意地栽培。

他提拔霍去病為驃騎將軍，率一萬騎兵，從隴西郡出塞，兵發河西。

居延城外獵天驕，白草連天野火燒。

暮雲空磧時驅馬，秋日平原好射鵰。

護羌校尉朝乘障，破虜將軍夜渡遼。

玉靶角弓珠勒馬，漢家將賜霍嫖姚。

霍去病運用的是大迂迴策略。所謂大迂迴策略，就是進攻方為了隱蔽自己的策略企圖，避開敵人的整體防禦，不與敵方直接接觸，而向敵翼或敵後實施遠距離移動，形成合圍形勢，在更大範圍內包圍敵方戰役陣營，從最薄弱的環節入手對其實行毀滅性打擊，是策略追擊的最高階段。

要實現這一策略意圖，指揮大迂迴作戰的統帥必須具有遠見卓識、洞悉戰爭形勢，知己知彼，明確敵人具體的兵力部署、進攻方向和企圖，以及自己一方在迂迴過程中可能會遇到的抵抗地區和抵抗方式，從而確定自

第五章　強漢之威：四方臣服的盛世

己迂迴的方向，以迂為直，避實擊虛，逐個擊破。

一句話，大迂迴策略是最高軍事統帥智慧與膽量的結晶。十九歲的霍去病引軍越烏戾山（今甘肅省靖遠縣東南端之屈吳山），渡黃河，伐速濮部（匈奴名族，常與單于通婚），涉狐奴水（今甘肅省武威市石羊河），在千里大漠中閃電奔襲，六日轉戰千餘里，成功擊破匈奴五部落，如秋風掃落葉一般平滅河西諸小王。

這真是一場教科書式的大迂迴戰。

當然，這還不是終結。

霍去病馬不停蹄，繼續往北疾奔，再折而向南，縱橫上千里，攆著匈奴渾邪、休屠二王在焉支山（今甘肅省張掖市山丹縣大黃山）上滿山亂跑，最後攆到了皋蘭山（今甘肅省臨夏縣東南）。

皋蘭山的東南面就是黃河，過了黃河，就是漢朝隴西郡地界，匈奴人已逃無可逃。

圖窮匕見，困獸猶鬥。

一場生死大決戰由此開始。

匈奴人瘋了似的，血紅著眼珠子，咿咿啞啞地揮舞著刀子，朝漢軍發動了反擊。

霍去病並沒有被匈奴人的氣勢所嚇倒，一如既往，衝！

雙方硬碰硬，刀對刀、槍對槍，互相砍殺。

匈奴人以往的戰法一直接近於無賴戰法，你來我就走，你走我就來，總是趁你不留神或者防備薄弱時搶你一把、捅你一刀，漢朝士兵恨得不行，難得有這樣面對面的搏殺，大夥都甩開了一切拚命。

和漢軍的心態不同，匈奴人現在是在險境中求生、絕地裡反擊，所以

鬥志更盛、被激發的潛能更多。

而且，兵書上說：「用兵之法，高陵勿向，背丘勿逆，佯北勿從，銳卒勿攻，餌兵勿食，歸師勿遏，圍師遺闕，窮寇勿迫，此用兵之法也。」

現在的匈奴人就是窮寇，應該留給他們一條逃生之路，這樣，他們的鬥志就會渙散，逐殺起來，就會更得心應手。無奈霍去病對兵書上所論的兵法根本沒興趣研究，留條逃生的路給您？門都沒有，殺，往死裡殺！

惡戰空前慘烈，匈奴人死傷無數，當然，漢軍也傷亡慘重。

但在霍去病的帶領下，漢軍無所畏懼，很多人的戰馬倒地了，沒關係，拍拍屁股，爬起來，站在地上繼續操刀步戰；刀鋒砍鈍了，刀頭捲了，刀柄斷了，沒關係，赤手空拳也要拚個你死我活，用雙手掐對手的脖子；手臂受傷了，骨頭斷了，沒關係，就用牙齒撕咬敵人的咽喉；牙齒被撞脫落了，沒關係，就用腦袋硬碰硬敵人的腦袋……

匈奴人徹底被漢軍的狠勁震住了。這些都是什麼人哪？不，不是人，是魔，是神魔！對付這樣的神魔，打是打不贏的，除了被殺，就只有投降一條路了，那還猶豫什麼？投降吧！

醒悟過來的匈奴人成片地跪倒在地，高舉雙手投降。

霍去病終於贏得了最後的勝利。

匈奴被斬首八千九百六十人，其中，盧侯王和折蘭王戰死，渾邪王子及相國、都尉被俘虜。

不過，漢軍也戰死近七千人，霍去病帶來的一萬精兵，所餘不過區區三千人。

這是一場面對面、硬碰硬的攻堅戰，霍去病部毫無取巧之機，全軍知難而進，咬緊牙關，玩命強攻，以視死如歸的大無畏精神和血戰到底的決

第五章　強漢之威：四方臣服的盛世

心頂住了敵人反撲的凶猛氣焰，最終以少打多、以疲打逸，打出了大漢天威，獲取了戰鬥的勝利。

戰後清點戰利品，漢軍除了收穫堆積如山的甲仗輜重，還繳獲了匈奴休屠部的聖物「祭天金人」。

美中不足的是，渾邪王和休屠王在亂軍之中脫逃了。

遠在長安的漢武帝聞此捷報，益封霍去病二千二百戶。

順帶一提，很多軍事迷認為霍去病時代還沒發明馬鐙，騎兵的戰鬥力有限，遠遠比不上步兵，從而對霍去病騎兵團的作戰成果產生懷疑。

這種懷疑也不無道理。

沒有發明馬鐙前，亞歷山大率軍東征，他的將士們為了在馬上騎牢、不被因為奔跑而猛烈顛簸的戰馬摔下，懸垂著的雙腿就不得不用力緊緊夾住馬身，同時雙手還不得不緊緊抓住馬鬃，其艱辛可想而知，也就談不上在馬上作戰了。事實上，他們的戰馬只是作為騎乘工具而不是作戰工具，到了既定戰場，這些所謂的「騎兵」就得乖乖下馬，持械與敵人展開步戰。

所謂馬鐙，就是一對懸掛在馬鞍兩邊的腳踏，供騎者放置雙腳，也可以輔助騎者上下。有了馬鐙，騎乘者的雙腳有了強勁的支撐點，騎者更容易在鞍上透過調節自己的重心以保持平衡，也更容易駕馭馬匹，使人與馬連線為一體，讓騎乘者解放雙手。如果是騎兵的話，則可以在飛馳的戰馬上且騎且射，也可以在馬背上左右大幅度擺動，從容完成左劈右砍的軍事動作。

科技史學家林恩・懷特（Lynn White Jr.）指出：「很少有發明像馬鐙那樣簡單，而又很少有發明具有如此重大的歷史意義。馬鐙把畜力應用在短兵相接之中，讓騎兵與馬結為一體。」

一些歷史學家甚至認為馬鐙的使用直接導致了歐洲封建制度的誕生。

馬鐙的發明，源於中國，這是全世界所公認不疑的事實。

1965 年，考古人員在北票市北燕貴族馮素弗的墓中，就發掘出一對木芯長直柄包銅皮的馬鐙。這是世界上現存時代最早的馬鐙實物。

但是，這遠不能說明馬鐙的發明就始於馮素弗所處的時代，其只能證明馬鐙發明於馮素弗所處的時代或更早。這「更早」到底早到什麼時候呢？有專家學者根據陝西臨潼秦始皇兵馬俑推測，秦朝乃至漢初，馬鐙還沒有出現，其依據是秦始皇兵馬俑二號坑中出土了許多與真馬大小相似的陶馬，馬身上馬具齊備，偏偏缺少了馬鐙。

事實真是這樣嗎？

我們在肯定馬鐙對騎兵重要性的同時，就有理由相信：在沒有馬鐙的時代，人們騎乘在馬匹上會很容易感到疲勞，並且，在奔跑的馬背上難以有效地使用弓箭。而在近戰中騎手也無法隨心所欲地使用刀劍和長矛，一旦劈砍或刺殺落空，或者雙方兵刃撞擊，就會使騎手失去重心或受到衝擊而從馬前或馬後滑下。

可是，我們看，項羽從垓下敗逃，到了四山，「漢軍圍之數重，項王謂其騎曰：『吾為公取彼一將。』令四面騎馳下，期山東為三處。於是項王大呼馳下，漢軍皆披靡，遂斬漢一將……與其騎會為三處，漢軍不知項王所在，乃分軍為三，復圍之。項王乃馳，復斬漢一都尉，殺數十百人，復聚其騎亡其兩騎耳，乃謂其騎曰：『何如？』騎皆伏曰：『如大王言。』」

項羽能在馬上騰挪衝殺，完成如此複雜的攻擊動作，我們是不是可以理解為他所處的時代已經有了馬鐙了？

再有，漢武帝元光六年（西元前 129 年），「飛將軍」李廣出雁門與匈奴交戰，被俘，他趁匈奴人不注意，飛身而起，奪馬而逃，「匈奴追者騎

第五章　強漢之威：四方臣服的盛世

數百追之，廣行取胡兒弓，射殺追騎，以故得脫」。能在馬上從容轉身後射，是不是能說明李廣所乘的馬匹上已經安裝有馬鐙了？

退一萬步說，如果項羽和李廣所處的時代馬鐙真還沒被發明出來，那結論只有一個：馬鐙的作用被後人誇張了，事實上沒那麼重要。不管如何，霍去病所部騎兵迸發出來的戰鬥力是沒有什麼好懷疑的。

霍去病寧願把酒肉倒掉也不讓士兵吃

經過短暫的休整，同年夏，霍去病再次將兵出北地郡，襲取河西。大難不死的渾邪、休屠二王及各部落小王在祁連山北麓一帶收攏了殘兵敗卒，將焉支山以南的牧民畜產全部撤走，堅壁清野，準備死守焉支山。

焉支山，亦名胭脂山、燕支山、刪丹山，又稱大黃山，是祁連山的一條支脈，東西長約三十四公里，南北寬約二十公里，有「甘涼咽喉」之稱。

渾邪、休屠二王以為，只要死守焉支山，霍去病就對自己無能為力。

誰料，霍去病繼續將自己的縱深大迂迴戰術貫徹到底。

他引軍由北地郡往西北渡黃河，翻越賀蘭山，渡過鈞耆水（即今山丹河下游），穿越騰格里沙漠，到了居延澤遂九十度轉彎，沿弱水（今內蒙古自治區黑河，又稱額濟納河，發源於祁連山，西北向流入居延澤）而下，準備繞到匈奴人的背後再發動攻擊。

這真是非狠忍之人而不能為。要知道，這樣一次迂迴得繞道數千里，並在總面積之和高達九萬餘平方公里的巴丹吉林沙漠和騰格里沙漠中穿行，真是令人生怖。霍去病就是這樣一個狠忍之人。他毫無懼色，引領

著一萬多騎兵展開了一次史無前例的策略大迂迴。實施大迂迴策略，首先必然依託於廣闊的戰爭空間，如果不能營造出一個廣闊的戰爭空間，就難以實現既定的策略意圖。其次，在大迂迴策略下，必須以密集的隊形衝擊敵方，打亂敵人的部署，使戰場攻防結構發生突變，為己創造有利戰機，以形成大縱深作戰。再者，大迂迴策略講求行軍速度和突然性。19世紀歐洲有句名言：「速度和突然性，可以代替數量。」意指戰場上的迅速和突然的攻擊，可以改變兵力多寡對比。在冷兵器時代，騎兵比步兵或其他兵種遠遠占有優勢，除了衝擊力巨大之外，其作戰速度和靈活程度也大大豐富了騎兵軍團的多變戰術。此外，大迂迴策略是一項系統工程，要取得勝利，也離不開其他因素和條件，如後勤保障、各兵種合理配備、政治攻心，等等。霍去病覺得自己的驃騎部隊是清一色的輕騎兵，高速、突然、攻擊力強，以迂為直，避實擊虛，節省兵力兵器，加速戰爭，可以打對方個措手不及，從而控制戰場主動權。

時值六月，大軍走在如烤爐一般的沙漠上，穿越漫漫黃沙，歷經種種難以想像的艱辛，走過無數險峻無比的山道，終於出現在河西走廊的大後方。

敦煌以西、祁連山以南的小月氏部落驚呆了。

在他們看來，漢軍簡直就是天兵神將——如果不是上天派下來的軍隊，又怎麼會擁有這樣一種驚人的毅力和意志力？

面對這樣一支軍隊，負隅頑抗實在不是明智的事。

因此，他們採取了一種明智的做法：棄械投降。

自單桓王、酋塗王，及相國、都尉以下二千五百人向漢軍投降。這些降兵自告奮勇，願意在前面帶路，帶漢軍抄近道到渾邪、休屠二王的背後進行襲擊。

第五章　強漢之威：四方臣服的盛世

霍去病因此得以從容經過酒泉，直奔祁連山。

「祁連」是匈奴語，匈奴呼天為「祁連」，祁連山即「天山」的意思。山上終年積雪，道路難行。

漢軍踏著積雪，冒著嚴寒，克服種種困難，驀然出現在渾邪、休屠二王的後方。渾邪、休屠二王及其部眾做夢都沒想到漢軍會出現在自己的後面，他們的表情和之前的小月氏人初見到漢軍時的表情別無二致，稍稍不同的是他們的心情，畢竟已經和漢軍廝殺多年，他們的表現沒有像小月氏人那麼溫順，首先想到逃跑……呃，還有抵抗。

說抵抗其實並不確切，頂多就是掙扎，掙扎一下，僅僅一下而已。

他們略做掙扎，就四處逃命去了。

霍去病縱騎四擊，戰果輝煌：得單于單桓、酋塗王，及相國、都尉以眾降下者二千五百人，捷首虜三萬二百，獲五王、王母、單于閼氏、王子五十九人，相國、將軍、當戶、都尉六十三人。

就這樣，在全面偵察敵情、地形的前提下，漢軍憑藉騎兵的持久耐力和快速機動能力，越過人們難以想像的大漠、險灘、雪谷、荒原，出其不意地向敵人的縱深大膽穿插、分割，終於迫使對方迅速瓦解。

霍、衛甥舅每一次出兵，都不是突然心血來潮就冒冒失失地行動的。

行動前，無不做了精密的研究和分析，完全掌握住匈奴的生活習性和生活規律，再有就是善於做俘虜的說服，感化俘虜、轉化俘虜，把俘虜拉進自己的陣營，成為自己可堪信任和使用的人。這樣，在長途征戰中，就來往自如、得心應手。

這一場大戰是霍去病進行了數千里大迂迴後所進行的大兵團突襲閃擊戰，戰果輝煌，延續了衛青突襲匈奴戰爭的優勢，使得大漢帝國在對匈奴

的鬥爭中呈現出梯次發展的勢力。而霍去病本人也按自己的戰術思想建構起了一種化迂為直、避實就虛、出其不意、高速移動、閃擊致勝的全新戰法，為漢軍的大兵團長途奔襲戰術提供了可貴的實踐機會，同時也證明了該戰術的正確性和可操作性。

更為難能可貴的是，霍去病「青出於藍而勝於藍」，和衛青每戰必力保後勤供應路線的暢通不同，他根本不需要後方輜重補給部隊，而是憑藉著精準的偵察系統，完全就糧於敵，打到一地吃到一地，繳獲的糧食就地補充，吃不了的就全部銷毀。

《孫子兵法・作戰篇》中指出，在軍需運輸方面，「食敵一鍾，當吾二十鍾」。像霍去病這樣遠離國境數千里，如果所有的軍需物資都從國內輸送，耗費巨大，不但影響到國內政局的穩定，而且軍隊行動的速度也注定快不了，根本無法達到快速突襲的效果，也無法震懾敵人。

霍去病沿途均取匈奴人的糧草，不但解決自身的補給問題，免去了一項數目巨大的經濟開支，而且大量地消耗匈奴的糧食儲備，打擊了匈奴的生產能力，使匈奴的經濟遭到摧毀，從而使漢朝在經濟上和軍事上確立了對匈奴的絕對優勢。

另外，軍隊在行動中所經過的每一站，都是「破釜沉舟」的一站——如果不能如期完成預定目標，在該站擊潰敵軍，那麼自己將會被餓死！在這種只能前進、不能後退的背景下，漢軍只能進攻、進攻、再進攻，哪怕流盡最後一滴血，戰至最後一兵一卒也絕不後退半步。霍去病的軍隊因此成了頑強、悍猛、奮不顧身的代名詞；霍去病本人也成為漢軍中的一代楷模、尚武精神的化身。

向霍驃騎將軍學習，跟隨霍驃騎將軍出塞抗擊匈奴，像霍驃騎將軍一樣建功立業，成了漢家萬千熱血男兒的嚮往和夢想。

第五章　強漢之威：四方臣服的盛世

詩聖杜甫為此賦詩云：

男兒生世間，及壯當封侯。

戰伐有功業，焉能守舊丘。

召募赴薊門，軍動不可留。

千金買馬鞍，百金裝刀頭。

閭里送我行，親戚擁道周。

斑白居上列，酒酣進庶羞。

少年別有贈，含笑看吳鉤。

朝進東門營，暮上河陽橋。

落日照大旗，馬鳴風蕭蕭。

平沙列萬幕，部伍各見招。

中天懸明月，令嚴夜寂寥。

悲笳數聲動，壯士慘不驕。

借問大將誰，恐是霍嫖姚。

關於這場戰役，還流傳著一個這樣的傳說：霍去病在河西立下大功，漢武帝特派使臣載了美酒前往犒勞和慰問。霍去病覺得取此大功，個人能力是微不足道的，主要還是團隊作戰，是全體將士的功勞。他命令將御賜美酒抬出來和大家一同分享。可是僧多粥少、人眾酒寡，怎麼辦？霍去病吩咐手下將御賜美酒倒入營帳旁邊的山泉裡，整個山谷頓時酒香瀰漫，全體將士紛紛取泉暢飲，歡聲雷動。從此，此地就以「酒泉」命名。

這是一個充滿浪漫氣息的故事，每一個聽了這故事的人，都希望故事中的人和事都是真的——少年英雄霍去病的形象本來就應該這樣。

可是，太史公在《史記》卷一百一十〈衛將軍驃騎列傳〉中卻為我們描

畫了另一個不同版本的霍去病。在該版本中，霍去病有著富貴公子的通病——只知享樂，不關心他人死活。據書中所載，霍去病出征河西，漢武帝專門遣太官將幾十車食物送至軍中，而在引軍歸來時，車上還剩有許多變腐變臭的酒肉，軍中的士卒卻一個個面黃肌瘦，困苦不堪。甚至，大軍在穿越草原、沙漠中，很多士兵由於糧食匱乏，餓得艱於舉手投足，但霍去病還在軍中玩踢球遊戲。如果這一切是真的，很難想像霍去病的軍隊會擁有那麼強悍的戰鬥力，也很難想像霍去病的軍隊會那麼團結，將士們會那麼心甘情願地接受他的驅使。

而實際上，霍去病是不是一個熱衷於玩樂的花花大少呢？

此戰結束，漢武帝為了嘉獎霍去病，在長安最豪華的地段興建了華美的府邸，要送給他。

霍去病卻用八個鏗鏘有力的字婉拒：「匈奴未滅，何以家為！」就這樣簡簡單單的八個字，已足以讓他彪炳史冊，流傳千古。後世的英雄人物，如趙雲、岳飛，都借用和轉換過這八個字來抒發自己的豪情壯志。

而人們的每一次轉述，都能讓無數性情中人為之血脈賁張、熱情澎湃。

這八個字，多少年來，始終震響和迴盪在戍邊將士的心頭，永久不散。

從霍去病短暫一生的軌跡來看，他也真是將國家的安危、軍人的榮辱看得比什麼都重。

對他而言，擊滅匈奴無疑就是他生存的意義、生命的價值。

正因為如此，霍去病才成為歷代仁人志士的共同偶像，人們為他的絕世風采而傾倒，為他的精神和智勇而高歌，為他那不戀奢華、一心保家衛國的壯志而熱血沸騰。這種崇敬、熱愛、追思，自古至今，綿延千年。

第五章　強漢之威：四方臣服的盛世

無視士兵死活的霍去病和與士兵共生死、以擊滅匈奴為自己終生追求的霍去病，哪一個更接近歷史上真實的霍去病，請讀者自己做判斷。

霍去病憑什麼年少封侯

祁連山麓一役，河西地區的匈奴軍遭到殲滅性打擊，使漢朝統治得以延伸到這一地區，打通了漢通西域的道路，實現了「斷匈奴右臂」的策略目標，為進一步大規模反擊匈奴提供了可能。

霍去病斷匈奴之右臂，張中國之左掖，揚漢家之武威！

漢武帝下令設「張掖」、「武威」二郡，以彰霍去病的功績。

喪魂失魄的匈奴人不得已退往焉支山北，漢王朝由此獲得了對河西的徹底控制權。

匈奴人徹底染上了恐霍症，無人敢攖霍去病的鋒芒。

匈奴人甚至唱出了這樣的哀歌：「亡我祁連山，使我六畜不蕃息；失我焉支山，使我婦女無顏色。」渾邪、休屠二王雖然逃脫，卻也已經窮途末路。試想，他們連續損兵折將，敗亡了匈奴四萬餘人，傷亡人數達到漢匈歷次大戰之最，匈奴大單于伊稚斜哪肯輕饒他們？伊稚斜命令渾邪、休屠二王速來漠北單于王庭議事。議事，議事，所議何事？渾邪、休屠二王又不是三歲小孩子，自然清楚議事云云無非藉口，一旦去了漠北，肯定沒有好果子吃，堅決不能去。不去？不去就是違抗命令，找死！但僅憑殘餘下來的這點可憐的兵力是不可能與大單于抗衡的了，要不想找死，面前就只有一條路可走了——投降漢朝。

兩人派出使者向漢朝方面明確傳達了自己想要投降的心思。

哈哈哈哈！漢武帝笑得嘴巴都快要咧到後腦勺去了。

渾邪、休屠乃是匈奴大族，其男女老少部眾十萬餘人，如果投降我大漢，不僅可以去掉一大禍患，而且對退居漠北的匈奴本部也是個不小的打擊。

可是，大笑之餘，漢武帝冷靜下來，又有一絲不安。

匈奴人素來狡詐奸猾，焉知他們不是在詐降呢？

如果他們以投降為名，趁我不備，突然向我發起襲擊，這該當如何是好？

想到這點，漢武帝的腦門滲出了冷汗。

那麼，要不要受降呢？

經過前思後想，漢武帝還是決定受降。但害人之心不可有，防人之心不可無，就讓霍去病率大軍前去受降，做好受降和打仗的兩手準備。

漢武帝的擔心不是沒有道理的。

渾邪王與休屠王按照漢朝的指令在黃河北岸接受整編，事到臨頭，休屠王變卦了！

休屠的部眾由此大譁。

說好了一起投降的，你怎麼又變卦了？

渾邪王看到休屠王的表現，又驚又怒，生怕他壞了自己投降的事，心一橫，拔出刀子衝上去，衝著休屠王的肚子狠狠地捅了一刀。

斬殺了休屠王，渾邪王接管了休屠王的部眾，繼續在黃河北岸等待漢朝受降官員的到來。

而當霍去病終於出現，匈奴人當中又有人的思想發生了動搖。他們先是竊竊私語，漸漸地，聲音越來越大，一浪高過一浪，竟然有人跳起來振臂高呼道：「不願降者隨我北歸！」這一聲呼叫，就像石頭一樣，重重地砸

第五章　強漢之威：四方臣服的盛世

在在場每一個匈奴人的心頭上，包括渾邪王。

就在這千鈞一髮之際，霍去病當機立斷，闖入渾邪王營帳，先制伏渾邪王，縱騎四面包抄，誅殺發動譁變的八千多名匈奴士卒，有效地制止了騷亂，成功收編了渾邪、休屠兩部，勝利完成了漢武帝交給他的任務。

漢武帝對霍去病在這次行動中所表現出來的控制大局的能力和臨危不懼的膽色激賞不已。

不久，漢武帝將這十萬匈奴降者分成五部，分散安置在漢朝五個西部邊郡（隴西郡、北地郡、上郡、朔方郡、五原郡）以北的塞外，稱五屬國，以為大漢西北屏藩。而自金城（今甘肅省蘭州市）、河西，直至鹽澤十五萬平方公里的大草原成為人跡罕至的真空地帶，隔絕了匈奴勢力，打開了通往西域的大門。北地以西諸邊郡的防守壓力大為減輕，政府節省了大量的軍費開支，而且漢朝也從此擺脫了兩線作戰的局勢，得以專心對付東北的匈奴左賢王部和單于本部。

農耕民族對游牧民族戰爭中最為光輝的勝利

丟失了河西，伊稚斜別提有多委屈了。

漢武帝元狩二年（西元前 121 年），他命左賢王率數萬騎兵侵入右北平郡，自己也率數萬名騎兵越過內蒙古大漠，侵入定襄郡，將滿腔怒火發洩在這兩郡士民的身上，斬殺了一千餘人。

對於伊稚斜歇斯底里式的反應，漢武帝感覺到，該是犁庭掃穴的時候了。

他對眾將宣布：「匈奴人總以為我大漢天兵不敢越過沙漠與他們開戰，

朕如今要大發士卒，徹底將他們清除。」

漢武帝元狩四年（西元前 119 年）春天，經過一番緊鑼密鼓的準備，漢武帝重新起用閒置多時的大將軍衛青，讓他和驃騎將軍霍去病各統領五萬騎兵，分兩路進擊匈奴。

大將軍衛青率領前將軍李廣、左將軍公孫賀、右將軍趙食其、後將軍曹襄、校尉公孫敖等將領騎兵五萬出代郡，遠絕大漠，尋找左賢王主力展開決戰。

驃騎將軍霍去病率校尉李敢、從驃侯趙破奴等敢戰之士領騎兵五萬出定襄郡，深入匈奴後方，尋找伊稚斜的主力展開決戰。

可是，大軍尚未出發，漢軍在邊境俘虜到一名匈奴探子，從該匈奴探子的口中得知，伊稚斜所部匈奴主力已經向東轉移。

對付伊稚斜，還是交給霍去病穩當。

漢武帝於是重新調整了部署策略，命霍去病軍改由東路從代郡出塞，衛青軍則改由西路從定襄郡出塞。

然而，陰錯陽差，伊稚斜所部匈奴主力並沒有向東轉移，而是將全部輜重遠遠地運到北方，精銳部隊在沙漠北面陳兵以待。

這樣，衛青大軍師行千里，遇上的正是單于伊稚斜部主力。

霍去病出代郡，在與城（今內蒙古自治區多倫縣附近）與右北平太守路博德會師，穿越內蒙古大漠，遇上的卻是匈奴左賢王烏維部。

既然來都來了，不管是烏維部還是伊稚斜部，都是一個字：打！烏維部雖有十萬之眾，但戰鬥力遠不能和伊稚斜部相提並論。

兩軍剛一接觸，匈奴小王比車耆就被漢軍斬殺，左賢王部監軍章渠則被生擒。

第五章　強漢之威：四方臣服的盛世

匈奴軍陣腳大亂，被斬殺了近萬人馬。

霍去病得勢不饒人，將五萬漢軍分成三部分，除了正面突擊外，還從左右兩翼對匈奴人實施包抄。

人數比匈奴人少，還敢分兵，霍去病實在太剽悍了。

匈奴人明顯被霍去病的剽悍震懾住了，在左支右絀地應付漢軍的過程中，軍心動盪，陣形散亂。

善攻者動於九天之上！

霍去病身先士卒，向匈奴中軍發起新一輪猛烈的進攻。

匈奴軍陣形更加散亂，再也不能抵擋，很快全線崩潰，匈奴兵四散奔逃。

左賢王烏維大感恐懼，率先退出戰鬥。

烏維不逃還好，一逃，戰鬥就演變成了一場毫無懸念的逐殺。

霍去病催動大軍攆著匈奴軍的屁股打，一直追殺到狼居胥山下，將左賢王烏維部十萬餘人斬殺殆盡。

在狼居胥山，霍去病暫作停頓，登頂築壇以祭天，又往西南十餘里登上姑衍山，闢場以祭地。

這是一個儀式，也是一種決心。

我霍去病一定要讓匈奴人匍匐在大漢天朝的腳下！

大漢天朝過去所受的羞辱一定要你們匈奴人加倍償還！

想當年，高祖白登受困，依靠陳平那些見不得光的伎倆才能躲過一劫。為了討好匈奴人，大漢天朝不得不採取「和親」策略，送錢送女人給匈奴人——大漢朝一次性贈送了黃金一千斤給匈奴，並承諾每年奉送匈奴帝國數量巨大的棉布、繒布、美酒、食物等生活品，且開放兩國關市，

允許兩國人民進行貿易。

可是，這樣的屈辱並不能換取和平。

匈奴人在代國國相陳豨、燕王盧綰等人的勾結下，相繼入境侵擾，漢高祖劉邦被氣得吹鬍子瞪眼睛，血壓飆升，平定英布時留下的箭傷發作，沒幾天就駕崩於長樂宮。

劉邦一死，匈奴單于冒頓又在漢朝人的傷口上撒鹽，他寫了一封信給守寡的呂后，極盡能事的挑逗、調戲呂后。說什麼「孤僨之君，生於沮澤之中，長於平野牛馬之域，數至邊境，願遊中國。陛下獨立，孤僨獨居，兩主不樂，無以自娛，願以所有，易其所無」。什麼意思呢？

說白了就是：我是鰥夫，妳是寡婦，不如共結為夫妻，各取所需。

挑釁，這是赤裸裸的挑釁，是一種居高臨下式的挑釁。可是，面對這樣一種挑釁，軍事力量遠不如人的大漢朝還得打碎牙齒往肚子裡咽，忍了。

呂后卑躬屈膝地回了一封信，說：「單于不忘敝邑，賜之以書，敝邑恐懼，退日自圖，年老氣衰，髮齒墮落，行步失度，單于過聽，不足以自汙，敝邑無罪，宜在見赦，竊有御車二乘，馬二駟，以奉常駕。」受到匈奴人如此這般的侮辱還得表示出深深的謝意。

屈辱，太屈辱了！

呂后以自己年老色衰、行動不便、不能夠侍候大單于起居為由，從宗室裡選了一名女子充作公主，出嫁冒頓。

而和親從此就成了漢朝幾不可動搖的一項國策，每一個新皇帝即位，都要選宗室女遠嫁於匈奴單于，以買平安。

可是匈奴人並不因為單于得到了漢朝公主和嫁妝就放棄劫掠，依舊以強大的軍事力量為依託，時時侵擾著漢朝。

第五章　強漢之威：四方臣服的盛世

漢文帝即位，封自己的母親薄氏為皇太后，廢除了於誅滅呂氏有大功勞的孝惠皇后張嫣皇太后之位，幽禁於北宮。

孝惠皇后是傾國傾城的絕世美人，匈奴單于垂涎其美色，寫信給漢文帝索要，說：「昔孝惠皇帝與單于為兄弟，交誼至隆也。今聞其子皆已被誅，皇后張氏貞靜幽嫻，溫恭淑惠，而無故幽廢北室，如忌此人，何不送入匈奴，俾獲早睹天日。昔高帝嘗以魯元公主見許，已而爽約。今其女既配惠帝，單于豈敢有所侵犯，竊願奉迎供養，事以母禮以答惠帝之厚誼。」

這，又是對大漢天朝的一次變相侮辱。

漢朝並沒有回書答覆，只是派使者對此事做出辯解：一、孝惠皇后仍為國母，沒有人能廢黜；二、孝惠皇后兩目蒙視，面大而多黑斑，今復年逾三十，頭禿齒豁，容貌殆下中之姿。

此事好歹搪塞過去了。

但事情過了十多年，匈奴大入蕭關，大漢王朝內外震驚，很多人都說單于此來是為了襲取孝惠皇后。西漢政府趕緊從宗室裡面選美女充作公主，嫁給單于，又額外奉送給匈奴大量的絮、繒、酒、米等物品，才化解了這次危機。

不管怎樣，送錢送女人終歸不是解決問題的辦法。

匈奴的冒頓單于、老上單于、軍臣單于都娶了漢朝的公主，卻從來沒有停止過他們的貪念。漢朝贈送的錢物，只會讓他們在飽享奢侈生活之後，對漢朝產生更多索要的想法。而且，在他們的眼中，漢朝就是他們可以隨便拿來娛樂甚至侮辱的小丑！

漢文帝前元三年（西元前 177 年），匈奴右賢王率兵侵襲漢朝的河套以南地區，大肆屠殺河套一帶的百姓，以殺人取樂。漢朝透過外交手段嚴正的譴責匈奴，指責他們違背了和親協議，對他們的做法深表遺憾。

農耕民族對游牧民族戰爭中最為光輝的勝利

冒頓笑嘻嘻地回了一封信，信上說，對於漢朝方面的譴責，他本人完全接受，為了懲罰右賢王，就派他出去攻打月氏國。大匈奴帝國武力強盛，最近已經收並了樓蘭、烏孫、呼揭及其旁邊的二十六個國家，北方基本都已平定了，就差月氏國了。現在我們大匈奴帝國並不願意和你們發生衝突，您對我們這種處罰右賢王的方式還滿不滿意呢？

這哪裡是道歉？簡直是威脅加挑戰。

漢文帝陣營讀了此信，考慮到匈奴勢大氣盛，只好忍氣吞聲，繼續實行和親盟約，希望冒頓能約束部眾，不再發生違背和約的事。

漢文帝前元六年（西元前174年），像螃蟹一樣橫著走路的冒頓終於掛了，即位的是他的兒子老上單于。

這個老上單于也不是善類。

他一上臺，就大肆侵擾漢朝邊塞，提醒漢朝政府——該送公主和錢物來了。

漢文帝又氣又恨，但也只能乖乖派出和親隊伍。

得了便宜的老上單于連個乖也不肯賣，不久，派遣十四萬匈奴鐵騎入侵漢朝邊境，將朝那（今寧夏回族自治區固原市彭陽縣）、蕭關（今寧夏回族自治區固原市東南）等城洗劫一空，進而轉戰進攻彭陽（今甘肅省鎮原縣東南），焚毀了漢文帝在隴西北的回中宮，沿途連陷雍州、甘泉等地，兵鋒直逼漢都長安。

……

所有這些，一樁樁、一件件，讓千千萬萬的大漢子民如鯁在喉，不得安生。

總結一句話，那就是：匈奴視我如砧上魚肉！

281

第五章　強漢之威：四方臣服的盛世

現在，戰神橫空出世，一切的羞辱都將成為過去。

大漢強盛，大漢威武！

霍去病站在高高的姑衍山上，俯視著這一片曾是匈奴人活動場所的地方，胸中湧起了萬丈豪情。

當然，封狼居胥不是此戰的結束，左賢王烏維部的殘餘勢力還在向北逃亡，漢軍必須向北再追。

霍去病大軍一直追殺到今俄羅斯貝加爾湖，將左賢王烏維部悉數誅殺，方才心滿意足，傳令班師。

霍去病這一奔襲數千里的大捷已將漢武一朝的武功軍威推至極致。

那邊的衛青橫穿大沙漠，北進幾百公里，與匈奴單于狹路相逢。衛青先用武剛車環繞為營，反客為主，再催動五千精騎向單于軍發起猛攻，雙方鏖戰得天昏地暗，時至黃昏，風沙驟起，彼此難辨對方。衛青迅速變陣，分輕騎從左右迂迴包抄，一舉奠定勝局。單于領數百精騎突圍，向西北逃遁。衛青連夜追擊，殲俘匈奴軍一萬九千餘人，挺進到蜫顏山的趙信城，盡燒其城和匈奴積粟而還。

漢武帝益封霍去病以五千八百戶，並授予其與衛青相同之職，加大司馬，位雖在丞相之下，權卻在丞相之上，實為朝廷文武百官之首。

匈奴人受此空前重創，數十年內再也無力犯境。而中原百餘年來所受匈奴的威脅，至此基本解除。

漢軍方面控制了朔方以西至張掖、居延等的大片土地，有力地保障了河西走廊的安全，這一廣大地域得到了很好的開發和利用。

該年，漢武帝發大軍渡過黃河，東起朔方西至令居（今甘肅省永登縣），多鑿河渠，大設農都尉、護田校尉等武職田官，置五六萬吏卒軍

屯，開荒種田，將此前的天然牧場整治為使用牛犁耕種的農業區，開墾出一片片綠油油的農田，以逐漸向北蠶食匈奴故地。雖然這一片廣闊的地區降雨量不大，但河西地區的諸多大河均發源於終年積雪的祁連山，水量充足，田野肥沃。在漢宣帝朝，漢朝在河西已擁有三四十萬移民，朔方更多，有六七十萬移民。這一時期的甘肅地區，山川秀美，耕牧兩宜，百姓安居樂業。這一地區的富足，也使得絲綢之路不再荒涼和沉寂，漸漸地熱鬧起來。漢武帝元封五年（西元前 106 年），第一批中國商隊透過絲綢之路到達波斯，再由波斯進入羅馬，東西方文明便由此發生了交會。

此外，由於匈奴的迅速傾覆，其之前所統治的烏桓部（東胡的一支）得以脫離厄運，轉而入降漢朝。漢武帝根據安置河西胡人的先例，令烏桓舉族自西喇木倫河以北遷徙至東北五郡（上谷、漁陽、右北平、遼西、遼東）的塞外，為大漢朝站崗放哨，密切關注匈奴人的動靜，並設「護烏桓校尉」，持節管理、監督烏桓，斷絕其與匈奴之連繫。

第五章　強漢之威：四方臣服的盛世

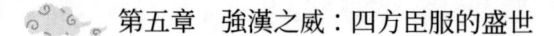

第六章
漢室轉折:由鼎盛到隱憂

第六章　漢室轉折：由鼎盛到隱憂

霍去病之死

「犯強漢者，雖遠必誅！」霍去病成為強漢的一個符號，成為威武的化身。然而，天妒英才。

漠北戰役，竟成了霍去病的最後絕唱；封狼居胥，成了一代戰神永垂不朽的傳奇！

僅僅過了半年，霍去病便暴病身亡，年僅二十四歲。值得一提的是，霍去病病死前，曾做了一件極不厚道的事──射殺飛將軍李廣之子李敢。

李廣共有三子，長子李當戶和次子李椒都先於李廣離世，剩下的，就只有這個第三子李敢了。

李敢雖然沒有其父的神射之術，卻也人如其名，膽氣豪壯，驍勇善戰。漢武帝元狩二年（西元前121年），李敢跟隨父親率四千騎兵從右北平出塞，突然被匈奴左賢王帶領的四萬名騎兵包圍，漢軍上下一片騷動，士兵人人害怕，李廣父子卻從容自若。李敢為振作士氣，主動請命，入敵陣探察敵情。得到父親的許可後，他率幾十名騎兵殺入敵陣，直貫匈奴兵陣，抄出敵人的兩翼而回，端的是膽略過人、氣壯山河。

漠北大戰之前，霍去病久聞李敢武勇大名，特別將他徵到自己軍中，任為大校，即自己的副將（這種安排就意味著如果霍去病陣亡，則軍隊由李敢接管）。從這可以看得出，霍去病還是很欣賞李敢的。

而李敢的父親李廣在漠北戰役中迷路貽誤了軍機，一時想不開，拔劍自殺了。

李敢固執地認為，父親的死跟衛青的任人不公有著莫大關係，視衛青為殺父仇人。

霍去病之死

衛青為人低調，漠北之戰結束，朝廷論功行賞，霍去病軍團的人多有封賞，衛青軍團的賞賜相對比較少，霍去病的風頭蓋過了衛青，衛青的很多老友和門客都改投到霍去病門下。這就讓李敢產生了一個誤判：衛青已經徹底失勢，且衛、霍二人既是軍界中的二巨頭，霍去病興起，衛青必定懷有妒意，他們之間的矛盾已不可調和。

他錯誤地以為：替父報仇的機會來了。

年輕人，血氣方剛，說做就做，他找了個機會，將衛青狠狠地揍了一頓。

衛青心地善良，儘管李廣的死並不是他的責任，他卻一直心懷歉意，因此並沒有記恨李敢，也沒有追究李敢的魯莽行為，而是把這件事隱瞞了下來。

但天下沒有不透風的牆。

事情很快傳到了霍去病的耳朵裡。

霍去病勃然大怒。

霍去病與衛青雖為甥舅，實際上卻情逾父子。霍去病自小沒有父親，母親嫁入陳掌家，霍去病就由當時的侍中建章監衛青帶大。而衛青從建章宮起步，二出定襄，破虜殺敵，建下奇功，不但成就了衛、霍兩家顯赫一時的榮譽和風光，衛青本人也成為霍去病所尊崇和敬仰的偶像。這有著父親影子的偶像級人物，豈容得你小小一個李敢所欺凌？

霍去病的性格比李敢更加生猛。

李敢只是飽揍了衛青一頓，出出氣、釋釋心頭之火，僅此而已。

而霍去病，卻是要李敢必須死！

打獵愛好者漢武帝在羽林騎的前呼後擁下前往甘泉宮打獵，李敢、霍去病同為扈從，均跟隨而往。

第六章　漢室轉折：由鼎盛到隱憂

圍獵場上，所有人的弓箭都瞄準和射向飛禽走獸。

霍去病不是，他彎弓扣弦，罪惡的箭鏃對準了李敢。

李敢毫無防備，當霍去病的羽箭射出，他的生命就此定格、終結。

現場的所有人都看得清清楚楚，這絕對不是誤傷！

李敢的周遭都是人，沒有一禽一獸，而且，李敢中箭的部位是咽喉，只要中箭就會斃命的咽喉。

謀殺，這是明目張膽的謀殺！

漢武帝的眼睛也沒瞎，他完全洞察霍去病的蓄意行為。

他重視李敢，但更重視霍去病。

霍去病是帝國軍界的形象代言人，是他手裡的一張王牌。和霍去病比起來，李敢就顯得無足輕重了。

於是，漢武帝沒有怪罪霍去病，而是下了一道詔令，對外宣稱李敢是被獵場的麋鹿所撞，導致身亡。

真是好厲害的一隻麋鹿！

天下人都知道這是一句假得不能再假的謊言，包括李敢的家人。但漢武帝是天子，四海之主，帝國的當家人，你能說什麼呢？認命吧。

倒是衛青，還不失為一個厚道人。

他把李敢的兩個遺孤一子一女送入太子府照顧，這兩人後來都受寵於衛太子，女孩成為衛太子的寵妾，男孩成了衛太子的摯友。衛青還把李廣長子李當戶的遺孤李陵安排做了侍中建章監——這個職位正是衛青發跡初所任職位。

有一種說法，霍去病兇殘地射殺了無辜的李敢，引得天怒人怨，聲討、責罵、非難霍去病的聲音充斥朝野，迫於壓力，漢武帝便讓他去朔方

霍去病之死

避風頭，結果，在前往朔方的途中感染了瘟疫。

這種說法未免太低估漢武帝的權威和能力了。

漢武帝可不是什麼善男信女，殺人不眨眼，連太史公司馬遷，也是說閹就閹，他所寵愛的鉤弋夫人，說剁就剁，從來就不把社會輿論放在眼裡。

那麼，霍去病到底是什麼原因離開了人世的呢？

這可真是一個千年難解的謎。

要知道，無論《史記》還是《漢書》，其只會對犯罪或非正常死亡的人才記載死因，對老死、病死等按自然規律死亡的人就只用一個簡單的「薨（或卒）」字，一筆帶過。而史書上對霍去病死因的唯一記載也只有褚少孫在《史記》卷二十建元以來侯者年表第八中補記：「光未死時上疏曰：『臣兄驃騎將軍去病從軍有功，病死，賜諡景桓侯，絕無後，臣光願以所封東武陽邑三千五百戶分與山。』」這一記載只注明霍去病屬於病死，此外，別無有用的線索。

那麼，霍去病這個曾經披堅執銳、橫絕大漠，又正值青春年少的一代猛人，怎麼說病就病，而且，一病就「死」了呢？

現代又有人推測，霍去病的名字「去病」，是不是說明他本人是一個病夫──至少，少年時代的霍去病應該是體弱多病，家裡人希望他遠離疾病，這才取了這麼個名字？

這個推測的根據只源於一個名字，當然不可靠。

不管怎麼說，霍去病終歸是病死了。

至於病因，比較流行的兩種說法是：一、在漠北之戰中，匈奴人故意將病死的牛羊等牲口埋在水源裡，祭祀詛咒漢軍，水源區因此受到了汙染，產生了瘟疫。霍去病飲用了這些帶有病菌的水，病死了。

第六章　漢室轉折：由鼎盛到隱憂

二、霍去病多次領兵勞師遠征，體力透支，身體長期處於艱苦的環境中，造成不可治癒的傷病，而兩千年前的醫療水準有限，所以不治身亡。

對於少年英雄霍去病的死，我們只能說，這是天妒英才。漢武帝傷心欲絕，下令將霍去病埋葬在自己的陵墓茂陵旁邊。出殯那天，漢武帝命令原先安置在隴西、北地、上郡、朔方、雲中五邊郡以北五屬國居民全部穿上黑甲為霍去病送葬。這還不算，漢武帝又命人將霍去病墓的巨大封土修成河西祁連山的模樣，並在墓周圍廣植林木、布設多種巨型人獸石刻作為墓地裝飾，以再現野獸橫行、刀光閃爍的祁連山真實意境。

這些石刻全是從終南山運來的巨石，重以噸計，多是根據原石自然形態，運用圓雕、浮雕、線刻等手法，雕刻成虎、象、牛、馬、熊等形象，渾厚深沉，粗放豪邁。另外還有更多的巨石是未加雕琢的，分別安放於墳墓前面，立於墳塚之上。

由是，石雕、豎石、墳塚、草木共同組成了一個藝術綜合體——既有天然的背景，又有人工的雕琢，從而烘托出墓地主人非凡的人生歷程。墓地上的石刻原有總數已不可考，現共存十六件，可辨認的石像為十四件，包括馬踏匈奴、臥馬、躍馬、臥虎、臥象、石蛙、石魚二、野人、野獸食羊、臥牛、人與熊、野豬、臥蟾等，另有題銘刻石兩件。其中，「馬踏匈奴」是整個群雕作品的主體，也是這些雕塑所謳歌的主題。高明的無名雕塑家運用了寓意的手法，雕刻了一匹古樸蒼勁、傲然屹立的戰馬來象徵年輕早逝的驃騎將軍。戰馬高大雄健，昂首挺胸，睥視天下，凜凜生威，渾身散發出不可侵犯的氣勢。被馬踏在蹄下的匈奴武士仰面朝天，表情痛苦中透著絕望，顯得那樣可憐、無助。

整個作品群雄渾莊重，今人見之，耳中猶聞蕭蕭馬鳴，彷彿可以看見大漠風煙中的激烈廝殺。圓雕石刻前所書「匈奴未滅，何以家為」的誓

言，更讓人熱血沸騰，激動不已。

人已入土，該蓋棺論定其短暫而不平凡的一生了。

群臣請漢武帝定驃騎大將軍的諡號，漢武帝取了「景桓」二字，諡法曰：「布義行剛曰景，闢土服遠曰桓。」

布義行剛，即以勇武推行道義；闢土服遠，即為開疆闢土，征服邊民。

這兩個字，正是對霍去病一生功業的全面概括。霍去病有一個兒子，名叫霍嬗，字子侯，其生母未見史書。霍去病離世，霍嬗襲冠軍侯爵位，為侍中，漢武帝對他極為疼愛，著力培養，準備等他長大了用為將軍，繼續霍去病的功業。

漢武帝元封元年（西元前110年），霍嬗曾跟從漢武帝登泰山封禪，根據《史記·封禪書》所記載：「禮畢，天子獨與侍中奉車子侯上泰山，亦有封。其事皆禁。」霍嬗獨得與漢武帝共乘一車，可謂得漢武帝的萬千寵愛於一身。

不過，泰山封禪過後不久，霍嬗便暴卒了，死年不過十歲左右。霍去病的嫡系後裔至此斷絕，冠軍侯國也因此而除。

不過，史書仍記載有霍家存霍山、霍雲二人，因謀反被漢宣帝滅族。

由於《史記》與《漢書》互有訛誤，對霍山、霍雲二人的身分描述極為混亂，後人讀之，如在雲霧裡。有人認為，霍山、霍雲二人均是霍去病之子；也有人認為，霍山、霍雲均為霍去病之孫；還有人認為，霍山為霍去病之子，霍雲為霍去病之孫。也就是說，霍山、霍雲到底是兄弟還是父子，是存有爭議的，至於他們若為兄弟的話，誰為兄，誰為弟，那就更無可考辨了——其實也無須考辨了，霍去病一家已遭滅族，霍家的所有榮華富貴全已煙消雲散，唯有霍、衛二人的功業，永垂史冊、萬世不朽！

第六章　漢室轉折：由鼎盛到隱憂

「嚴風吹霜海草凋，筋幹精堅胡馬驕。漢家戰士三十萬，將軍兼領霍嫖姚。流星白羽腰間插，劍花秋蓮光出匣。天兵照雪下玉關，虜箭如沙射金甲。雲龍風虎盡交回，太白入月敵可摧。敵可摧，旄頭滅，履胡之腸涉胡血。懸胡青天上，埋胡紫塞傍。胡無人，漢道昌。」時間越過千年，「霍嫖姚」已成了戰神的代名詞。霍去病的功業一直被後世所追求和效仿，但從未被超越。

漢武帝對鼓吹和親的反戰人士做了這樣的安排

這些年來，經過「神探」系列影視劇的神化或戲說，大唐名相狄仁傑成了一個知名度很高的歷史人物。說起來，「狄」這個姓的人在歷史上顯名的並不多，北宋名將狄青算一個。

魏晉以降，主流社會尊崇門第、講究血統，眾高門望族競相標榜矜誇，乃至流俗成風。

狄青為草根出身，功成名就後，有人勸他排家譜時盡量往狄仁傑身上靠。

狄青不肯亂認祖宗，斷然拒絕，可謂磊落男兒，英雄本色。

在這方面，反而是狄仁傑有些不厚道。

狄仁傑出自天水狄氏，屬於漢化羌人，對於自己的「夷狄」身分引以為恥，巧妙地調整了自己的族譜，稱自己的狄氏源於姬姓——周成王的同母弟孝伯因封於狄城（今甘肅省臨洮縣）而來。又稱自己先祖輩出現了許多歷史名人，有魯國大夫狄彌、古賢人狄儀、孔子弟子衛國人狄黑，漢時還有博士狄山。

漢武帝對鼓吹和親的反戰人士做了這樣的安排

這裡，特別講講博士狄山的故事。

學過歷史的人都知道，漢武帝在董仲舒的建議下，「罷黜百家，獨尊儒術」，儒學成為中國專制王朝的官學，備受尊崇。

秦漢時期，博士雖然是一種虛職，沒有實權，官秩也只有六百石，但屬於國家意識形態方面的專家，可以出席御前會議，參與國家決策。

在儒家地位大大提高後，博士在朝廷事務上的話語權更高，可以占據在道德的制高點上指點江山、激揚文字，盡情放飛自我。

中國歷史上四大著名帝王是：秦皇漢武、唐宗宋祖。

作為四大帝王之一的漢武帝，個性非常鮮明凸出，司馬遷指責他好大喜功、刻薄寡恩、冷酷無情。但卻讓我們感覺到他是個直腸漢子，有一說一、有二說二，不喜歡繞彎，認死理，認準了的事就卯足全力去做，不囉嗦，乾脆直接。

匈奴人自春秋戰國以來一直是中國邊患製造者，在中國邊境殺人放火、剽掠打劫，但中國歷代統治者都沒能予以有效的打擊和抑制。西漢立國，漢高祖不信邪，親率四十萬大軍出征，結果在白登被圍，差點丟掉性命。從此只能忍氣吞聲，送財物、送女人給匈奴人，破財消災，美其名曰：和親。

到了直腸漢子漢武帝這裡，漢武帝仗著文帝、景帝積蓄下來的豐厚家底，跟匈奴人硬碰硬上了。

漢軍與匈奴人多番大戰，戰果最盛之時是在漢武帝元狩四年（西元前119年）。

這年，大將軍衛青和驃騎將軍霍去病率領十萬大軍出塞，共消滅匈奴兵眾八九萬。

第六章　漢室轉折：由鼎盛到隱憂

匈奴損失了三分之二的力量，元氣大傷，不僅喪失了大規模入寇漢朝的能力，連生存都成了問題。

匈奴人哀傷無限地唱：「亡我祁連山，使我六畜不蕃息；失我焉支山，使我婦女無顏色。」

在這種情況下，匈奴伊稚斜單于擺出低姿態向漢朝請求和親。

時任丞相長史的任敞向漢武帝建議：「匈奴遭遇慘敗，處境艱難，應該藉這一時機對其實施威迫，讓其成為大漢屬國，到邊界請求朝拜。」

老實說，雖然漢朝在漠北之戰中取得大勝，但十來年的連續用兵，國庫耗得差不多了，威迫是不錯的主意。

於是漢武帝派任敞出使匈奴，向匈奴單于施威，讓其臣服大漢王朝。

沒想到，匈奴單于是個橫慣了的主，聽了任敞的話，一口氣沒憋住，雷霆大怒，扣留了任敞，向漢武帝示威。

按照漢武帝的脾氣，那就是：不服就打，打到你服！

但是，漠北大戰前，「塞閱官及私馬凡十四萬，而復入塞者不滿三萬匹」，戰後班師入塞時，馬匹只剩下不到三萬。

這個時候，漢軍並無「絕幕」追擊匈奴的能力。

那麼，對於這些不識好歹的匈奴人，該怎麼辦呢？

漢武帝召開了御前會議，商討對策。

狄仁傑的「祖宗」博士狄山出風頭的時候到了，他出列揚起聲音，大談特談和匈奴和親的好處。

他說：「**兵凶戰危，邊釁不可輕啟**。高祖皇帝想要討伐匈奴，結果被圍困在平城，於是與匈奴和親。惠帝與高后時期，天下太平安定，等到了文帝時，又要發動對匈奴戰事，天下騷動，百姓苦於戰爭。景帝之時，因

漢武帝對鼓吹和親的反戰人士做了這樣的安排

為吳楚七國叛亂，他每天往返於皇宮與太后東宮之間。等到叛亂被平定，景帝始終不談論軍事，天下也因此富裕充實。自從陛下大力發兵攻打匈奴，國中財力物力空虛，邊地困頓貧窮。由此來看，武力迫使不如和親。」

漢武帝平生厭惡和親，卻不動聲色，扭頭問自己的親信、御史大夫張湯：「你對狄博士的觀點怎麼看？」

張湯回答：「不過是無知愚蠢的儒生之見。」正沉醉於誇誇其談的狄山聽了，勃然大怒，應聲道：「我是愚忠，你張湯卻是詐忠。你屢興大獄，陷害淮南王、江都王，離間皇帝與諸侯的骨肉關係，罪該當誅……」

漢武帝聽不下去了，打斷狄山的話，對他說：「我若派先生去擔任一郡的太守，你能否團結好匈奴人，讓他們不要入寇？」

狄山想都不想，搖頭說：「不能！」漢武帝：「那一縣呢？」狄山還是搖頭，說：「不能！」漢武帝殺氣大盛，問：「那麼一個要塞呢？」

狄山猛然驚醒過來，知道再說「不能」自己的腦袋就要掉了，趕緊硬著頭皮回答：「我能！」

漢武帝不再跟他廢話，派人送他前往邊地，讓他在要塞上用儒家的道理說服教育好匈奴人，讓他們放下屠刀。

匈奴人要的是真金白銀，還有奴隸和女人，哪會聽從狄山的？幾個月之後，匈奴人呼嘯而來，攻陷了邊地多個要塞，砍下狄山的腦袋，又呼嘯而去。這樣，朝中的反戰聲音沒有了，匈奴與漢朝和親的事也未成。漢武一朝也只好對匈奴人採取了戰爭政策。最終，在漢軍的持續打擊之下，匈奴人只好認了。

第六章　漢室轉折：由鼎盛到隱憂

李陵戰匈奴，因一難於啟齒原因落敗

　　李陵是三代將門之後，名將李廣之孫，是一個有爭議的失敗者，一個悲劇的大英雄。

　　李陵的個人氣質本來適合做一個文學家、詩人。《隋書・藝文志》曾錄有《李陵集》二卷，新舊《唐書》仍見記載，至《宋史》則不見到錄，則該集宋時已告亡佚。

　　對於李陵的文學造詣，他的好朋友蘇武在〈報李陵書〉中稱：「足下才為世英。器為時出。」

　　數百年之後的唐朝大詩人駱賓王也情不自禁地稱讚說：「李都尉鴛鴦之辭，纏綿巧妙。」

　　但是，李陵的家世和他所處的時代不允許他安心做文學家、做詩人，他必須百戰黃沙，建功立業，這才不負李家將門之名。

　　李陵自己因此常常對人說：「丈夫必有所為，若生以不成名，死亦有憾也！」

　　為了能有所為，李陵潛心讀兵書，鑽研戰法、戰術，成為一代練兵專家、地形專家、步弩戰術大師。

　　在決定其一生成敗的浚稽山大戰中，他竟以五千步兵大戰十一萬匈奴騎兵，殺敵一萬餘人！

　　同為軍事家的唐太宗李世民感佩萬分地說：「李陵以步卒五千絕漠，然卒降匈奴，其功尚得書竹帛。」

　　近代史學家錢穆在《秦漢史》中也心悅誠服地說：「李陵之才氣，及其全軍之勇決，令千載下讀史者想慕不已。」

然而，就是這樣一個世之英傑，最終卻落到了有仇莫能報、有家莫能回、有國莫能投、有罪莫能贖、有恨莫能抒、有怨莫能述，只能獨自向隅而泣，為千秋萬代所唾棄的悲涼下場。

臺灣歷史學家柏楊嘆息說：「忍辱負重的人不可能被狂熱分子體諒。沉痛的心情，也不可能被浮滑之徒了解。所以李陵、司馬遷不得不成為悲劇人物。」

教授進一步說：「李陵由降而叛亦屬『逼叛』。如果只從『叛』字著眼，你只能說李陵是『漢奸』。但是如果能體諒他的『叛』出於『逼』，你還不如說他背後的那隻手，即由用人唯親的漢武帝、指揮無能的李廣利、老奸巨猾的路博德、善為讒言的公孫敖，以及牆倒眾人推，『隨而媒孽其短』的滿朝大臣，他們匯成的那股力，才是真正的『漢奸』。」

李陵是怎樣被「逼叛」的呢？

話說漢武帝天漢二年（西元前 99 年）夏天，漢武帝派自己寵妃李夫人的哥哥、貳師將軍李廣利領兵討伐匈奴，另派李廣的孫子、別將李陵隨從李廣利押運輜重。

李陵是深受漢武帝寵愛的五名後起之秀之一，弱冠之年就被加封為「騎都尉」，統軍五千，在酒泉、張掖駐防。

李陵有心建功，不屑於擔任後勤工作，便上奏漢武帝：「臣所帶領的都是長年戍守邊疆的百戰邊兵，而且以荊楚勇士、奇才劍客居多，力能扼虎，出矢必中，臣願獨帶這些兵士到蘭幹山南以分單于的兵，在側翼配合貳師將軍作戰。」

漢武帝一開始不同意，認為必須是騎兵才能出塞，但國家已經難以配備更多的馬匹了。

李陵拍著胸脯說：「我的麾下強悍，沒馬也無所謂，照樣可以以步破

第六章　漢室轉折：由鼎盛到隱憂

騎，以少勝多，孤軍深入到匈奴首領的王庭處，將其踏平。」

漢武帝壯其言，同意了他的出兵請求。

理想很豐滿，現實很殘酷。

李陵自引所部出師，深入到浚稽山，遇上了匈奴大軍，五千步兵對十一萬鐵騎，不敵，只得且戰且退。

輾轉戰了八日，沿途殺傷匈奴萬餘人，漢軍剩三千餘。退到距居延要塞百里處時，李陵軍箭盡兵疲，漸漸無力支撐。

這個時候，李陵下令將軍中的數車「妻婦」悉數殺掉。

什麼？五千步兵出塞作戰，士兵竟然拖家帶口，帶著老婆出征？

是的，《漢書》就是這麼記載的。

當然，李敖根據古代文獻《萬物原始》考證過，這些「妻婦」並非士卒家眷那麼簡單，她們其實是因丈夫有罪而被充軍的營妓。

從李陵殺了這些女人而未招致將士任何怨恨的跡象來看，這些女人的確是營妓而非家眷。

李陵在這個時候斬殺這些女人，一則是為了表明破釜沉舟、拚死一戰的決心，激勵士氣；二則是為減輕行軍拖累，以便順利突圍。

然而，在接下來的突圍過程中，由於箭矢不足，漢軍在匈奴鐵騎反覆衝擊下傷亡慘重，漸趨崩潰，不得不放棄繼續退卻，在小坡上固守。李陵仰天長嘆，說：「只要每個士卒能再得數十枝箭，必定足夠脫困。」的確，李陵他們所處的位置離居延不過百里，如果箭矢足夠，說不定真能逃回居延。

最終，李陵軍未能逃出生天，在士卒殆盡的情況下，李陵大呼一聲：「無面目報陛下！」投降了匈奴。

對於李陵指揮的這一戰，太史公的評價是很高的。他說：「李陵提步卒不滿五千，深踐戎馬之地，足歷王庭，垂餌虎口，橫挑強胡，與敵連戰十餘日，所殺過當，虜單于震怖莫名，不得不徵召左右賢王，盡集引弓之民，以一國之力圍攻。李陵轉鬥千里，矢盡道窮，救兵不至，仍張空拳，冒白刃，雖古名將不過也。」

但不管如何，李陵終究是敗了。敗的原因很明顯，就是他自己說的「只要每個士卒能再得數十枝箭，必定足夠脫困」，可惜，原本用來運載箭矢的車輛卻裝載了女子，在長途奔襲的征戰中不忘男女之歡，這就注定了這支軍隊必遭覆滅的命運。

昭君出塞

王昭君華容絕代，命運卻非常不好。

王昭君原本是南郡（今湖北省宜昌市興山縣）一個普通民女，漢元帝貪財好色，廣選美女入宮。

王昭君的美貌難逃選美者的眼睛，被強行徵選入宮。

宮中美女如雲，漢元帝根本寵幸不過來。漢元帝讓畫師替每一個美女都畫了畫，自己根據畫像挑選。

畫師毛延壽向王昭君索賄，王昭君沒錢，被愛財的毛延壽醜化了。

由此，王昭君在宮中獨守空房好多年。如果不是匈奴呼韓邪單于來朝要求和親，王昭君也許將孤獨終老。

呼韓邪單于要與大漢皇帝和親，那是要得到漢元帝的女兒做老婆。

第六章　漢室轉折：由鼎盛到隱憂

漢元帝哪裡捨得自己的女兒嫁給這個野蠻人？但又不敢不答應，於是就用後宮那些自己挑揀剩下的妃嬪來冒名頂替。

《後漢書》中記載：「（王昭君）入宮數年，不得見御，積悲怨，乃請掖庭令求行。」

王昭君天真地以為，逃離皇宮的牢籠就會海闊天空。

事實證明，這個想法太幼稚了。

「昭君出塞」，僅僅是怨曲的開始。

出塞這一年，昭君剛剛二十歲，呼韓邪單于已年近五旬，都可以做昭君的父親了。

年齡上的差距，注定了他們不可能一起白頭。

嫁到匈奴第三年，呼韓邪單于就死了。

王昭君抱著為呼韓邪單于生下的兒子伊圖智伢師，兩眼哭腫，卻永遠喚不醒呼韓邪單于了。

《漢書‧匈奴傳》裡記載：「匈奴父子同穹廬臥。父死，妻其後母；兄弟死，盡妻其妻。無冠帶之節，闕庭之禮。」什麼意思呢？就是說繼位的呼韓邪之子雕陶莫皋有權得到王昭君。

王昭君嚇了一大跳，趕緊向漢廷上疏求歸。

漢廷當政的換成了漢成帝，同樣不敢招惹匈奴人，敕令「從胡俗」，拒絕了王昭君的回鄉請求。

沒辦法，王昭君只好依游牧民族收繼婚制的習俗，硬著頭皮嫁給了成為復株累若鞮單于的雕陶莫皋，為雕陶莫皋生下二女，長女名須卜居次，次女名當於居次（「居次」意為公主）。

補一筆，雕陶莫皋可不是什麼善類，〈南匈奴列傳〉記載：初，單于弟

右谷蠡王伊圖智牙師，以次當位左賢王。左賢王即是單于儲副。單于欲傳其子，遂殺智牙師。

雕陶莫皋得到王昭君後，把王昭君與父親呼韓邪單于生的孩子伊圖智牙師殺了。

在與王昭君生活了十一年後，雕陶莫皋也死了。

繼承單于位的是雕陶莫皋的大弟弟且糜胥。

王昭君繼續依游牧民族收繼婚制的習俗嫁給了且糜胥。

王昭君再也承受不住這種屈辱，徹底崩潰。最終，她選擇服毒自盡，時年三十三歲，被葬於今內蒙古自治區呼和浩特市南郊，墓依大青山，傍黃河水，後人稱之為「青塚」。

西漢初年，匈奴南下。漢高祖親率三十萬大軍迎戰，準備以軍事力量對抗的辦法解除北方的邊患。但是，大軍到了平城（今山西大同市東北），就被匈奴四十萬人馬圍困在白登七天之久，後因賄賂冒頓閼氏才得以解圍。

圍困是解除了，但邊患還在。怎麼辦呢？

建信侯劉（婁）敬出了個餿主意，說：「天下初定，士卒罷於兵革，未可以武服也。陛下誠能以適長公主妻單于，厚奉遺之，彼知漢女送厚，蠻夷必慕，況為閼氏，生子必為太子，代單于……冒頓在，固為子婿；死，外孫為單于。豈曾聞（外）孫敢與大父亢禮哉？」

所以，「和親之論，發於劉敬」。

事實上，和親並不能限制匈奴的搶掠活動。

劉邦駕崩，呂后當國，匈奴冒頓居然又指名道姓，要呂后嫁給他，更是一種赤裸裸的挑釁和侮辱。

第六章　漢室轉折：由鼎盛到隱憂

實際上，從漢高帝六年（西元前 201 年）至漢武帝建元元年（西元前 140 年），《漢書》記載和親事就有九處之多，西漢王朝對匈奴極盡賄賂之能事，但匈奴帶來的邊患見於記載的尚有二十來處。所以說，和親只不過是為民族關係披上了一層和平友好的外衣而已，根本談不上什麼和睦親善。史書也直言「漢與匈奴和親，率不過數歲，即復背約」。劉敬首倡和親的目的根本就沒有達到，也不可能達到。

第一代海昏侯因昏庸無道而被廢嗎

劉賀是西漢王朝的一個皇帝，但在位時間太短，沒列入西漢十三帝內，以至史上寂寂無名。

劉賀本身的故事並不精彩，在歷史的大舞臺上，他只是露了一小會臉，人們甚至連他的面目還沒看清楚，他就消失在奔騰不息的歷史長河中了。

但從劉賀身上，卻牽扯出許多歷史大事件的變遷，折射出封建王朝政治鬥爭的殘酷，以及在權力魔杖下人性的扭曲。

不信？讓我們先從劉賀的身世說起。劉賀有一個很有名的爺爺——漢武帝劉徹。劉賀的奶奶也是個著名人物——宮廷樂師李延年的妹妹。李延年曾作有歌曲讚頌這個妹妹，稱「北方有佳人，絕世而獨立，一顧傾人城，再顧傾人國，寧不知傾城與傾國，佳人難再得」。也因為這首歌曲，李妹妹得到了漢武帝的寵幸，生下了劉賀的父親劉髆。

漢武帝雄才大略，繼承了文帝、景帝的事業，開創了西漢王朝無比強盛的局面，但因沉溺於對外擴張，一味窮兵黷武，使得國庫空虛，社會矛盾尖銳，以致後期出現了嚴重的統治危機。而在江充等人的弄權挑撥下，

「巫蠱之禍」爆發，太子劉據和皇后衛子夫自殺，帝位繼承人成了個懸而未決的問題。

漢武帝徵和三年（西元前 90 年），李延年的哥哥貳師將軍李廣利與親家丞相劉屈氂場密謀立劉髆為太子，事洩，李廣利投降匈奴，劉屈氂被腰斬。兩年後，劉髆也悄然死亡。

漢武帝一共有六個兒子，長子劉據、五子劉髆已死；次子劉閎死得更早；三子劉旦在「巫蠱之禍」後也有過自請立太子的劣跡；四子劉胥為人驕奢；六子劉弗陵是漢武帝寵幸的鉤弋夫人趙婕妤所生。

漢武帝很寵愛六子劉弗陵。他左看右看，就是覺得這個兒子長得比較像自己。

最終，漢武帝選擇了六子劉弗陵為帝位繼承人。

漢武帝為了防止自己死後出現呂后亂政之類的事件，先將鉤弋夫人賜死，再欽點霍光、金日、上官桀、桑弘羊四人為託孤大臣。

霍光是個身分特殊的人物。

霍光的發跡，得從他的父親霍仲孺說起。

霍仲孺是河東郡平陽縣的一個衙役，因到平陽侯家當差，結識了平陽公主府的侍女衛少兒。

郎有情、妾有意，兩人生下了一個私生子。

不過，霍仲孺沒有負起一個男人應該有的責任，他拋下衛少兒母子，偷偷回家娶妻生子去了。

多年以後，衛少兒的妹妹衛子夫受到漢武帝寵幸，立為皇后，衛少兒的私生子因為皇后的原因也獲尊得寵，並北征匈奴立下了赫赫戰功，成為一代戰神 —— 即歷史上赫赫有名的驃騎將軍霍去病！

第六章　漢室轉折：由鼎盛到隱憂

功成名就的霍去病是個懂得感恩的人，他不僅沒有因為霍仲孺早年的薄情而有所怨恨，還專門到平陽縣認親。

霍去病不但回饋了霍仲孺良田美宅和成群奴婢，還把霍仲孺的小兒子、年僅十幾歲的霍光帶到了都城長安。

天妒英才，神武蓋世的霍去病24歲就猝然離世，他唯一的兒子霍嬗也在10歲的時候便夭折了。

漢武帝哀傷無限，將自己對霍去病父子的憐惜之情全部傾注在霍光身上。

霍光很討喜，得寵而不驕，侍奉漢武帝恭謹本分，從無差池。

有人悄悄觀察，霍光每天上殿站立的地方，二十年來居然不差毫釐！

漢武帝所看重霍光的地方，就是這份穩重。

漢武帝在沉痾不起的日子裡，特地叫人畫了一幅「周公負成王圖」贈給霍光，用意就是要霍光效仿周公輔佐小兒劉弗陵。

一同接受了漢武帝託孤遺命的，還有金日磾、上官桀、桑弘羊。

金日磾是霍去病北征匈奴的戰利品，其本是駐牧武威的匈奴休屠王太子。霍去病兵擊匈奴，在河西大獲全勝，匈奴休屠、渾邪二王及部屬4萬餘人降漢，年僅14歲的休屠王太子金日磾及其家人淪為官奴，被送到黃門署養馬。

漢武帝有一次在宮中宴遊，興味盎然之際，詔令閱馬助興。馬伕們都偷瞟皇帝身邊的妃嬪，金日磾體型魁偉、容貌威嚴，目不斜視，而且，養的馬匹膘肥體壯，漢武帝觀之而心喜，待知道他原為休屠王之子後，就拜他為馬監。之後升遷為侍中、駙馬都尉、光祿大夫。

金日磾做事小心謹慎，從不越軌行事，也得到了漢武帝信任，成為漢武帝的親近侍臣。

漢武帝曾有意納金日磾的女兒入後宮，卻遭到金日磾的拒絕。

漢武帝也很喜歡金日磾的兩個兒子，時常留在身邊嬉戲。

金日的長子名叫弄兒，和漢武帝親近慣了，有一次竟然從後面擁摟著漢武帝的脖頸。金日磾見了，怒目而視，弄兒嚇得大哭起來。漢武帝於是對金日磾說：「為什麼要這樣嚇孩子呢？」有皇帝護短，弄兒越發無法無天。弄兒長大後，行為放蕩不羈，經常和宮女嬉戲。某次被金日磾看見了，惡其淫亂，拔劍親手將其殺死。漢武帝勃然大怒，金日磾頓首謝罪，誠懇地說出殺子緣由。漢武帝雖然為弄兒的死悲傷不已，但也更加敬重金日的為人。

西元前 91 年，江充誣陷太子事件敗露，江充被誅。江充的好友馬何羅竄入宮中向漢武帝行刺，幸得金日有所察覺，拚死相救，漢武帝才躲過此劫。從此，金日磾的忠誠篤敬聞名於朝野。

漢武帝將金日磾列入託孤四大臣之中，正是看中了金日磾的忠誠篤敬。

可是，金日磾壽數不永，在漢武帝去世一年以後就病逝了。

託孤大臣中的上官桀和霍光是兒女親家：霍光長女嫁給了上官桀的兒子上官安。

上官安和霍光的女兒生下了一個女孩。在這女孩 6 歲那年，上官桀想將她嫁給年僅 12 歲的漢昭帝劉弗陵為皇后。

霍光公開反對這門親事。

上官桀於是繞開了霍光，走鄂邑長公主與燕王劉旦的路線，最後把事情辦成了。

6 歲的小女孩便成了上官皇后。

看著上官桀利用權勢化身為皇親貴戚，另一位託孤大臣桑弘羊眼熱得

第六章　漢室轉折：由鼎盛到隱憂

不行，也想為自家子弟謀取高官厚職。

霍光強烈反對。

在上官桀父子和桑弘羊的眼裡，霍光就像一塊茅房裡的石頭，又臭又硬。他們和鄂邑長公主、燕王劉旦等人勾結起來，準備除掉霍光。

上官桀父子甚至有更大的野心，想藉除霍光之機謀取皇位。

經過一場驚心動魄的政治搏殺，霍光笑到了最後。

而鄂邑長公主與燕王自殺，上官父子、桑弘羊等人被殺。

漢武帝遺命的四位託孤大臣頓時只剩下霍光一人。

漢昭帝劉弗陵年幼，霍光顧盼之間，驀然發現，自己已經站在了權力之巔。

權力的魔杖使人的本性迷失，手執這柄魔杖的霍光沉溺在權力的惡性循環中，不能自拔。他不但不肯還政給漢昭帝，還嚴加要求漢昭帝必須專寵自己的外孫女上官皇后，而不得親近別的嬪妃宮女！

這使得21歲的漢昭帝暴病身死時，年僅15歲的上官皇后尚未生育子嗣。

這樣，繼承帝位的問題又在群臣中紛爭不息起來。

當時呼聲最高的是漢武帝唯一尚在人世的第四子廣陵王劉胥。

但霍光萬萬不能接受。

因為，廣陵王劉胥已經是個成年人，而且力能扛鼎，曾經赤手空拳擊殺猛獸，是個不好對付的角色。再說了，廣陵王劉胥是漢昭帝的哥哥，一旦繼承了帝位，那霍光的外孫女上官皇后的位置還往哪擺？

所以，帝位繼承人選必須在漢昭帝的子姪輩裡選。

這一選，劉賀終於正式露臉了。

劉賀輩分比漢昭帝低，由他繼位，則上官太后可以壓得住他。

而且，劉賀年輕，政治經驗淺，據說神智還有些問題，應該較容易控制。

這樣，在霍光的操縱下，劉賀被徵至長安，立為皇帝。

然而，僅僅 27 天之後，劉賀就被霍光廢黜了。

為什麼要廢黜他呢？

霍光開出的理由是：劉賀在服喪期間雖穿喪服卻沒表現出應有的哀傷，貪戀女色，不懂得珍惜愛護皇帝玉璽印，放蕩不經，還擅改朝廷禮制、違規賞賜……類似缺德行為一共羅列了 1,127 件！

這種人，不廢黜掉，還等什麼時候？

但是，有一個成語叫做「欲蓋彌彰」。

霍光對這些事羅列得越多越細，就越讓人懷疑——在短短 27 天時間內，劉賀做了 1,127 件壞事，這就意味著劉賀必須平均每天做 40 多件，他能忙得過來嗎？

畢竟，歷史是勝利者書寫的，真相到底如何，後人只能靠猜了。

也許，劉賀並非霍光想像中的顢頇無知，說不定，劉賀還做了種種要恢復皇帝權力的努力，終於招致了霍光的警惕和不滿，從而迎來了被廢黜的命運。

劉賀被廢後，死於「巫蠱之禍」的戾太子劉據的孫子、漢武帝的曾孫，流落於民間的劉詢（初名劉病已）被擇立為帝，是為漢宣帝。

霍光之所以選擇劉詢，是因為劉詢的輩分又比劉賀低了一輩，更有利於展示上官太后的權威，而且劉詢年齡尚小，又生長於民間，沒有任何政治根基，更容易拿捏，是個理想的傀儡人選。

不過，霍光又一次看走了眼。

第六章　漢室轉折：由鼎盛到隱憂

劉詢自幼飽經磨難，能根據實際情況做出正確的判斷，他審時度勢，妥善處理好和霍光及其黨羽的關係，隱忍不動，耐心等待時機，終於耗死了霍光，將霍家勢力連根拔起。

被廢除帝位之後的劉賀，被遣送回封地，僅僅賜予湯沐邑二千戶，封地昌邑國遭廢除，降為山陽郡。

漢宣帝掌權後，擔心劉賀威脅到自己的皇位，密令當地太守張敞暗中監視。

張敞的彙報是：劉賀身體羸弱，行為遲鈍，智商略顯痴呆。漢宣帝於是放心落肚，封劉賀為海昏侯，將其打發到遙遠的封地豫章（今南昌市）。在豫章瞎混了五年，劉賀終於走到了生命的盡頭，他的屍體在無數厚重葬品的伴隨下被埋入了陰暗的墓地。

漢宣帝故劍情深

漢武帝劉徹是個刻薄寡恩、冷血殘酷的君主，在臨死前做出過殺死鉤弋夫人的髮指獸行，但在他的曾孫漢宣帝劉詢身上，卻發生了一場值得歌頌的愛情。

漢宣帝劉詢原名劉病已，才出生數月，就受到「巫蠱之禍」的牽連──所謂「巫蠱之禍」，是指丞相公孫賀之子公孫敬聲被人告發為巫蠱咒武帝，與陽石公主奸，公孫賀父子下獄死，諸邑公主與陽石公主、衛青之子長平侯衛伉皆坐誅。漢武帝的寵臣江充又興風作浪，以治巫蠱為由，陷害太子劉據，致使皇后衛子夫和太子劉據相繼自殺。劉據的妻妾和三子一女全部被處死，只有襁褓中的劉病已逃過一劫，被收繫郡邸獄。

漢宣帝故劍情深

漢昭帝元平元年（西元前 74 年），漢昭帝劉弗陵崩，沒有兒子。

權臣霍光等人就議立了昌邑王劉賀。但劉賀只做了 27 天皇帝，就被霍光廢黜了。

根據光祿大夫、給事中邴吉等人的建議，霍光將流落在民間的劉病已擁立為皇帝，改名劉詢。

霍光是漢武帝朝驃騎大將軍霍去病的異母弟、漢武帝的託孤重臣，權勢熏天，對漢天子已經達到了予取予求、予廢予立的程度──換一句話說，只要霍光喜歡，他自己做皇帝也是可以的。

所以說，登上了帝位的劉詢對霍光是既感激又害怕，只要是霍光說的話，無不唯唯諾諾、千依百順。

但有一件事，他竟然拚著皇位、拚著性命不要，也要公開與霍光對峙。

這是一件關於愛情的事：劉詢在落魄時得到宮廷監獄典獄官許廣漢的照顧，結識了許廣漢的女兒許平君，在 17 歲那年和許平君結為夫妻。小夫妻在貧寒中互相支持、同舟共濟，經歷了許多風雨，有了愛情的結晶，生下了兒子劉奭（即後來的漢元帝）。而劉詢做了皇帝後，群臣集體上疏，要劉詢立霍光之女霍成君為皇后。在當時，幾乎所有人都懾於霍家的威勢，眾口一詞地要皇帝立霍成君為皇后，甚至昭帝的上官太皇太后也持同樣意見。劉詢情難自棄，無法忘卻與自己患難與共的許平君，下了一道「尋故劍」的詔書，稱：我在貧微之時曾有一把舊劍，現在我非常懷念它啊，眾位愛卿能否幫我把它找回來呢？這道尋故劍的詔書情真意切，重重地敲擊著每一個朝臣的心房：皇帝連過去用過的一把舊劍都念念不忘，又怎麼捨棄得了相濡以沫的女人呢？群臣被打動了，都改變了主意，聯合起來奏請立許平君為後。

第六章　漢室轉折：由鼎盛到隱憂

這樣，許平君終於成為大漢皇后。中國的語言詞庫裡，也增加了一個「故劍情深」的詞語。

可惜的是，「故劍情深」的故事結束後，又出現了一段「南園遺愛」的故事──霍光的妻子霍顯一心要讓女兒成君當皇后，最終買通了御用女醫毒死了許平君。劉詢悲慟欲絕，將之葬於杜陵南園（也稱少陵），被迫立霍成君為皇后。

不管怎麼樣，漢宣帝劉詢與許平君的愛情是真摯的，是值得世人稱道的。

妃子偷當裸模，下場很慘

廣川惠王劉去是漢景帝的曾孫、廣川繆王之子，於漢武帝徵和二年（西元前 91 年）立昭信為王后，封豔姬陶望卿為修靡夫人，主管王府綢緞；又封崔修成為明貞夫人，管理永巷（即幽禁失勢或失寵妃嬪的地方）。

昭信王后心胸狹隘、手段狠毒，嫉恨劉去寵愛陶望卿，經常在劉去面前詆毀陶望卿。

她說：「陶望卿經常無禮於我，在我面前打扮得花枝招展，她的衣服華麗鮮美就算了，還盡取高貴的綢緞賞賜給宮人。」劉去不以為然地說：「妳這是羨慕忌妒，妳說再多陶望卿的壞話也沒有用，我不會減少對她的一分一厘的愛意，除非……」

「除非什麼？」昭信王后立刻豎起了耳朵。

「除非她讓我戴綠帽子──她真那樣，我會用鍋子把她煮爛！」劉去憤恨地說。

陶望卿青春貌美，眉目如畫，深得劉去寵愛，絲毫沒覺察到來自昭信王后的危險，該睡睡，該吃吃，開心快樂地過著每一天。

如果說陶望卿只是沉溺於劉去的寵愛中，自愛自律，也許會開心幸福地一直到老。

偏偏陶望卿是個極其自戀的人，天生麗質難自棄，自我感覺良好，常常攬鏡自照，對鏡中玉人，我見猶憐。

良辰美景奈何天，賞心樂事誰家院？如此這般奼紫嫣紅開遍，怎堪似這般都付與斷井頹垣？

有時候，陶望卿凝視自己的粉臂，凝視自己的掌紋，會強烈地感到衰老在逼近。

時光留不住，不如把這大好青春容光留畫屏。

這麼想著，陶望卿意有所動，就不斷指使王府的畫師為自己畫肖像畫。

千姿百態都畫遍，陶望卿意猶未酣，竟然腦洞大開，寬衣解帶，讓畫師畫自己的肢體。

這下子，昭信王后抓到把柄了，她興沖沖地去對劉去說：「前天畫師在陶望卿房畫壁畫，陶望卿坐在他身旁，還把衣裳都脫了。此外，陶望卿還經常到南書房偷窺上班的書吏、郎君，恐怕有姦情。」

劉去疑心大起，回答說：「拜託妳再盯緊點。」

不管怎麼樣，劉去對陶望卿的感情開始有些淡薄了。

某天，劉去與昭信等人飲酒作樂，諸姬圍坐侍酒。

酒到半酣，劉去為陶望卿創作了一首歌，讓歌女當場奏唱，歌詞大意為：「背叛了尊嚴和章程，輕浮又飄蕩；誕生出那些荒唐奇怪的想法，無異於自尋滅亡；極力四周流轉，終究是自取禍患。要我原諒妳的過錯根本

第六章　漢室轉折：由鼎盛到隱憂

辦不到，如今妳還能怨誰？」

昭信一聽歌詞，就知道劉去對陶望卿已經有六七分怒氣，便趁熱打鐵，說：「陶望卿常出入書吏、郎君的住處，哪一張床的主人是誰，都清清楚楚。她特賜郎中令錦被，兩人關係不一般。」

劉去已有幾分醉意，被這幾句話一燒，立刻火冒三丈，與昭信及諸姬押著陶望卿回到其住所，拳打腳踢，一頓好打。

如此猶不能解恨，又令諸姬各持燒紅的鐵條灼燒陶望卿的身體。

陶望卿痛不欲生，衝出來尋井，要跳井自盡。昭信哪裡能讓她如願？派人將她攔了下來，「椓褿其陰中，割其鼻唇，斷其舌」，殺氣騰騰地說：「妳要死也不能讓妳有全屍，免得死後做鬼來嚇唬我，我今天要把妳煮爛，教妳不能成形。」親自和劉去一起執刀肢解陶望卿，置之大鑊中，取桃灰毒藥用慢火蒸煮。

陶望卿香消玉殞，慘不堪言。

末世天子的風流事

漢成帝劉驁是個出了名的風流天子，玩命地寵幸趙飛燕、趙合德兩姐妹，最終把自己的命玩丟了。

漢成帝駕崩，沒有兒子，繼位的是他的姪子劉欣，史稱漢哀帝。

這位皇帝的荒唐比起劉驁來是有過之而無不及，他對後宮佳麗興味索然，卻偏愛鬚眉男兒董賢，和董賢同輦而坐、同車而乘、同榻而眠。

單單這樣還是不夠的，劉欣還下令在自己的陵旁為董賢準備了一個墓

穴，要的是能與心愛的董郎生同床、死同穴。

據說有一天，劉欣和董郎相擁而眠，劉欣醒而董郎尚在酣睡中，劉欣要起，董郎卻枕著他的衣袖。

怎麼辦？

看著面目如畫的小郎君熟睡在自己的身旁，劉欣憐香惜玉之感頓生。

孤王萬不可驚擾董郎的好夢。

劉欣命人拿來剪刀，斷袖而起，這就是成語——「斷袖之癖」的由來。

大花痴劉欣還曾在一次宴會中對著董賢眉傳情、目含笑，乘著酒興，對眾臣說：「我打算繼承堯禪讓舜的優良傳統，把帝位傳給董郎，大家覺得如何？」

此言一出，嚇壞了所有人。

大家紛紛勸他不要有這樣的想法，說天下是高皇帝劉邦打來的，你不能把它就這麼輕輕鬆鬆地送給別人。

劉欣大為掃興，拂袖而去。

漢哀帝元壽二年（西元前1年）六月，劉欣駕崩，時年25歲。

和漢成帝一樣，劉欣也沒留下子嗣。權臣王莽上任，擁立劉欣的堂弟、時年9歲的中山王劉衎登基，史稱漢平帝。

劉衎乳臭未乾，人事不更，一切的政務都由王莽代理。

王莽暗中運作，將自己的女兒嫁給了漢平帝，成了皇后。

王莽因此被加號宰衡（湯朝名臣伊尹稱阿衡，周公姬旦稱塚宰，宰衡是從中各取一字，意為功績與伊尹、姬旦相當），位在諸侯王公之上。

不久，王莽鼓動諸侯、王公、宗室上奏請求加賞自己九錫。

第六章　漢室轉折：由鼎盛到隱憂

九錫即皇帝賞給大臣的九種器物，據《禮記》記載，這九種器物分別是：

一、車馬。車是金車大輅和兵車戎輅；馬是玄牡二駟，即黃馬八匹。

二、衣服。指袞冕之服，加上配套的赤舄一雙。

三、樂則。指定音、校音器具。

四、朱戶。也就是紅漆大門。

五、納陛。即登殿時特鑿的臺階。

六、虎賁。也就是守門的軍士，配額為三百人。

七、弓矢。彤弓矢百，玄弓矢千。指特製的紅、黑色的專用弓箭。

八、斧鉞。兵器的一種。

九、秬鬯。指祭祀時用的特供香酒，以稀有的黑黍和鬱金草釀製而成。

得到了這象徵至高無上禮遇的九命之錫，王莽有了更進一步的追求——登上帝位，主宰天下！

漢平帝元始六年（西元6年）十二月，臘日大祭，王莽「上椒酒，置毒酒中」，漢平帝喝後毒發身亡。

王莽當仁不讓地暫代天子朝政，稱「假皇帝」或「攝皇帝」，即代理皇帝。

由於漢平帝也沒有兒子，王莽假惺惺地從漢宣帝劉詢的直系子孫中選拔新的皇位繼承人。

為了操縱政局，王莽以「兄弟之間不能繼承帝位」為由，將與平帝同輩的王子直接排除出局，立宣帝的玄孫劉嬰為皇太子。

劉嬰僅僅兩歲，還是個襁褓裡的嬰孩，號稱「孺子」。王莽笑嘻嘻地稱，透過卜卦，劉嬰命最好，冊立他為皇太子最為吉利。

冊立過皇太子，王莽改元為「孺子嬰居攝」。

黨羽投王莽所好，不斷上報各種符命祥瑞，勸王莽正式登上帝位。

先是武功縣縣長孟通疏濬水井挖得了一塊白石頭，上圓下方，有丹書其上，稱「告安漢公莽為皇帝」。

符命之起，自此而始。

不久，有人奏報齊郡冒出一口新井，又有人奏報巴郡發現一頭石牛，還有人奏報扶風雍縣發現仙石……王莽無不欣然迎受。

孺子嬰初始元年（西元8年），王莽逼取了傳國玉璽，接受孺子嬰禪讓稱帝，改國號為「新」，改長安為常安，年號為「始建國」，西漢王朝宣告滅亡。

第六章　漢室轉折：由鼎盛到隱憂

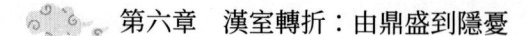

第七章
後漢興衰:復興與衰敗的輪迴

第七章　後漢興衰：復興與衰敗的輪迴

雲台二十八將，劉秀最器重誰

　　馮異，字公孫，潁川父城（今河南省寶豐縣東）人，少時好讀書，精研《左氏春秋》、《孫子兵法》，有將帥之才，原為王莽新朝潁川郡掾。

　　王莽地皇四年（西元 23 年），西漢劉氏宗室劉玄建立更始政權。劉秀奉命率軍由南陽攻取潁川，於父城巾車鄉意外捕獲外出巡視屬縣的馮異。

　　自這日起，馮異歸順了劉秀，開始長達一生的追隨。

　　馮異曾高興地對朋友說：「諸將多暴橫，獨劉將軍所到不擄掠，觀其言語舉止，非庸人也。」

　　在更始朝廷，劉秀飽受猜忌、排擠和打壓。在那一段韜光養晦的日子裡，馮異一直陪伴在劉秀身邊，寸步不離。

　　劉秀的兄長劉縯被更始帝無端殺害，劉秀不敢流露出悲戚之情，飲食言笑一如平常，內心卻痛苦異常。獨居時，他一點酒肉也不肯用，枕蓆之上卻多留淚痕。細心的馮異看左右無人，就跪倒在劉秀眼前叩頭，安慰說：「天下同苦於王莽，思漢已久。現在更始諸將橫衝直撞、暴虐平民，到一處搶一處，百姓失望，不知擁戴誰好。現主公應該大力施行恩德。有桀紂之亂，就容易凸出商湯武王的功勞。人飢渴久了，容易充飽。應當急切分遣官屬，審理釋放囚徒，撫養鰥寡，逃亡自首的免除其罪。」

　　劉秀要脫離更始帝劉玄的監控，馮異就充分動用自己的人際關係，讓自己的朋友曹詡去說服他的父親——更始朝的左丞相曹竟，並付以重金，請其在劉玄面前替劉秀說好話，准許劉秀出使河北。

　　在經略河北過程中，馮異積極為劉秀出謀劃策，賑濟災民、處理冤案，廣施恩德，一點一點地收攏人心。

然而，邯鄲人王郎突然稱帝，劉秀在一夜之間，就成了河北大地人人喊打的老鼠。

馮異卻不離不棄，跟隨著劉秀一起逃亡，飽嘗顛沛流離之苦。

在饒陽治下的蕪蔞亭，劉秀差點就要餓死，馮異連夜外出尋找糧食，總算弄來了一點豆粥。

吃了豆粥，劉秀起死回生，不無感慨地對馮異說：「昨得公孫（馮異字公孫）豆粥，飢寒俱解。」

同樣的一幕又發生在南宮縣，當時大風大雨，劉秀在道旁空舍中避雨，飢餓欲死，又是馮異冒雨外出覓食，煮得麥飯救命。

……

在劉秀情緒低落的時候鼓勵他要振作，在劉秀面臨失敗的時候安慰他不要氣餒，在劉秀有偷懶思想的時候提醒他要奮發，在劉秀無所適從的時候替他排憂解難，在劉秀快要被餓死的時候為他弄來吃的……所有這些，都不能彰顯馮異的偉大。

馮異的偉大之處，在於他的用兵。

他用兵如鬼神，擅長四兩撥千斤。

兵法云：故善戰者，求之於勢，不責於人，故能擇人而任勢。任勢者，其戰人也，如轉木石。木石之性，安則靜，危則動，方則止，圓則行。故善戰人之勢，如轉圓石於千仞之山者，勢也。此語用於馮異身上，最為恰當不過。

第七章　後漢興衰：復興與衰敗的輪迴

天下歸心，劉秀聽此人一席話定決心

馮異第一次單獨帶兵，是在劉玄更始三年（西元 25 年）。這一年，劉秀破邯鄲、斬王郎，並成功迫降了十幾萬銅馬流民軍，人稱「銅馬帝」。

劉秀當然不能就此滿足，他打算趁樊崇所部三十萬赤眉軍西進長安與劉玄更始政權爭鋒之機，自己親率主力北上，全力「清剿」流民軍，平定幽州十郡，打造策略大後方。

毫無疑問，「清剿」流民軍，平定幽州十郡，乃是劉秀各項工作的重中之重，但考慮到赤眉軍向來以剽掠為主，每下一城，只是匆匆燒殺搶掠一番便呼嘯而去，劉秀決定派一支軍隊前往關中，跟在赤眉軍的後面，收拾這些棄城。

他把這項任務交給了自己的寵臣鄧禹，命他率軍兩萬，遠赴長安。

主力既然北上，鄧禹又分兵西行，則暫時的大本營——河內、鉅鹿、魏三郡就空虛了。

河內郡是橫跨黃河南北的策略要地，而且這三郡僥倖沒遭逢特別嚴重的兵禍，物產豐盛，是提供部隊物資的重要基地，萬不可失。

在鄧禹的推薦下，劉秀任擔任吏寇恂為河內太守，行大將軍事，反覆叮囑他說：「我委任你留守河內，就跟當年高祖委任蕭何留守關中相同，你除了替前線積蓄軍糧，厲兵秣馬外，還要防備洛陽的朱鮪、李軼北渡黃河！」

為了力保河內不失，劉秀又任命馮異為孟津將軍，率領魏郡、河內兩郡兵馬坐鎮黃河北岸，加強對朱鮪、李軼大軍的監視。

這，就是馮異正式領兵的開始。

屬於馮異的時代，也由此來臨。

不過，劉秀的隊伍已一分為四，其中，兵力最弱、最不引人注目的就是馮異所領一軍。沒有人會想到，就是這個最不引人注目的馮異，卻建下了不世奇功。馮異平日為人很低調，在路上與其他將領相逢，總是主動引車避道。

每次打了勝仗，諸將並坐論功、誇誇其談之際，馮異默不作聲，悄悄走出營帳，靠著樹幹，坐在樹下獨享清靜。

久而久之，軍中稱其為「大樹將軍」。平定了王郎，劉秀曾重新劃分部隊，很多士兵呼喊著要到「大樹將軍」帳下效力，足見他在軍隊中的影響力。馮異的責任是防備洛陽的朱鮪、李軼等人渡河偷襲河內。實際上，李軼並沒有半點出兵河內的意思。究其原因，是李軼存在著嚴重的投機心理。李軼本來就是典型的投機分子。當初，他算定了王莽必亡，曾鼎力支持劉秀兄弟起兵造反。不久，看見綠林軍勢大，就轉身投靠了綠林軍，和劉玄搞在一起，積極參與了策劃殺害劉秀兄長劉縯的全過程。

這次，他看見赤眉軍人多勢眾，料定劉玄更始朝廷必敗，便採取觀望之態，一任赤眉軍從離洛陽不足五十里的陸渾關長驅直入，大舉西進，自己坐擁三十萬大軍，不做任何阻擋。甚至對劉玄的求救不理不睬，一任劉玄喊破喉嚨也不做反應。

時間一久，馮異摸到了他的心思，感覺到這是一個機會，就寫了一封信給他，喻以禍福，勸他歸降劉秀。

信中列舉了微子去殷而入周、項伯叛楚而歸漢、周勃迎代王而黜少帝、霍光尊孝宣而廢昌邑的典故，大談畏天知命之論，勸他感應天命，趕緊投到劉秀的陣營中來。

沒有什麼好猶豫的，李軼一下子就動心了。

第七章　後漢興衰：復興與衰敗的輪迴

李軼是個有頭腦的人，劉玄滅亡就在指日之間，而赤眉軍不過一夥「流寇」，只有劉秀才能成就大事。

可是考慮到自己曾參與謀殺劉，和劉秀有過節，劉秀能不能掀過這一頁呢？

李軼回了一封信，讓馮異幫忙試探劉秀的意思，信中寫：「李軼原本與蕭王（指劉秀，更始帝劉玄封劉秀為蕭王）首謀起義，結死生之約，同榮枯之計。如今李軼守洛陽，馮將軍鎮孟津，俱是兵家要地，如能合兵一處，可圖天下。盼望將軍向蕭王傳達李軼的心思，以佐國安人。」

馮異一讀回信，知道有戲。一面把李軼的書信上奏劉秀，一面調兵遣將，先下天井關，再拔上黨兩城，清除河內北面的威脅。緊跟著，手腳不停，回師向南，在李軼的默許下，渡過黃河，直插河南郡，連克成皋以東十三縣，收降十餘萬人，成功開闢了從河北進攻中原的灘頭陣地。

能有這樣的戰果，馮異對李軼充滿了感激。

然而，劉秀對馮異的答覆卻是：「季文（李軼字季文）多詐，人不能得其要領。現在將他的書信傳至各營抄閱，謹防中其奸計。」

馮異倒吸了一口涼氣。

劉秀把李軼的密信公布於眾，就是將他與自己相通的消息賣給了劉玄的更始陣營，那更始陣營中忠於劉玄的將領還不吃了他？

這是十足赤裸裸的「借刀殺人」計啊！

由此不難看出，劉秀對李軼的仇怨之深——就算李軼有三十萬大軍，再加上一個洛陽城，這樁買賣也不能成交。

朱鮪得知李軼暗通劉秀，怒不可遏，派人刺殺了李軼，將其兵馬收為己有。

眼看劉秀感情用事，馮異自知李軼難免一死，自己也難免與朱鮪有一場決戰。

很快，朱鮪接管了洛陽，派遣部將蘇茂、賈強領兵三萬餘人渡過鞏河，進攻溫縣。他本人領兵數萬進攻平陰，以牽制馮異的軍隊。

應該說，朱鮪這招夠狠夠辣。

溫縣是河內的屏障，一旦溫縣拔下，河內郡就唾手可得，而劉秀的北征軍後路被斷，整個河北局勢將發生改觀。

針對於此，馮異做了個超乎常人想像的決定。

他先置平陰於不顧，引軍渡回河內，入援溫縣。

這是一個極其瘋狂的決定，要知道，平陰是馮異的主要駐地，馮異卻棄其而援溫縣，有可能平陰既失而溫縣又丟，到時不免全盤皆輸。但馮異權衡之下，毅然入援溫縣，既是軍事家在策略上做出選擇的結果，更是一記在知己知彼情況下棄子爭先的狠招。

他知道，只要自己的速度夠快，就可以與河內太守寇恂合兵夾擊蘇茂、賈強。

以二擊一，已占八成贏面，而蘇茂、賈強一敗，朱鮪的軍心自然動盪，那時，兵鋒掠回平陰，便可使溫縣既保，平陰不失。

果然，馮異剛渡過黃河，寇恂已將郡屬之兵盡數發到溫縣。

馮、寇兩軍會合，實力已強於蘇茂、賈強，寇恂又命士卒四處散布謠言：「劉公兵到！」

這一招搞得蘇茂、賈強軍人心惶惶。

馮異、寇恂兩軍趁機衝擊，將賈強斬殺於亂軍之中。

蘇茂幸有部眾死力掩護，倉皇渡河，溺斃者過半。

第七章　後漢興衰：復興與衰敗的輪迴

馮異緊追不捨，從背後掩殺，再次渡過黃河，回擊平陰。

馮異的得勝之師鬥志昂揚，來勢奇快，朱鮪抵擋不住，狼狽退入洛陽。

馮異追到洛陽，繞城一週而還。

從此，洛陽全城震恐，白天也緊閉城門。

劉秀北擊「尤來、大槍、五幡等賊寇」，從元氏追殺到北平，從北平殺到范陽，又從范陽殺到安次，一直殺到漁陽，連戰連捷，凱歌頻奏。

當馮異、寇恂的勝利文書傳來，眾將領進帳祝賀，乘機奏請劉秀稱帝。

劉秀堅辭。

帝王心事，鬼神莫測。

沒有人知道劉秀內心真正所想，稱帝之事始終沒能舉行。然而，自漁陽回到鄗城，馮異只用一句話，就堅定了劉秀稱帝的決心。

馮異道：「更始敗亡，天下無主，社稷之憂，全在於大王一人。敬請您聽從眾議，上為社稷，下為百姓。」

劉秀若有所思，說：「我昨天晚上睡覺，夢見乘赤龍上天，一覺醒來，心中動悸。」

行了，眾人一直搞不定的事被「大樹將軍」馮異擺平了。馮異心領神會地下席拜倒，口中稱賀：「夢中所見，乃是天命發於精神，心中悸動，是因為大王太過謹慎了。」

劉玄更始三年（西元25年）六月二十二日，在司儀馮異的主持之下，劉秀服天子冠冕，在鄗城之南燔火告天，即位稱帝，改建元為「建武」，大赦天下，大封群臣。

鄧禹經略關中，舉步維艱，劉秀走馬換將

遠在關中的前將軍鄧禹也得封為大司徒，加封侯，食邑萬戶。可是，鄧禹的所作所為卻令人大感失望。他不僅沒能收取一城一地，反而先敗於更始朝的軍隊，後又敗於赤眉軍，並被赤眉軍追著攆著，最後龜縮於雲陽（今陝西省淳化縣西北）。坐鎮京都洛陽的劉秀急得直跳腳，不得不走馬換將，派馮異去代替鄧禹。

劉秀叮囑馮異：「三輔地區遭受王莽、劉玄更始之亂，又加上赤眉軍的侵害，生靈塗炭，無所依訴。將軍奉命討逆，非是略取土地或破城後屠殺城中軍民，而是要平定戰亂，安撫百姓。諸將不是不善於戰鬥，然而好搶劫擄掠。你是能駕馭吏士的，望你好好領會我的意旨，莫讓郡縣受苦，對投降的營寨，將其首領送來京城洛陽，遣散小民，讓他們回家耕田種桑。千萬記住，征伐不是單純的略地屠城，首要的是平定戰亂、安撫百姓。」

這時的赤眉軍已耗光了長安城內外的糧食，無糧可就，全軍上上下下都在叫嚷著要東歸青州。

換人如換刀。

當初鄧禹從黃河北岸過汾陰入關中，一路躲躲閃閃，刻意避開赤眉軍，繞過長安，在長安以北打游擊。

現在馮異入關中，從洛陽出發，穿過函谷關，堂堂皇皇，直逼長安，所行正是赤眉軍返東之路。

在弘農郡，馮異連降十餘支盜寇。

再至華陰，與赤眉軍前軍狹路相逢。

馮異鼓氣奮擊，殺敵無數，迫降赤眉將領劉始、王宣等五千餘人。

第七章　後漢興衰：復興與衰敗的輪迴

赤眉軍首領樊崇等人聽說前軍受阻，不由大怒，發起二十餘萬主力，齊聚華陰，要與馮異決一死戰。

面對來勢洶洶的強大敵人，很多人犯怵了，勸馮異讓出一條路，避敵鋒芒。

是啊，兵書上說「歸師莫遏」，只要稍稍挪一下身子，讓赤眉軍回家，就可以輕輕鬆鬆地收取關中。

這可是大功一件啊。

馮異斷然拒絕了眾將的建議，他深知一旦赤眉軍出了函谷關，就會直接威脅到帝都洛陽的安全。

不錯，我是兵少，但赤眉軍乏糧，只要我咬牙堅守在此，耗其糧食，挫其銳氣，時間一久，必定不戰而勝。

在這樣的信心和信念的支撐下，馮異硬是把二十多萬赤眉軍牢牢釘死在華陰道上。這一釘，就釘了兩個多月。

在這兩個多月的時間裡，劉秀命破奸將軍侯進等入守新安、建威大將軍耿弇移鎮宜陽，以函谷關為中心調兵遣將，進行精心布控，嚴防赤眉軍東歸。

劉秀特別下令命諸將把守好各路要隘，不要隨意出擊，他放出話說：「賊若東走，可引宜陽兵會新安；賊若南走，可引新安兵會宜陽。」

這麼多將領中，他最放心不下的是鄧禹，決定將他召回洛陽。為了制止鄧禹在回洛途中草率出戰，他還專門下了一道手詔，告誡說：「慎毋與窮寇爭鋒！赤眉無糧，自當來東；吾以飽待飢，以逸待勞，折棰笞之，非諸將憂也。無得復妄進兵！」

可真是怕什麼來什麼。一開始，鄧禹接到詔書便星夜兼程，返歸洛陽，

從雲陽過頻陽，渡汾陰，入河東郡，至安邑，抵大陽，到了黃河岸邊。只要再走兩日，就可以回到洛陽了。如果只是這樣，就什麼事都沒有了。可是沒有如果，鄧禹在黃河岸邊止步了。聽說馮異在華陰和赤眉軍打得不可開交，他心癢了。他手下還有萬餘精兵，想到自己多次輸給赤眉軍，輸得這麼慘，要這麼走了，實在太丟人了。

於是他過河北縣抵達湖縣，要馮異帶他一起玩。

馮異對他說：「我與賊相拒數十日，雖獲其雄將，但餘眾尚多，可稍以恩信動搖引誘之，難卒用兵破也。主上今使諸將屯於黽池，威脅其東翼，而我擊其西翼，一舉取之，此萬成計也！」

可是，官大一級壓死人。

鄧禹是大司徒，位列三公，官爵比馮異高得多。

他勒令馮異配合自己出擊赤眉軍。

馮異無可奈何地接受了他的意見。

結果可想而知，砸了，玩砸了。

鄧禹大敗，他所帶的上萬士兵，僅餘二十四騎脫逃。

馮異也差點被他害死，在亂軍的衝殺下，被迫棄馬奔走，翻山越嶺，沿著回曲的溪流狼狽不堪地爬上山坡，召集散卒，重新固壘自保。

像鄧禹這種抗命不遵、視士兵性命如草芥，一心逞個人英雄主義的敗家子，就算槍斃十次都不過分。可他回到了洛陽，劉秀只是免了其大司徒之職，仍封梁侯，數月之後，又拜其為右將軍。

好歹送走了鄧禹這尊「瘟神」，馮異重新整頓軍隊，與赤眉軍約期再戰。

這次，他來了手陰的。

決戰前夕，他挑選了兩千精壯的士兵，讓他們改換服裝，穿戴和赤眉

軍一樣，眉毛塗上紅色，在路邊埋伏下來。

次日，馮異縱兵出戰，直戰到太陽偏西，路邊的伏兵突然殺出來，因衣服混雜，赤眉軍難辨敵我，很快驚潰。

馮異乘勝追擊，在崤底迫降了赤眉軍男女八萬餘人。劉秀喜不自勝，下詔書慰勞馮異說：「赤眉破平，士吏勞苦，始雖垂翅回溪，終能奮翼黽池，可謂失之東隅，收之桑榆。方論功賞，以答大勳。」驚慌失措的赤眉軍殘部你推我搡，互相踐踏著擁入宜陽。而在宜陽，劉秀已經親勒六軍等候多時了。赤眉軍精銳已失，鬥志喪盡，忽遇大軍，心膽俱裂，劉盆子及丞相徐宣以下三十餘人肉袒請降，奉上從劉玄處所得的傳國玉璽和綬帶。十餘萬赤眉部眾解下的衣甲和兵器堆積在宜陽城西，高度與熊耳山相等。

至此，「赤眉軍之亂」終於落下了帷幕。

馮異居功至偉，劉秀由是將關中地區交由馮異經營，自己率大軍返回洛陽。

屠戮功臣的惡例反覆上演，劉秀卻是例外

赤眉軍雖已投降，關中依然盤踞著豪強地主武裝，如延岑占據藍田、王歆占據下絡、芳丹占據新豐、蔣震占據霸陵、張邯占據長安、公孫守占據長陵、楊周占據谷口、呂鮪占據陳倉、角閎占據汧縣、駱延占據鈝褅、任良占據鄠縣、汝章占據槐里……他們各自號稱將軍，擁兵多的有萬餘人，少的也有數千人，互相攻擊。

其中威脅最大的就是占據藍田的延岑。

首先，延岑的戰鬥力很強，他曾經擊敗過更始陣營，曾經打敗過赤眉軍，也曾經擊敗過鄧禹。

其次，他又和其他的割據勢力不同，有自己的政治野心，不僅僅停留在「山大王」的層次上，他自稱武安王，設定州牧郡守，組建了屬於自己的行政團隊。

再者，他既講策略，又有手段，他想效法漢高祖劉邦，把關中作為自己的根據地，進而向東發展，一統天下。為此，他占據了更始政權的糧倉，開倉放糧，收買人心。

三輔饑荒，長安喪亂，人民流離，骨肉相食，試想，赤眉軍就是因為關中無糧可就，才不得不倉皇東歸的，延岑這一招，使得他的人氣飆升，民心相向，士兵樂於用命。

聽說劉秀將觸角延伸到關中，延岑大怒，勾結了占據鄠縣的任良和占據了長安的張邯，一同發兵向馮異發起攻擊。

馮異毫無懼色，且戰且進，一往無前，最後屯兵於上林苑中。馮異擊破延岑的聯軍，斬首千餘級，震懾關中各路割據勢力。又利用關中人心思漢的心理，著力重建社會秩序，大結恩信於鄉民，大力招攬豪傑，並於析縣再次大敗延岑，招降其部八千餘人。

關中饑饉，有的地方出現了人吃人現象，一斤黃金只能換到五升豆子。

針對這個情況，馮異上呈給劉秀，由劉秀安排自南陽往關中輸送糧食。

隨著軍中糧食增多，百姓也多得到接濟。敗亡之將延岑再無處立足，只好從武關逃奔南陽。馮異雙管齊下，加緊了對關中各路割據勢力的軍事攻勢和政治攻勢，分頭誅滅打擊不聽從號令的豪傑們，而對那些降附後有功勞的人加以表彰賞賜，凡是將帥都遣往京師，凡是部眾都散歸本業，馮異威德盛行於關中。只有呂鮪等少數勢力投入蜀地，其餘全部平定。

第七章　後漢興衰：復興與衰敗的輪迴

蜀主公孫述得到呂鮪等人的歸附，多次派遣將領乘間而出，要與馮異爭奪關中。

馮異沉著冷靜，一一將之摧垮挫敗。

關中三年，馮異兢兢業業，克勤克儉，安撫流民，申理冤屈，百姓富庶，街市繁華，士民鹹服，私下稱馮異為「咸陽王」。

得知自己得此稱呼，馮異不喜反憂，認為自己手執重兵、獨鎮一方，不符合人臣之道，便上疏稱思慕朝廷，要求回洛陽任職。

劉秀沒有應允。

果然有人上奏章誣陷馮異，說他在關中獨斷專行，有意做「咸陽王」。

劉秀也不是沒有一點感覺，畢竟關中襟帶山河，是西周、秦朝、西漢三朝的發源地，地勢險要，可攻可守，便敲山震虎，派人把奏章轉給馮異看。

馮異大腦「嗡」的一下，壞了，自古功大而謗興，德高而毀至，這下恐怕是跳進黃河也洗不清了，趕緊誠惶誠恐地上疏謝罪。

劉秀讀了馮異的奏章，疑雲盡消，以詔書回答說：「將軍之於國家，義為君臣，恩猶父子。何嫌何疑，而有懼意？」

馮異總算鬆了口氣，可是還不敢掉以輕心，安排好長安的工作便匆匆趕回洛陽述職。

見了馮異，劉秀大為高興，向新晉的公卿大臣介紹說：「這是我起兵時的主簿，替我披荊斬棘，平定了關中。」隨後大賞珍寶、衣服、錢財、布匹，頒下詔書：「當初在倉促之時，你在蕪蔞亭煮的豆粥，永世不能相忘。」

馮異叩頭拜謝說：「陛下不忘河北之難，小臣也不敢輕忘潁川巾車鄉的不殺之恩。」君臣連日歡宴，促膝長談，定議圖蜀大事。

馮異為劉秀座下首席大將，見識非凡，十幾天長談下來，劉秀對收取

隴西、巴蜀已有定策。

劉秀還特別允許馮異帶著妻兒回到關中。

從某種意義上來說，將領的妻兒其實就是皇帝手中的人質，劉秀允許馮異帶著妻兒回到關中，這說明了他對馮異是充滿信任的。

漢光武帝建武六年（西元30年）四月八日，劉秀前往長安，名為拜謁漢朝歷代皇帝的陵墓，實是要收取豪強隗囂所據的隴西、天水二郡。

但此二郡全境皆為隴山（即今六盤山）山區，從關中平原到隴山，兩地落差高達一千六百多公尺，這仗怎麼打？劉秀猶豫了。

祭遵等將一致認為隗囂乃是當世奸雄，若釋之不除，其勢必愈加猖獗，且一旦和割據蜀地的公孫述勾結，更難消滅，紛紛自告奮勇，領兵前往搶奪關隴大道。

劉秀被說動了，同意發兵。

可是，隗囂軍居高臨下，占盡優勢，漢軍被打得大敗，倉皇逃下隴山。

祭遵等人從隴山敗退，劉秀自料大事難成，鑒於帝都洛陽乃是朝廷根本，自己不宜久離，由是取消了進攻計劃，命耿弇屯駐漆縣（今陝西省彬縣），馮異進守旬邑（今陝西省旬邑縣），祭遵退居汧縣（今陝西省隴縣）。

諸部軍馬，互成掎角之勢，力保關中。

隗囂挾大勝之威，乘勝進取長安。

馮異還在前往旬邑的路上，隗囂的部將行巡已率領萬餘人馬殺下隴山，氣勢洶洶地撲向旬邑。

馮異聞訊，下令急行軍，準備搶在敵人之前占據旬邑。

諸將都勸他，說：「隗囂兵盛而且是乘勝而來，不可與他爭鋒。我軍應另外選擇地方把軍隊駐紮下來，慢慢謀劃應對之策。」

第七章　後漢興衰：復興與衰敗的輪迴

馮異搖頭說：「隗囂兵習慣於爭奪小利，其在隴山小勝，就想著乘勢深入。如奪取了旬邑，就會動搖三輔。我軍現在的力量，就如兵法上所說『攻者不足，守者有餘』。現在我先占據城邑，是要以逸待勞，並不是與他爭鋒。」繼續催軍疾奔。

因為馮異催得緊急，果然趕在行巡軍之前入了旬邑城。

在旬邑，馮異心生一計，命令關閉城門，偃旗息鼓，做出一副毫無防備的樣子。

行巡很快來了，不知道馮異已入城內，看到城中守備鬆弛，大喜過望，下令攻城。

馮異出其不意，驟然擊鼓建旗殺出，行巡軍猝不及防，驚慌錯亂而走，馮異追擊數十里，大破行巡。

祭遵也在汧縣攻破了隗囂派出的另一路大軍。

北地諸豪長一看漢軍天威，大驚，紛紛叛隗囂而降漢。

得此勝利，馮異並不自矜其功，特別上疏向劉秀說明情況。

本來劉秀得知諸將中有人想分享馮異的功勞，深感憂慮，看了馮異的奏章，心下自寬。

頒璽書說：「虜兵率眾下隴，三輔驚恐。旬邑危亡，在於旦夕，北地各營皆按兵觀望。現在旬邑偏城得以保全，虜兵遭到挫折，馮異將軍徵西功如丘山，還自以為不足矜持，其餘諸人勿要爭功。現派遣太中大夫賞賜徵西吏士死傷者以醫藥、棺殮，大司馬以下官員親自吊死問傷，以表謙讓。」

隨後，又命馮異進軍義渠縣，並兼北地太守事宜。

先前隴山之戰的勝利，隗囂被沖昏了頭腦，以為聲威赫赫的漢軍戰鬥力不過如此，錯誤地認為自己也有統一天下的能力。

他沒有注意到，隴山得勝，完全得益於地利之便。

現在，他的軍隊才到平原地帶，就被馮異打得滿地找牙，潰不成軍。

他那一統天下之夢由此破碎。

可是，仗著隴山山高溝深，隗囂還是不願放棄割據。

馮異經略隴右，一邊作戰，一邊撫民，既是軍隊將領，又代行太守職務。

漢光武帝建武十年（西元 34 年），馮異與諸將攻落門。

落門尚未攻下，馮異便病死於軍中。

劉秀得知，賜諡號為節侯。

史上「最會打仗」的皇帝，晚年緘口不提打仗事

漢光武帝建武十七年（西元 41 年），劉秀回家鄉章陵（即舂陵）修葺先人墓園祭廟，宴請鄉鄰。

劉氏宗室的老一輩婦女曾開劉秀的玩笑，說：「文叔（劉秀字文叔）小時候性格內向，和人交往害羞得像個女孩子，待人溫柔和善！哪知今天竟然成就了這麼大的事業！」劉秀聽了，哈哈大笑，說：「好一個『溫柔和善』！告訴你們吧，今後我治理天下，也是用『溫柔和善』的理念來實施。」

在劉秀看來，國家長期遭受動亂，戰禍連年，就像一個飽受了病痛折磨的人，要想康復，就得透過柔順、緩靜的方法來調養。

他說：「柔能制剛，弱能制強，柔者德也，剛者賊也，弱者仁之助也，強者怨之歸也。」

第七章　後漢興衰：復興與衰敗的輪迴

當時，雖說天下初定，但區域性還有很多戰爭在打，比如邊患，匈奴、烏桓、鮮卑等部落還在不斷地騷擾著帝國的邊境。

劉秀深感天下疲憊貧困，民眾都渴望休息，因此下詔令：「邊關的將士以守為主，不宜出擊敵人，追虜料敵，不拘以逗留法。」

在很長一段時間內，匈奴人趁中原動亂，不斷剽掠邊境，而且得寸進尺、貪得無厭。

對於很多中原帝王來說，但凡能抽出手來，都會狠狠地教訓匈奴。

劉秀身為一個「最會打仗」的帝王，而且手下全是百戰之兵、百戰之將，完全有能力教訓甚至趕跑匈奴人。

但劉秀悲天憫人，考慮到民生困苦，選擇了與民休息，息事寧人。

下令罷省定襄郡（治今山西省右玉縣南），徙其於西河（治今山西省離石區），徙雁門（治今山西省朔州市東南）、代（治今山西省大同市之陽高縣）、上谷（治今河北省懷來縣東南）等郡，將吏民六萬餘口全遷入居庸、常山以東，盡量減少邊境上的軍事摩擦，減少兵役和勞役排程，向匈奴示以忍讓、退縮。

匈奴人卻更加肆無忌憚，一度進至天水、扶風、上黨、上谷、中山。

劉秀努力克制自己，一忍再忍，沒有因此發動戰爭。

而由於匈奴人太過凶橫，西域諸如莎車、鄯善等國不堪匈奴的摧殘和踐躪，曾聯合上疏劉秀，表示願意歸屬漢朝，共同對抗匈奴。

劉秀以天下蒼生困苦為念，咬緊牙關，不答應。

漢光武帝建武二十七年（西元 51 年）前後，匈奴境內遭受了罕見的旱蝗災害，「赤地數千里，人畜死耗大半」。

東面的烏桓看準時機，不斷向匈奴發動攻擊，匈奴的國力因此日下千

里,國勢衰微。

在這樣生死存亡的關頭,匈奴貴族中發生了爭奪統治權的內訌。

這實在是消滅匈奴的大好時機,千載難逢。

東漢的文武官員紛紛請求劉秀發兵,一舉將大漢的心腹大患匈奴消滅乾淨。

須知,平滅匈奴,那可是「萬世刻石之功」啊。

可劉秀抵擋住了誘惑,淡淡地說了一句:「今國無善政,災變不息,百姓驚惶,人不自保,而復欲遠事邊外乎?」冷靜地選擇了放棄。

當年昆陽一戰,劉秀單騎闖陣,可謂豪氣沖天,武勇蓋世。

這個時候選擇放棄,並非膽怯,而是不願勞師動眾,窮兵黷武。

當然,這個時候選擇放棄,更不是要姑息養奸,而是「苟非其時,不如息人」。

忍得一時的誘惑和衝動,充實了自身的力量,將來必定所向無敵!後來竇憲平滅了匈奴的事實也證明了這一點。

劉秀愛惜民力和國家財力,一心推行「以柔治國」,偃武修文,晚年與身邊的人談話,不願多提及武事。

皇太子劉強對父親行軍打仗的事抱有濃厚的興趣,曾向父親請教攻戰之事。

哪料劉秀當場翻臉,大聲斥責道:「往昔衛靈公向孔子請教爭戰之事,孔子不答。行軍打仗的事,不是你應該關心的。」

伏波將軍馬援是東漢一代名將,他說過一句話:「男兒要當死於邊野,以馬革裹屍還葬耳,何能臥床上在兒女子手中邪?」實是豪邁之至,千百年來不知激勵過多少熱血男兒、豪傑志士。

第七章　後漢興衰：復興與衰敗的輪迴

決心遠離戰事的劉秀和好戰的馬援在對待戰爭的態度上的不同，注定了他們君臣的相處不會太愉快。

馬援死後遭到的政治清算，估計也和這有一定關係。

劉秀在馬背上得了天下，卻毅然決然地拒絕在馬背上治理天下。

他堅持貫徹「以柔治國」的理念，大力解放勞動生產力，以行政手段實施「度田」，鼓勵農桑，推行了一系列「與民生息」政策。

重生的帝國迅速崛起，煥發出勃勃生機，很快迎來了中興盛世。

算命先生糊弄班超，班超全信

班超，字仲升，扶風平陵（今陝西省咸陽市）人，著名史學家班彪的小兒子。

班超為人有大志，不修細節，內心孝敬恭謹，居家常親事勤苦之役，不恥勞辱。

能言善辯，涉獵書傳，能夠權衡輕重，審察事理。

漢明帝永平六年（西元63年），班超的長兄班固被漢明帝徵召到朝廷任校書郎，班超與母親一起跟隨到洛陽生活。

因家境貧寒，班超靠替官府抄寫文書來維持生計。

班超每日伏案揮毫，重複著單調而乏味的工作，某日實在是煩了，忍不住將筆一扔，大吼道：「大丈夫即使沒有其他宏大的志略，也應當效法傅介子、張騫立功異域，以取封侯，豈能浸泡在筆墨間直至老死！」周圍的人先是被他的吼聲嚇了一跳，聽了他說話的內容，一起捂著肚子笑。

算命先生糊弄班超，班超全信

人家傅介子、張騫都是什麼樣的人？張騫兩通西域，累功得封為博望侯；傅介子帶隨從數員出使西域，計斬不肯臣服於漢的樓蘭王，得封為義陽侯。

你能比得了嗎？再說了，就算是你的才能堪與傅介子、張騫相比，也要有他們的際遇，得到漢昭帝、霍光和漢武帝的賞識才能展翅高飛，施展才華啊。

班超生氣地說：「小子安知壯士志哉？」

為了證實自己絕非等閒之輩，他去找相面的人看相。

相面的人是這樣糊弄他的：「看你的長相，應當封侯於萬里之外！」

「封侯於萬里之外」，什麼意思？相面的人搖頭晃腦，慢條斯理地說：「你生得燕頷虎頸，可飛而食肉，所以是萬里封侯之相啊！」可是，班超鵬飛萬里的機會一直遲遲不來。

直到漢明帝永平十七年（西元74年），他才有嶄露頭角的機會。

且說，匈奴是秦漢以來對中原政權最具威脅的敵人。

東漢初年，匈奴經常寇略邊境，支持地方勢力控制了五原、朔方、雲中、定襄、雁門五郡。

光武帝鑒於建國伊始，忙於整頓內政，穩定社會秩序，恢復發展生產，無力顧及。

因而，在建武年間，面對匈奴連年不斷的襲擾，只是採取消極防禦的方針和權且忍讓的策略，「增緣邊兵郡數千人，大築亭候，修烽火」以備匈奴，同時，不斷遷邊民入常山關、居庸關以東，以避匈奴寇掠。

政治上，遣使匈奴贈送金幣以通舊好，緩和與匈奴的關係。

匈奴面對東漢這種對策，雖然間或互派使節往來，軍事上仍然保持南

第七章　後漢興衰：復興與衰敗的輪迴

侵之勢，步步進逼，並乘機控制了西域北道諸國。

西域東起玉門關、陽關（今甘肅省敦煌一帶），西至蔥嶺（今帕米爾高原），中以天山分為南北二道，面積包括了今天新疆維吾爾自治區甚至更大的廣袤地區。

漢武帝時，朝廷派張騫通西域，並在漢宣帝神爵二年（西元前 60 年）前後，設立了管理西域地區的軍政合一的西域都護府，開始了對西域地區三十六國的管轄。

漢王朝先進的科學、文化技術也由此自西域各國向西方更遠的地區傳播，開創了歷史上著名的絲綢之路，使得漢民族揚名世界，東方的科學技術不斷地領先世界而又被世界所尊崇。

漢光武帝建武十四年（西元 38 年），西域莎車王賢和鄯善王安遣使入朝，請求東漢帝國派置西域都護，以保護自己。

光武帝卻以「天下初定，未遑外事」為由，予以拒絕。

漢光武帝建武二十一年（西元 45 年），車師前國、鄯善、焉耆等十八國派遣王子入漢都洛陽為人質，再次請求派遣都護，光武帝仍以「中國初定，北邊未服，皆還其侍子，厚賞賜之」，沒有同意。

從此，莎車王賢便依附了匈奴，準備兼併西域。

鄯善等十八國大為憂恐，苦苦哀求漢朝將其侍子留下，並盡快派出都護，以制莎車。

光武帝很無奈地傳諭：「今使者大兵未能得出。如諸國力不從心，東西南北自在也。」從此，「閉玉門以謝西域之質」。

車師、鄯善、龜茲等國也就先後投靠了匈奴。

漢光武帝建武二十二年（西元 46 年），匈奴遭受到嚴重災荒，內部矛

盾重重，對東漢帝國來說，這正是剿滅匈奴的大好良機，可是光武帝自覺無力發兵，最終還是放棄了。

漢光武帝建武二十四年（西元48年），匈奴分裂為南北二部，南匈奴八部大人共議立比為呼韓邪單于，「款五原塞，願永為藩蔽」，請求內附東漢帝國，以「捍御北虜」，與北匈奴對抗。

很多東漢大臣都以為天下初定，國內空虛，南匈奴虛情假意，不可答應。

光武帝卻同意了。

他按西漢時對待呼韓邪附漢時之舊例，詔令其遷居雲中郡，後又令徙居西河美稷，並透過各種籠絡措施，讓其「東捍鮮卑，北拒匈奴」，以夷制夷。

這種做法雖然在短時間內收到了一定成效，但東漢政府每年用於安撫南匈奴的費用極高，極大地加重了國內人民的負擔，而且北匈奴南下的攻勢卻日盛一日。

漢明帝永平五年（西元62年）至漢明帝永平十三年（西元70年）間，北匈奴猶盛，數寇邊，朝廷以為憂，「複數寇鈔邊郡，焚燒城邑，殺戮甚眾，河西城門晝閉」。

由此可見，在北匈奴問題上繼續實行防禦政策對邊郡安定是於事無補的，只有「以戰去戰」，以戰爭來結束戰爭，一次性地將北匈奴打倒，才可能得到邊境的和平。

漢明帝永平十五年（西元72年），北匈奴仍舊不知死活地頻襲邊塞。

而經過光武帝和漢明帝父子兩代人的努力，東漢帝國國內政治局面統一，社會秩序穩定，社會經濟恢復並持續發展，百姓殷富，府庫充實，國力強盛，已具雄厚的作戰潛力。

第七章　後漢興衰：復興與衰敗的輪迴

「犯強漢者，雖遠必誅」這句話雖然出自西漢人之口，可在東漢仍舊適用！該是出手還擊的時候了。

漢明帝永平十五年（西元72年）二月，東漢帝國兵分四路，分頭對北匈奴展開打擊。

其中，奉車都尉竇固領酒泉、敦煌、張掖三郡甲兵及盧水的羌、胡兩部一萬兩千騎，自酒泉（郡治祿福，今甘肅省酒泉市）郡直襲白山。

班超，就跟隨在竇固的軍中，任假司馬（即代理司馬），奉命進攻伊吾，在蒲類海與匈奴作戰。

該戰班超斬俘眾多，鋒芒畢現，得到了竇固的青睞。

班超出使西域，對鄯善王先下手為強

竇固看中班超的軍事才幹，為了孤立匈奴，平定西域，竇固推薦他和從事郭恂一起出使西域。

跟隨班超和郭恂一起出使西域的只有三十六人，西域距離漢朝山高水遠，而且大大小小有五十多個國家，國情詭譎，風雲變幻，前景並不美妙。

他們出使的第一站是鄯善。

鄯善王在建武年間一直苦苦哀求東漢政府到西域設定都護，視東漢王朝為救世主。

聽說班超代表東漢政府來了，受寵若驚，熱烈歡迎。

開頭的幾日，餐餐都用好酒好肉款待，禮敬備至。

然而，隨著日子推移，就開始變得疏懈冷淡了。

班超出使西域，對鄯善王先下手為強

前後態度對比，漸成冰火兩重天。

班超覺得其中必有緣故。

他對部下說：「你們覺察出廣（廣是鄯善王的名字）的態度變淡變薄了嗎？」

神經大條的部下答：「胡人待客不能久持熱情之心，沒事的。」

「不，絕不是這樣的！」班超斷然說：「這一定是北匈奴的使者來了，廣心裡猶豫，不知在漢與匈奴之間如何取捨。明眼人能在事件的萌芽狀態看出端倪，何況現在的事情已顯著暴露！」

為了證實自己的判斷，班超召來了負責接待外賓的胡人侍者，裝模作樣地問道：「匈奴使者來了這麼多天，今天還在嗎？」侍者倉促之間，未料班超有此一問，支支吾吾了半天，自己覺得難圓其說，索性就什麼都說了。

他說：「匈奴使者來中國已經三天了，就住在離這裡三十里的地方。」

看看，匈奴使者都已經來了三天了，我們還蒙在鼓裡。

不過，現在知道還來得及，得趕緊採取行動。

班超命人將胡侍拿下，用大繩捆實，嘴巴裡塞上爛布，丟到角落裡，接著召集同來的三十六名吏士，什麼也不說，喝酒。

等大家喝得酒酣耳熱，班超悠悠然地開口了。

他說：「你們和我同來絕域，就是要立大功以求富貴。現在北匈奴使者才來了幾天，廣禮敬即廢。若是北匈奴使者要鄯善人把我們抓起來送往匈奴，我們的骸骨就要變成豺狼嘴裡的食物了。你們說說，該怎麼辦？」

什麼？他敢！在酒精刺激下的三十六名吏士一個個擊案摔碗。

有人說：「大家陷入危亡之地，死生全部聽從司馬安排！」等的就是這句話。

第七章　後漢興衰：復興與衰敗的輪迴

班超霍地站起來，神情剛毅地說：「不入虎穴，焉得虎子。當今之計，只有乘夜用火進攻匈奴人，使他們不知我們的虛實，震怖之下，就可將其一網打盡。除掉了北匈奴使者，則鄯善人膽破，功成事立矣。」

有人低低地來了句：「這件事……要不要和郭恂商議一下？」

班超大怒，說：「吉凶決於今日。郭恂不過是迂腐俗吏，聽了我們的計畫一定會恐懼而謀洩，我們死無所名，非壯士也。」

一句話又點燃了眾人的熱情和豪氣，大家一起稱：「善！」夜幕降臨，班超領著三十六名吏士奔向北匈奴使者的營地。

班超讓十個人拿著牛皮大鼓繞到匈奴人的帳房後面，叮囑他們：「前面火光一起，就趕緊擂鼓大呼。」隨後讓其餘的二十六人手持刀劍弓弩夾門而伏，自己則四處順風縱火。

火光一起，前後鼓譟，殺聲震耳。

匈奴人從床上跳起，驚慌失措，亂作一團。

班超率眾殺入，他本人親手格殺三人，下屬官兵斬殺北匈奴使者及其隨從共三十餘人，其餘約一百人全部被火燒死。

班超擦了一把額頭上的汗，命人清點屍體，割下北匈奴使者的腦袋，用布包好，隨後一揮手，吩咐大家將所有屍體全部掩埋。

忙碌了一個晚上，次日天剛拂曉，班超等人回到住處，將事情的經過告訴了郭恂。

郭恂大為震驚，繼而臉色變了一變。

他的意思，班超懂。

班超舉手聲稱：「郭從事雖然沒有參與行動，可班超又怎會獨自一人居功！」郭恂這才笑逐顏開。

班超命人叫來鄯善王廣，讓他看匈奴使者的首級。

在看到匈奴使者首級的那一瞬間，鄯善王震住了，說不出話來。

班超趁機示以國威和恩德，告誡他：「自今以後，千萬不要再和北匈奴來往。」

廣跪倒在地，額頭撞得地板砰砰直響，一迭聲說：「願屬漢，無二心。」

改日，將王子送到漢朝充當人質。

班超歸來，向竇固彙報了出使經過，竇固聽得血脈賁張，大為高興，將班超的功勞一一上報，並請求繼續選派使者出使西域。

漢明帝說：「有班超這樣的人，就無須另派他人了，繼續以班超為軍司馬，再立大功。」

班超克疏勒而制龜茲國

這次出使的是于闐國，于闐是個大國，道路遙遠，竇固想替班超增加更多的隨行兵馬，班超拒絕了。

班超的理由是：于闐國大而遠，就算你再增加幾百人，也顯示不出你的強大，而一旦有不測之事發生，人多反而成為累贅。

班超帶領著原來跟從的三十六人上路了。

于闐，在塔克拉瑪干沙漠南麓，大致地理範圍是今和田地區的於田和和田兩縣。

其全盛時期有人口八萬三千人、士兵三萬餘人，是西域三十六國中較為強盛的國家之一，稱雄於西域南道，受匈奴使者的監護。

第七章　後漢興衰：復興與衰敗的輪迴

原先在鄯善國，班超一開始還受到了隆重的接待。

而到了于闐國，班超他們立時就遭到了冷遇。

不過，班超並不感到意外，畢竟這裡的地盤是由匈奴人罩著，于闐國又剛剛攻破了莎車國，在天山南道稱雄，人家沒殺了你交給匈奴人就算是客氣了。

那麼，怎麼展開工作呢？班超在等待時機，等待一個示威施恩的時機。

很快，就有一個大尾巴狼把這樣一個時機送到了班超面前。

于闐有信巫的習俗，巫師在該國享有至高無上的號召力。

一天，巫師開口說話了，他說：「神靈生氣了，問我何故傾向於漢？漢使有馬，急求取以祭祠我！」於是于闐王派宰相去向班超索求贈馬。

班超笑了。

他一直在等待著這樣的一個機會，於是爽快地答應了，但提出了一個要求，必須要巫師親自來牽馬──神要的東西，只能經由巫師才能順利轉遞啊。

巫師原本希望漢使拒絕這一無理要求，之後可以讓于闐王將之治罪。

沒想到，漢使竟這麼軟弱可欺，一嚇就怕了，失望之餘，又有幾分得意，開心地來了。

來得好！巫師剛入帳門，班超就揪過他的腦袋，刀鋒在頸部一掠，將他的腦袋成功地從軀幹上摘了下來，鮮血狂噴了一地！跟在後面的于闐國宰相嚇得面無血色，如同木雕泥塑，動彈不得。

拿下！班超把手中血淋淋的短刀扔在地上，拎起一條拇指粗的馬鞭劈里啪啦地朝于闐國宰相亂打了一通。

打也打累了，氣也出了，才命人將皮開肉綻的宰相和巫師的腦袋送回

給于闐王。

于闐王實在沒見過這麼狠的人，嚇得渾身直打哆嗦，不知該怎麼辦，也不知該說什麼話。

他不說，班超說。

班超將他狠狠地訓斥了一通，責備他不應該對匈奴存在任何幻想。

在班超一通有恃無恐的威嚇下，于闐王充分見識了大漢帝國的強大，同意殺死匈奴使者投降。

示威行動圓滿結束，接下來是施恩拉攏了。

班超轉怒為笑，以漢朝的名義，重賜于闐王及大臣。

先打一巴掌，再給一顆糖，效果奇佳。

于闐王被鎮得服服貼貼。

而班超的威名也迅速地傳遍了整個西域。

西域各國絡繹不絕地派人前來于闐國拜見班超。

接著，他們又緊急派送王子到漢都洛陽充當人質，以示歸降。

與漢朝關係中斷了六十五年的西域，終於在班超的努力下，重新恢復了與漢朝的交往。

西域有兩條重要的通道，一條是南道（新疆維吾爾自治區塔里木盆地南邊緣），一條是北道（新疆維吾爾自治區塔里木盆地北邊緣）。

占據南道的是于闐國，占據北道的則是龜茲國。

擺平了于闐國，班超的下一個目標是龜茲國。

相對而言，龜茲國的國情比較複雜。

龜茲所在位置是塔克拉瑪干沙漠北麓，大致在今天新疆維吾爾自治區

第七章　後漢興衰：復興與衰敗的輪迴

阿克蘇地區一帶。

當政的龜茲王是北匈奴人一手冊立的，等於是北匈奴人安置在西域的代理人。

龜茲王也因此狐假虎威，控制了西域北道，進攻疏勒國，處死了疏勒王，立自己的臣子兜題為新一代疏勒王。

班超覺得，要擺平龜茲，可以先從疏勒入手。

他們抄小道抵達疏勒，在距離新一代疏勒王兜題居住地疏勒城九十里處停了下來。

班超的意見是先禮後兵，先勸降，不行再動手。

班超讓屬官田慮入城勸降，他交代田慮說：「兜題不是疏勒族人，疏勒百姓未必肯甘心聽命於其，其若不肯投降，就當場廢了他。」田慮點頭稱是。

和預料中的差不多，兜題見田慮人少，非常輕視，毫無投降之意。

田慮趁其不備，從背後用一條繩索勒住了兜題的脖頸，成功將其劫持。

兜題的左右隨從大驚，四散奔逃。

不一會兒，班超來了，召集全體疏勒文武官員，細數龜茲王的罪行，提議將從前的疏勒王的姪子忠立為疏勒王。

這個提議是符合疏勒國人民的要求的，疏勒文武官員無不鼓掌稱好。

新的領袖產生了，那麼，怎麼處置兜題呢？疏勒人的意見是就地處決。

班超笑了，說：「這種人殺之無益，不如放他回去，好教龜茲人知道大漢的威德。」命人放走了兜題。

下一步，就是解決龜茲了。

就在班超準備有所行動的時候，漢明帝永平十八年（西元75年），漢

班超克疏勒而制龜茲國

明帝駕崩，漢章帝劉炟即位。

漢章帝考慮到西域風雲變幻，形勢複雜，便於漢章帝建初元年（西元76年）下詔，撤銷西域都護，召班超回國。

而在漢明帝永平十八年至漢章帝建初元年的一年多時間裡，班超以很少的兵力鎮守疏勒國的疏勒城，與疏勒王一起，齊心協力，共抗龜茲、姑墨等國的入侵，多次擊退敵軍的進攻。

接到劉炟詔書的那一刻，班超心情複雜極了。

難道就這樣將自己與漢明帝、竇固他們一起苦心經營的西域拱手讓給北匈奴人？到底天命難違，班超匆匆打點行囊，準備啟程回國。

聽說班超要走，疏勒國舉國憂恐。

要知道，班超沒來之前，疏勒國一直飽受龜茲國的欺壓。

是班超解救了他們，幫他們立了新國王。

在班超的帶領下，他們和龜茲打仗，打得難解難分。

現在，班超要走了，滅國不久矣！疏勒國的都尉仰天大號道：「漢使棄我，我必復為龜茲所滅耳，誠不忍見漢使去。」竟自刎而死。

班超以袖掩淚，毅然上路。

途經于闐國，于闐王和貴族群臣全都嚎啕痛哭，說道：「依漢使如父母，誠不可去！」他們互抱班超的馬腿，不許班超走。

看著哭成一片的人，班超猶豫了。

「大丈夫無他志略，猶當效傅介子、張騫立功異域，以取封侯，安能久事筆研間乎？」早年的豪言壯語，突然在耳邊響起。

經營西域就是我的理想，不，不，我不能就這樣回去！他跳下馬來，扶起于闐王，說，我想好了，不走了。

第七章　後漢興衰：復興與衰敗的輪迴

真的嗎？真的是這樣嗎？于闐國的貴族群臣止住了啼哭，抬起頭，驚奇地看著班超。

班超用行動解除了他們的疑問，牽著馬，轉身往疏勒國的方向去了。

然而，就在班超離開的短暫時間裡，疏勒有兩座城已經重新歸降了龜茲，並與尉頭國（今新疆維吾爾自治區阿合奇縣）聯合起來，圖謀大亂。

班超捉捕反叛首領，擊破尉頭國，殺六百餘人，疏勒再度恢復安定。

單單安定疏勒國是不夠的，班超的目標是整個西域。

班超以一己之力控制住整個西域

漢章帝建初元年（西元 76 年），班超聯合疏勒、康居、于闐、拘彌等國的軍隊一萬多人，進攻姑墨國石城，攻破城池，斬首七百顆，孤立了龜茲。

漢章帝建初五年（西元 80 年），班超經過分析，有了一個全盤搞定西域的計畫。

他上疏漢章帝，陳述西域各國形勢及自己的處境，提出了要趁機平定西域各國的主張。

他的信層層遞進，鼓動人心。

首先，他說：先帝欲開通西域，故北擊匈奴，派使者與各國通好，鄯善、于闐、拘彌、莎車、疏勒、月氏、烏孫、康居各國都願歸附，準備併力破滅龜茲，剗平通往中國道路上的障礙。

接著，他又說：如果攻下龜茲，那麼西域地區不服從漢朝的，只剩百

分之一而已。

緊接著,他又說:現在的西域各國,莫不嚮往歸順漢朝,大國小國全都十分踴躍,不斷進貢,拒絕服從者,不過焉耆和龜茲兩國而已。

對於解決龜茲的方法,他獻計說:可以把龜茲派到漢朝做人質的王子白霸封為龜茲王,用步騎兵數百人護送,讓他同西域各國組成聯合部隊,以夷狄攻夷狄,數月間就可以解決龜茲問題。

對於軍隊的糧草給養,他說:莎車、疏勒的土地肥沃廣袤,牧草茂盛,牲畜成群,用兵無須消耗中原物資,而糧秣卻自給自足。

「以夷狄攻夷狄」,是這封奏疏中最為閃亮的策略思想,漢章帝被打動了。

是啊,利用西域人來控制西域人,成本小,收效大,可謂一本萬利,何樂而不為呢?漢章帝任命平陵人徐幹為假司馬,撥發減刑的罪犯及志願人員一千由其率領,前往西域增援班超。

說實話,漢章帝還真是捨不得投入太多。

但不管如何,援兵是來了,就算不多,班超的腰板也硬了若干。

班超準備先拔掉幾個棘手的──首當其衝的是莎車。

莎車,地處塔克拉瑪干沙漠西南麓,和疏勒、于闐分居在三角形的三個頂點上,其國力和于闐相當。

莎車以為漢朝不會出兵,所以死心塌地地投靠了龜茲,打它,可以殺一儆百,震懾其他諸國。

但進攻之前,得防備龜茲從背後捅刀子。

就在班超謀劃著如何防備龜茲的時候,意想不到的事情發生了。

關鍵時刻,班超所在的疏勒國出問題了,新任疏勒都尉番辰看班超形

第七章　後漢興衰：復興與衰敗的輪迴

單影只,也以為漢朝不會出兵了,竟然背叛了班超,率部倒向龜茲。

就在班超嗟嘆間,徐幹領著援兵來了,殺掉了番辰,斬首千餘級,平息了叛亂。

都尉番辰的叛亂事件讓班超意識到,龜茲的影響力太大了,要想擺平龜茲及其小跟班莎車,還得找個幫手。

找誰好呢?透過反覆研究,班超相中了烏孫國。

烏孫國,人口眾多,國力強盛,西漢武帝劉徹曾把江都王劉建之女細君公主嫁給烏孫王,得到了他的大力協助,大破匈奴。

有這樣的一門舊親戚,不用白不用。

從這一淵源來說,烏孫和漢朝算得上是老親戚加舊盟友。

於是班超又上書給漢章帝:「烏孫大國,控弦十萬,故武帝妻以公主,至孝宣皇帝,卒得其用。今可遣使招慰,與共合力。」這種惠而不費的事,漢章帝平生最樂意去做,馬上採納了他的建議。

漢章帝建初八年(西元 83 年),漢章帝拜班超為將軍長史,任徐幹為軍司馬,另外派遣衛侯李邑攜帶大量錦帛、封賞詔書以及鼓吹幢麾等旌旗樂器出使烏孫。

看著事情按自己預定計劃發展,班超鬆了口氣。

然而,節外生枝了。

問題發生在衛侯李邑身上。

衛侯,即皇城治安官。

這種人一般都有個共同的特點,就是對自己人凶,對外人怯懦膽小。

這次出使,李邑就把這一特點發揮得淋漓盡致。

他從洛陽出發前往烏孫,中間要經過于闐,到了于闐就不敢走了。

因為前方傳來消息，稱龜茲正在進攻疏勒，仗打得很凶。

李邑的膽子瞬間被嚇得縮成了細胞幹，死活不肯再走。

為了掩飾自己的怯懦，他龜縮在于闐上疏給朝廷，大陳西域之功不可成，又盛毀班超：「擁愛妻，抱愛子，安樂外國，無內顧心。」

班超聽到李邑這樣詆毀自己，不由得嘆息道：「我非孔子的弟子曾參，卻碰到曾參所遇的三次讒言，恐怕要受到朝廷的猜疑了。」為了堵住李邑一類小人的嘴，班超只能無奈地選擇妻離子別，派人遣送妻子和兒子回漢朝。

班超的舉動，讓漢章帝更深一層理解到班超的公忠體國，下詔書切責李邑：「就算班超擁愛妻，抱愛子，而思念家鄉的漢軍還有一千餘人，為什麼盡能為班超所用？」命李邑接受班超的管轄排程，意思是好讓班超出出氣。

但班超沒有為難李邑，護送他去和烏孫達成出兵協議後，便讓他帶著烏孫侍子回京了。

徐幹勸班超：「李邑前日親口毀君，差點就破壞了我們在西域的事業，如今為何不以詔書為理由將他留下，另派其他官員送人質呢？」班超淡淡一笑，道：「此言差矣！正因李邑詆毀我，故派遣他回去。

我問心無愧，何懼流言！為求快意而留下李邑，非忠臣也！」這次出使烏孫收到的成效是非常顯著的，烏孫國恢復了與漢朝親戚加盟友的關係，陳兵龜茲邊界，迫使龜茲無力抽兵援助莎車。

而第二年（漢章帝建初九年，西元 84 年），漢章帝又加派和恭為代理司馬，率兵八百，增援班超。

莎車，你死定了！班超糾合了疏勒、于闐兩國軍隊，再加上漢軍的一千八百人，猛攻莎車。

第七章　後漢興衰：復興與衰敗的輪迴

缺少了龜茲的支援，莎車節節敗退，眼看就要舉國崩盤，它耍了一招狠的：行賄。

莎車暗中派人找到疏勒王，奉上重金。

金錢的殺傷力太強了！疏勒王的人生觀和世界觀瞬間被擊潰，聽從了莎車的指使，反叛了班超，向西退到烏即城（今新疆維吾爾自治區疏附縣），準備從側面向班超發起攻擊。

西域的形勢真是瞬息萬變，班超不得不停下了對莎車的打擊，先騰出手來對付疏勒王。

說來可笑，這個疏勒王原本就是班超立的，可以捧你，也可以摔你，這麼簡單明瞭的道理，疏勒王居然不懂。

班超另立疏勒府丞成大為新疏勒王，調集兵力攻廢疏勒王。

沒想到，位於烏即城西北的康居國竟然派遣精兵援救廢疏勒王。

康居國的大致位置在現在的巴爾喀什湖和鹹海之間，有一定的實力。

這算什麼事？班超傻了眼。

看來，得想個招讓康居國退兵。

班超透過一番調查研究，搞清楚了，原來廢疏勒王實在頂不住了，就把莎車國送來的黃金轉手送給了康居王，請他出兵相助。

還是那一句，黃金的殺傷力太厲害了。

逼我出招！班超決定以牙還牙，以其人之道還治其人之身，動用自己的黃金，和敵人打一場黃金戰。

他送了大量珠寶財物給月氏國王。

為什麼要送禮給月氏國王呢？月氏國位於蔥嶺（今帕米爾高原）西南，康居王剛剛與月氏國公主通婚，二者正處於蜜月期，只要請得動月氏王出

面,就一定能說服康居王退兵。

事實正和班超所設想的一模一樣。

月氏王成功地勸退了康居王。

這樣,廢疏勒王頂不住了,就與龜茲勾結密謀,派人向班超詐降。

這點小伎倆,哪能瞞得過班超?班超將計就計,同意了他的請降。

廢疏勒王樂了,以為班超已經中計,輕裝簡從來見班超。

班超不動聲色,具食與樂,酒至半酣,猛一聲令下,將其亂刀斬死,並進軍擊敗其兵眾,殺了七百多人,南道遂通。

漢章帝章和元年(西元88年),班超徵調了于闐等國的軍隊二萬五千人,再次進攻莎車。

作為老大,龜茲王派遣其左將軍帶領溫宿、姑墨、尉頭等國的軍隊合計五萬人援救莎車。

班超不由大驚失色,自己二萬五千人,人家五萬人,是自己的兩倍,這仗還怎麼打?他決定先解散部隊,避敵鋒芒。

他對將校和于闐王說:「如今我們兵少,難敵對方,不如各自分散撤離。

于闐軍隊由此向東,長史也同時動身,從這裡西行返回疏勒,可等到夜間鼓聲起時出發。」

聽到班超這樣說,全軍譁然。

好不容易才集結起這麼大的部隊,怎麼說散就散了?沮喪的將士在管理上出現了懈怠,關在集中營的俘虜逃跑了。

逃就逃吧,反正現在都準備撤軍了,管不了那麼多了。

龜茲王從俘虜的口中獲悉班超要散夥的消息,不禁仰天大笑。

第七章　後漢興衰：復興與衰敗的輪迴

　　他親自率領一萬騎兵趕往西邊阻擋班超，另外由溫宿王率領八千騎兵往東邊攔截于闐王。

　　兵書上云：兵者，詭道也。

　　兵法上的虛虛實實，龜茲王根本不懂。

　　對付龜茲王這種小角色，班超實在是遊刃有餘。

　　之前所謂的撤軍、散夥，其實只是班超放出的煙幕彈，目的就是引蛇出洞、調虎離山。

　　等龜茲王的兩支軍隊出洞，班超就吹響了戰鬥的號角，向莎車的大本營發起凌厲的攻擊。

　　莎車軍毫無防備，一擊即潰。

　　潰還不行，繼續打，打到他服！班超揮軍追擊，斬殺莎車軍五千餘人，繳獲大批財物、馬匹。

　　眼看大勢已去，莎車王只好舉手投降。

　　莎車一降，龜茲等國只好都悻悻撤軍回家。

　　這一戰，班超威震西域，而他在歷史上的頭銜，除了外交家外，還多了一個：軍事家。

　　此後，班超又集結起西域七萬聯軍，進行清掃，將勇於和漢朝作對的敵對分子一一清掃，致使西域五十餘國全數歸附漢朝。

　　班超是東漢繼竇憲燕然勒石之後，在域外實施軍事行動戰果最為輝煌的軍事家，令後人高山仰止。

　　史書稱其：出入西域二十二年，沒有誰敢不服從的；改立各國國王，各國人民都得到了安撫。

　　不驚動中國本土民眾，不派遣中國軍隊，而使邊遠的各夷國一心歸

附，使各族人民共同一心，達到了施行討伐、洗雪舊恥、替將士報仇雪恨的目的。

的確，班超的職位為西域都護，不過是漢代郡守的官職，秩二千石，但在西域，因為他本人的魄力和威望，權勢卻高高凌駕於各國君主之上，風光無限，威風凜凜。

然而歲月不饒人，到漢和帝永元十二年（西元 100 年）這一年，被封為定遠侯的班超已經步入了暮年。

從來英雄如美人，不許人間見白頭。

西域雖然是成就我事業和功名的地方，但終究是異邦異鄉。

我老了，必須離開。

我老了，必須回家。

班超歸心似箭，他派兒子班勇隨安恩國入貢的使者回到洛陽，帶回他給皇帝的奏章，上面有句云：臣不敢望到酒泉郡，但願生入玉門關。

充滿了落葉歸根的渴望和惆悵。

然而奏章送回到洛陽，卻被朝廷束之高閣，不予理會。

時間推移到漢和帝永元十四年（西元 102 年），古稀之年的班超染上了傷寒，再不回去，就永遠沒有機會生入玉門關了。

班超的妹妹，歷史上赫赫有名的史學家班昭也遏制不住思兄之情，奮不顧身地上書給皇帝，說：班超以一己之身，轉戰絕域，曉譬諸國，每有攻戰，輒為先登，身被金夷，不避死亡，賴蒙陛下神靈，且得延命沙漠。

又說：至今積三十年，骨肉生離，不復相識，當年相隨人眾均已故去，班超年最長，今已七十，衰老被病，頭髮無黑，兩手不仁，耳不聰，目不明，行路需扶杖，雖欲竭其全力，以報答天恩，迫於歲暮，犬馬齒索，為

第七章　後漢興衰：復興與衰敗的輪迴

之奈何？漢和帝覽奏，戚然動容，於是派戊己校尉任尚出任西域都護，接替班超。

任尚到了西域，一臉真誠地對班超說：「君侯在國外三十多年，我有幸接替您的工作，責任重大，偏偏我的智慮淺短，請不吝將您的經驗傾囊相授。」

班超淡淡一笑，說：「班超年紀老了，人也愚笨了，閣下年紀輕輕，就任此大職，豈是我班超可以比得上？如果真要聽聽老夫的所謂經驗之談，那老夫就說上幾句不甚高明的話。凡來塞外任職的官吏士卒，原本就不是什麼孝子賢孫，都是因為犯下了罪行才被遷徙來這邊疆的。而西域的蠻夷之人又都懷著禽獸心腸，難收養而易壞事。依老夫看來，閣下秉性嚴厲而又急躁近功。往後的工作，萬事您都要多擔待，對屬下寬容冷靜，處理問題簡易行事，小過失能赦則赦，只要抓住重要的環節就行了。」

漢和帝永元十四年（西元102年）八月，班超回到洛陽，拜為射聲校尉。

不過，因為年老體衰，不足一個月就溘然病逝，享年七十一歲。

且說，班超回國後，任尚私下對自己的親信說：「我以為班超有什麼了不起，和他交談了，才知道他說的都是些老生常談、平常言論。」

可是，沒幾年，西域反叛作亂，任尚根本看不住場子，狼狽不堪地逃回了洛陽。

東漢又斷絕了對西域的控制。

直至班超的小兒子班勇出任西域長史，西域才重新通於東漢。

班勇有其父之風，他在西域四年，重修亡父遺業，平定了西域。

自此，西域諸國一直被東漢政府牢牢控制，直至東漢滅亡。

值得一提的是：漢和帝永元九年（西元97年），班超派甘英率團出使

大秦（羅馬帝國）。

該訪問團從龜茲出發，經條支（今伊拉克境內）、安息（即波斯帕提亞王國，今伊朗境內）等諸國，到達了安息西界的西海（今波斯灣）沿岸，遇海而還。

雖未能到達目的地大秦，但這是古代中國人最遠的一次西行探險，也是中國古代外交史上的一次壯舉。

刁蠻公主遇上了彪悍駙馬

說起中國歷史上最刁蠻的公主，非東漢順帝朝的陰城公主莫屬。

似乎東漢的公主都遺傳有刁蠻的秉性。

比如說，東漢開國皇帝光武帝劉秀的姐姐湖陽公主就是一個刁蠻任性的「大姐大」。

湖陽公主恃貴而驕，橫行不法，指使家中惡奴殺人，還無視朝廷法令將之藏匿在家。

此事惹怒了京都洛陽令董宣。

董宣趁湖陽公主外出，帶領執法人員強闖公主家，將惡奴就地正法。

湖陽公主不做，要替惡奴報仇，不斷向弟弟光武帝施加壓力，要弟弟嚴懲董宣。

幸好光武帝不失為一代明君，最後成就了董宣「強項令」的美名。

陰城公主比先輩湖陽公主更加桀驁不馴，非但無法無天，還荒淫無度，與情夫公開宣淫。

第七章　後漢興衰：復興與衰敗的輪迴

　　最最過分的是，陰城公主還命人把丈夫綁起來，放置在床底，強迫丈夫聽自己和情夫的穢聲。

　　可以說，這樣的駙馬爺是天底下最倒楣、最不幸的駙馬爺了。

　　又能有什麼辦法呢？公主是皇家的金枝玉葉，打不能打、罵不能罵，普通的駙馬爺也只能忍氣吞聲，打碎牙齒和血吞，老老實實做縮頭烏龜。

　　但這個駙馬爺可不是普通的駙馬爺，非常有來頭。

　　駙馬爺姓班，名始，他的爺爺是千年罕有的大英雄——西域的萬王之王、定遠侯班超。

　　身為班超的孫子，班始的性格相當彪悍。

　　他當時拜京兆尹（治長安縣），領五營兵屯駐長安縣，以備羌胡。

　　在遭到陰城公主如此侮辱後，他在床下掙脫了繩子，拔出腰刀，把床上的姦夫淫婦砍成了四段！這麼一來，捅簍子了。

　　順帝雷霆震怒，下令腰斬了班始，並把班始的兄弟也全都處死。

　　可憐班家世代忠勇，卻因為娶了一個刁蠻公主，落了個如此悲劇的下場。

蔡文姬歸漢，嫁了個薄情郎

　　蔡文姬，蔡邕的女兒，名琰，原字昭姬，晉時避司馬昭諱，改字文姬。

　　蔡邕一代才子，學識淵博，精通天文數術、詩文辭賦、書法音律，他的各項成就都代表了東漢時期的最高水準，不僅冠絕當時，而且流風所及，益被後世。

蔡文姬耳濡目染，受其薰陶和調教，也同樣「博學有才辯，又妙於音律」。

一天夜裡，蔡邕在黑暗中彈琴，一不小心，琴弦被撥斷了。

隔壁的蔡文姬輕輕說了一句：「第二弦斷了。」

蔡邕不相信蔡文姬有這樣高超的鑑別能力，又故意撥斷了第四根弦。

蔡文姬語調不變，依舊平靜地說：「第四弦斷了。」

蔡邕這才知道女兒對琴音已有了很深的造詣。

蔡文姬十六歲那年，遠嫁河東衛家，丈夫衛仲道是個出色的士子，婚姻生活還算不錯，可不到兩年，衛仲道便因病早逝。

蔡文姬沒生育過孩子，遭到衛家嫌棄，還指責她「剋夫」。

蔡文姬由此黯然回家。

然而家庭並未能提供她應有的庇護，不久，蔡邕被司徒王允下在獄中，折磨而死。

蔡文姬一個孤弱女子，無依無靠，頓時變成了無根的浮萍，生活沒了著落。

關中地區又出現了李蒦、郭汜的混戰，離亂紛紛。

蔡文姬只得跟隨著難民到處逃亡。

混亂中，羌胡番兵趁火打劫，擄掠百姓，他們「馬邊懸男頭，馬後載婦女」，長驅朔漠。

很不幸，蔡文姬成了被擄掠的眾多婦女中的一員，被強行帶到了南匈奴。

遙想當年，細君公主和解憂公主遠嫁烏孫、王昭君出塞和親，已經是崇榮備極，卻也沿途哭泣，一步一回頭，淒涼無限。

第七章　後漢興衰：復興與衰敗的輪迴

現在的蔡文姬，被番兵用大繩捆在馬後，迎著無盡的朔風與黃沙，忍受著數不清的凌辱和虐待，當真生不如死，其悲慘的境況不言而喻。

這一年，她才二十三歲。

不幸中的萬幸是，匈奴兵見她年輕美貌，把她當成最佳戰利品進獻給了南匈奴的左賢王。

左賢王很愛她，和她一起生下了兩個兒子，大的叫阿迪拐，小的叫阿眉拐。

既然這樣，就算了吧，劫後餘生，能苟存性命於亂世，又遇上了愛戀自己的男人，而且，這個男人的身分、地位都還不錯，那就認命吧。

誰說不是呢？客舍并州已十霜，歸心日夜憶咸陽。

無端更渡桑乾水，卻望并州是故鄉。

在這一點上說，蔡文姬的際遇比很多被拐婦女好多了。

可是，對蔡文姬來說，南匈奴不但是異鄉，還是異邦，它的語言、風俗和生活習慣與中原太不相同了，雖然她也學會了吹奏「胡笳」，也學會了一些異族的語言，卻始終不能適應。

每當風起，每當雪落，蔡文姬都不可遏止地懷念自己的父母之邦。

春天來臨了，北地仍舊冰天雪地，狂風怒吼。

蔡文姬一個人佇立在風雪之中，遙望南方，思念故土。

遇上了有客人從南方來，她就會迎上去打聽故鄉的消息。

故鄉啊故鄉，我夢中的故鄉，雖然我已不能再擁有你，但關於你的一切，仍是我記憶的全部，魂牽夢縈，至死不渝。

這種刻骨銘心的思鄉之情苦苦地纏住蔡文姬，一纏就是十二年。

這十二年裡，中原形勢發生了巨大變化。

曹操「挾天子以令諸侯」，基本掃平北方群雄，中原處於恢復和發展中。

曹操是蔡邕很要好的朋友，某個午後，他突然想起了曾經的老友，想到老友沒有兒子，僅有的一個女兒又不知下落，就很有些過意不去，很想為老友做些什麼。

透過向南來北往的行商打聽，曹操知道了蔡文姬流落在南匈奴，就決定要把蔡文姬迎回。

他派使者攜帶黃金千兩、白璧一雙，向左賢王贖人。

左賢王當然捨不得蔡文姬走，但又不敢違抗曹操的意志，只好同意蔡文姬歸漢，但蔡文姬所生的兩個兒子卻必須按匈奴風俗留下。

要回中原了，蔡文姬悲喜交集，進退兩難。

蔡文姬又肝腸寸斷，萬分不捨。

俗話說，一夜夫妻百日恩，何況是對自己恩愛有加的這樣一個男人。

看著難離難別的左賢王，蔡文姬的心軟了，一個留字幾乎就要奪口而出，摧肝裂肺，淚如雨下。

而膝下兩個未成年兒子的啼哭，更讓蔡文姬的心在那一刻四分五裂、支離破碎。

第二天，終於要啟程了，在漢使的一再催促下，蔡文姬在恍惚中登上了車子，隨著車子緩緩啟動，生人作死別。

想著這一去，再也不能回來，此生再也不能見到自己的骨肉，她悲從中來，奏響了一曲天地為之動容的〈胡笳十八拍〉。

「我生之初尚無為，我生之後漢祚衰。天不仁兮降亂離，地不仁兮使我逢此時……」十二年的匈奴生活，在車輪的翻滾中猶如走馬燈一樣，一件件，一幕幕，紛至沓來，歷歷在目。

第七章　後漢興衰：復興與衰敗的輪迴

　　蔡女昔造胡笳聲，一彈一十有八拍，一拍風沙起，二拍淚雨傾，三拍斷人腸……胡人落淚沾邊草，漢使斷腸對歸客。

　　南匈奴人在蔡文姬去後，每想起蔡文姬歸漢的情形，都不由黯然神傷，捲蘆葉而吹笳，模仿蔡文姬的「胡笳十八拍」，吹遍整個邊塞。

　　這一年，蔡文姬三十五歲，在漢使的護衛下回到了魂牽夢縈的故鄉陳留郡。

　　映入眼簾的卻是斷壁殘垣，令人頓生身後魂歸之感。

　　這就是我苦苦思念著的家嗎？蔡文姬萬念俱灰，她想到了死。

　　曹操啊曹操，你到底是幫了我還是害了我？曹操體會到她的苦楚，積極替她張羅了一門婚事。

　　新郎是田校尉董祀，通書史，諳音律，完全配得上我們的大才女。

　　然而，這只是曹操單方面的想法。

　　也許董祀本人並不這麼認為。

　　憑什麼一定要我娶她？董祀的心思我們可以理解，畢竟，蔡文姬已經是第三次出嫁了，人老珠黃，而董祀卻在鼎盛年華，如何能甘心？人的想法一旦出現偏激，行為就容易出格。

　　不久，董祀犯了法，被曹操的手下抓了去，判了死罪，眼看就要執行。

　　蔡文姬急得不行，顧不得嫌隙，趕緊跑到曹操府裡去求情。

　　正好曹操在舉行宴會，座中有很多公卿大臣、名流學士。

　　曹操對他們說：「蔡伯喈女在外，今為諸君見之。」大夥感到非常驚奇，紛紛表示要見見這位充滿了傳奇色彩的大才女一面。

　　蔡文姬進來了，映入大家眼簾的是一個蓬首跣足的老婆子，可是說話條理清晰。

她向曹操請罪，話音非常酸楚哀痛，眾人都被她感動了。

曹操說：「妳說的情形的確值得同情，但是判罪的文書已經發出去了，奈何？」蔡文姬說：「明公您馬廄裡的好馬成千上萬，勇猛的士卒不可勝數，還吝惜一匹快馬來拯救一條垂死的生命嗎？」曹操被她的話感動，於是派人追回文書，赦免了董祀的罪。

時值隆冬，曹操看到蔡文姬衣著寒酸，便命人取過頭巾鞋襪為她換上，讓她在董祀歸來之前留居在自己家中。

曹操原本也是一個大文學家，對書特別鍾情，一次閒談中流露出對蔡文姬家中原來藏書的羨慕之情。

蔡文姬告訴他，自己家中所藏的四千卷書，幾經戰亂，已全部遺失。

曹操大感失望。

蔡文姬就安慰他說，雖然書卷大多散佚，但自己應該還能背得出三四百篇。

曹操喜出望外，立即說：「既然如此，可命十名書吏到尊府抄錄如何？」蔡文姬惶恐答道：「妾聞男女有別，禮不授親，乞給草筆，真草唯命。」

蔡文姬憑記憶默寫出了四百篇文章，「文無遺誤」。曹操把蔡文姬接回，可謂在儲存古代文化方面做了一件好事。董祀從鬼門關裡轉了一圈回來，很多事情想通了，看問題也看得開了。他知道，這次如果不是妻子拚死相救，明年春天自己墳頭上的草一定長得很高很高。

感念妻子的救命之恩，他重新審視上天安排給自己的這段姻緣，慢慢改變了對蔡文姬的看法，在感情上有了很大的轉變，開始欣賞和疼愛起面前這個女人了。

第七章　後漢興衰：復興與衰敗的輪迴

他和蔡文姬看破了紅塵，溯洛水而上，在林木繁茂的山麓中隱居起來。

夫妻琴瑟和鳴，相敬如賓。

相傳，董祀還把蔡文姬的〈胡笳十八拍〉改編為以胡琴和箏來彈奏。

蔡文姬感傷亂離，追懷悲憤，還作長詩二章。其〈悲憤詩〉，被稱為中國詩史上文人創作的第一首自傳體的五言長篇敘事詩。

「真情窮切，自然成文」，激昂酸楚，在建安詩歌中別構一體。

曹操曾經專門去拜訪他們，這是他們的最後一次見面。之後不久，曹操就死了。

曹操的兒子曹丕接替了他的事業。

曹丕效仿王莽，逼迫劉協獻出帝位。

至此，東漢正式宣告終結。

蔡文姬歸漢，嫁了個薄情郎

炎漢崛起！帝國興衰的無情博弈：
從秦末群雄到漢朝輝煌，四百年沉浮⋯⋯歷史的巨輪再啟

作　　者：	覃仕勇
責任編輯：	高惠娟
發 行 人：	黃振庭
出 版 者：	崧燁文化事業有限公司
發 行 者：	崧燁文化事業有限公司
E - m a i l：	sonbookservice@gmail.com
粉 絲 頁：	https://www.facebook.com/sonbookss/
網　　址：	https://sonbook.net/
地　　址：	台北市中正區重慶南路一段 61 號 8 樓

8F., No.61, Sec. 1, Chongqing S. Rd., Zhongzheng Dist., Taipei City 100, Taiwan

電　　話：	(02)2370-3310
傳　　真：	(02)2388-1990
印　　刷：	京峯數位服務有限公司
律師顧問：	廣華律師事務所 張珮琦律師

-版權聲明-

本書版權為樂律文化所有授權崧燁文化事業有限公司獨家發行電子書及紙本書。若有其他相關權利及授權需求請與本公司聯繫。
未經書面許可，不得複製、發行。

定　　價：499 元
發行日期：2024 年 12 月第一版
◎本書以 POD 印製

Design Assets from Freepik.com

國家圖書館出版品預行編目資料

炎漢崛起！帝國興衰的無情博弈：從秦末群雄到漢朝輝煌，四百年沉浮⋯⋯歷史的巨輪再啟 / 覃仕勇 著 . -- 第一版 . -- 臺北市：崧燁文化事業有限公司 , 2024.12
面；　公分
POD 版
ISBN 978-626-416-194-7(平裝)
1.CST: 漢史 2.CST: 通俗史話
622　　113019270

電子書購買

爽讀 APP　　臉書